LES RISQUES ET LA MORT

sous la direction de

ÉRIC VOLANT . JOSEPH LÉVY
DENIS JEFFRY

LES RISQUES
ET LA MORT

Méridien
VISION GLOBALE

Les Éditions du Méridien bénéficient du soutien financier du Conseil des Arts du Canada pour son programme de publication.

Données de catalogage avant publication (Canada)

Vedette principale au titre:

Les risques et la mort
(Vision globale)
Comprend des réf. bibliogr.
ISBN: 2-89415-152-7

1. Risque – Aspect social. 2. Mort – Aspect social. 3. Risque, Prise de (Psychologie). 4. Perception du risque. 5. Mort – Aspect psychologique. I. Volant, Eric. II. Lévy, Joseph Josy, 1944-   . III. Jeffrey, Denis, 1958-   . IV. Collection.

HM256.R57 1996   302'.12   C95-941786-9

Infographie: Atelier de composition MHR inc.

Conception de la couverture: Mégatexte inc.

© Éditions du Méridien

Dépôt légal – Bibliothèque nationale du Québec, 1996

Imprimé au Canada

Ce livre est un hommage rendu à Louis-Vincent Thomas.
Ont participé à cet hommage:

Mathieu Albert, doctorant en sociologie, Université de Montréal.

Patrick Baudry, Maître de conférences en Sociologie, Université de Franche-Comté.

Mathieu Boisvert, professeur, Département de sciences religieuses, Université du Québec à Montréal.

Michèle Cros, professeure, Département d'anthropologie, Université de Bordeaux II.

Claude Javeau, professeur en sociologie, Institut de sociologie de l'Université Libre de Bruxelles.

Denis Jeffrey, professeur, Faculté des sciences de l'éducation, Université Laval.

Suzanne Laberge, professeure, Département d'éducation physique, Université de Montréal.

David Le Breton, professeur en sciences sociales, Université de Strasbourg II.

Joseph Lévy, professeur, Département de sexologie, Université du Québec à Montréal.

Michel Maffesoli, professeur de sociologie, Université René Paris V.

Alexis Nouss, professeure, Département de linguistique et de traduction, Université de Montréal.

Niloufar Riahi-Jozani, chercheure au CNRS – monde iranien, Paris.

Jocelyne Saint-Arnaud, professeure, Département des sciences religieuses, Université du Québec à Montréal. Professeure invitée, Université de Montréal.

Francis Saint-Dizier, médecin et anthropologue, Polyclinique Joseph Ducoing, Toulouse.

Jonathan Vidal, étudiant, module d'histoire, Université du Québec à Montréal.

Éric Volant, professeur à la retraite, Département des sciences religieuses, Université du Québec à Montréal.

Présentation

Il n'est pas nécessaire de se savoir condamné
pour se trouver brutalement en face de sa
mort. Car la mort de l'autre renvoie toujours
à ma propre mort; elle m'interpelle et me
jette à la face la preuve de ma fragilité, me
forçant à voir et à écouter ce qui jusqu'alors
avait échappé à mon attention.

Louis-Vincent Thomas, *Mort et Pouvoir.*

L a mort récente de Louis-Vincent Thomas a provoqué parmi ses amis du Québec une immense tristesse. Les relations privilégiées que nous entretenions avec ce penseur attachant et captivant sont à jamais inscrites dans nos mémoires. Nous désirons lui rendre hommage et souligner notre affection en lui dédiant ce livre consacré à l'exploration de différentes facettes qu'a pu prendre le risque et la mort, tant dans les sociétés contemporaines que traditionnelles. Les quatorze textes présentés ici n'épuisent certes pas le thème choisi – il y aurait une somme à écrire sur le risque et la mort – mais chacune des contributions qui compose ce volume constitue autant de voies de recherche pour étudier le risque lorsqu'il excède la vie jusqu'au seuil de la mort.

On définit habituellement le risque comme ce qui est lié à un danger toujours possible et difficilement prévisible. À bien des égards, tout projet est tourmenté par le risque d'un échec; il y a aussi des risques à conduire sa voiture, à se laisser tomber en amour, ou même à exprimer un «je t'aime» à peine audible. En certaines occasions, cependant, la personne qui prend des risques semble jouer près des frontières de la mort. On pense immédiatement au jeu de la roulette russe, à la guerre, aux nombreux dangers encourus lors de l'exploration des espaces olympiens, galactiques, souterrains ou sous-marins. Toutefois, le risque n'est pas l'apanage des aventuriers ou des personnes en quête d'exploits.

Le risque accompagne une bonne part des activités quotidiennes. La simple déambulation sur le trottoir de la grande ville implique une série aléatoire de risques. L'incident apparaît le plus souvent sournoisement; il est invraisemblable, improbable et toujours malencontreux. Le seul fait de vivre n'implique-t-il pas des événements inattendus, parfois heureusement fort agréables, mais parfois extrêmement dangereux et même périlleux? Si certaines personnes sont téméraires, d'autres par contre n'aiment pas se lancer dans des entreprises audacieuses. Ces dernières préfèrent la douceur du foyer à l'exploration des rives inconnus de la passion, du savoir, du prochain ou des étoiles.

Aucune assurance ne couvre toutes les sources virtuelles de dangers. Edgar Morin a écrit dans *L'homme et la mort* : «J'aime la vie, mais il faut savoir la risquer à fond pour en savourer le prix.» Ces paroles font écho à celles de Rilke qui disait : «Vivre n'est jamais que vivre sa mort.» La séduction enivrante de la vie et de la passion est un risque létal. Plus d'un individu, de nos jours, s'éloignent en douce du risque de la passion amoureuse car les ruptures, les pertes et les échecs provoquent des souffrances pernicieuses et insupportables. Quelle que soit la teneur de la violence associée au risque de vivre, dans le sens de se laisser aller à la vie comme de se laisser aller à la mort, il n'est jamais aisé d'assumer toutes les couleurs de l'existence. Dans le vertige du danger, lorsque l'esprit est assailli par la menace, le risque est d'envergure et demande l'aide et la protection des signes divins ou, plus simplement, du prochain.

Risque et ennui forment un couple insécable. Maintes personnes aiment se lancer en solo dans des activités hautement risquées. Elles jouent avec la mort comme d'autres jouent avec les sentiments. Les pratiques de défi à la vie ou, dit inversement, du pari contre la mort, toutefois, ne datent pas d'aujourd'hui. Quel sens donné aux prises volontaires de risque qui se font de plus en plus nombreuses dans les sociétés modernisées? Quelle conception se fait-on du risque lorsque les valeurs liées, notamment, à la santé, à la sécurité et à la rectitude politique deviennent prédominantes? Comment se vit la peur ou l'angoisse liée au risque d'être contaminé par une maladie mortelle? Quel chemin doit-on emprunter pour éviter la brutalité du risque sans toutefois refouler sa présence? Même si d'innombrables précautions protègent des menaces banales de la vie quotidienne, n'y a-t-il pas une sagesse qui conjugue la prudence à l'imparfait de la vie? Dans cet ouvrage, ces questions et plusieurs autres animent la réflexion

Il n'est pas inutile de rappeler que nous ne pourrions vivre dans une société qui ne tolère pas certaines formes de risque, mais inversement, nous ne pourrions vivre dans une société qui n'offre aucune protection. Le risque et la sécurité sont deux figures opposées et pourtant mystérieusement complémentaires. L'équilibre très délicat entre le risque et la sécurité posent des problèmes qui ne se laissent pas si facilement pénétrer. Plusieurs auteurs l'ont souligné, le risque devient un thème préoccupant lorsqu'abondent les discours favorisant les pratiques sécuritaires. Le risque apparaît alors, dans une société obsédée par la sécurité et les diverses politiques de prévention, comme la folle du logis devant être contrôlée et maîtrisée par les autorités. Or, le risque n'est-il pas un signe de vie? N'indique-t-il pas cette part d'ombre, d'imprévisible qui se love au creux de l'existence? Au loin, le risque ne devient-il pas ce qui réinscrit, dans le cours d'une histoire personnelle et collective, la possibilité de la vie et de la mort?

On connaît bien Claude Javeau pour ses études très éclairantes sur la société contemporaine. Dans son texte qui ouvre ce collectif, l'auteur suggère des pistes de compréhension pour saisir quelques figures du risque et de la mort dans la vie quotidienne. L'idéologie qui amène à promouvoir la prévention dans tous les domaines est la même qui exalte le narcissisme égoïste. L'obsession à l'égard du corps pour garder la ligne, pour éviter les excès de boisson et de nourriture, de tabac et d'autres excitants, participe d'un terrorisme de la santé pouvant ramener à un ersatz de religion du salut. Ce combat permanent contre tous les ennemis de la santé et de la sécurité éloigne sournoisement de la mort et de la douleur. Javeau note que le souci aveugle pour les mesures excessives de prévention est l'une des figures du déni de la mort, et que cela est propre aux sociétés modernes. Cependant, avoue l'auteur, l'individu répond par le risque aux nouvelles injonctions préventives. Le risque devient alors un acte de résistance qui ne vise pas à contester la légitimité de l'angélisme exterminateur, mais bien à le contourner par la bande.

Niloufar Riahi-Jozani présente le témoignage déconcertant de Mohammad, enfant soldat iranien qui, durant la guerre contre l'Irak, sent le besoin de défier l'autorité parentale afin de participer à cet événement historique dont il ne comprend ni le sens ni la portée. Il va vivre cette guerre comme une épreuve obligée afin de se prouver et de prouver aux autres son courage, son sens de la justice, et surtout son identité sociale. À travers son enrôlement précoce dans l'armée, note Riahi-Jozani, il encourra des risques insoupçonnés. Cette guerre sera pour lui l'occasion de frôler la mort de près et même de la vivre par le biais de la mort de ces jeunes amis de combat. Chaque fois qu'un compagnon de Mohamed meurt, il sent en lui une blessure mutilante qui découpe son corps et morcelle son identité. Après la guerre, comment pourra-t-il passer à autre chose ? Comment pourra-t-il faire reconnaître sa bravoure si personne ne l'écoute ? La stérilité dont il est atteint prolonge ses blessures. À tout jamais privé de progéniture , signe d'une maturité sociale exigée par sa culture, il fera de ce manque la preuve de sa participation à la guerre, non sans amertume et sans regrets.

David Le Breton, dans son livre *Passions du risque*, s'est intéressé à comprendre diverses conduites à risque par lesquelles une personne met en jeu son existence. Pour donner une signification à ces prises de risque, l'auteur recourt à la figure de l'ordalie dans un sens contemporain, c'est-à-dire une ordalie qui devient un rituel pratiqué en certaines situations et qui a comme but de frôler la mort pour savoir si la vie vaut encore la peine d'être vécue. L'article qu'il signe ici approfondit quelques-unes de ces idées qu'il illustre à l'aide de plusieurs témoignages.

Le texte de Suzanne Laberge et Mathieu Albert analyse la quête d'exploits sportifs dans une société dominée par l'idéologie de la prévention et de la sécurité à outrance. Comment expliquer l'attirance pour des pratiques sportives à risque alors que tout est mis en œuvre pour protéger la vie et en allonger la durée ? Tout d'abord, les auteurs questionnent ce qu'il faut entendre par la notion de « risque acceptable » dans les sports institutionnalisés afin de comprendre le développement d'activités sportives extrêmement risquées. Laberge et Albert, par la suite, se demandent si les sports à risque participent de la culture postmoderne, c'est-à-dire d'une culture qui exacerbe l'individualisme, légitime l'éclectisme, valorise le pluralisme, intensifie la consommation des technologies avancées et donne la primauté aux intentions ludiques et artistiques ; tout cela, en fait, qui tranche avec l'ordre de la rationalité instrumentale. Quatre rapports aux risques et à la mort dans le sport seront mis en lumière : jouer avec la mort, oublier la mort, provoquer la mort et esthétiser la mort.

Francis Saint-Dizier explore, dans une perspective anthropologique, les pratiques associées à la consommation de produits toxiques par voie intraveineuse dans la mouvance des risques de contamination par le virus du sida et des hépatites. D'entrée de jeu, Saint-Dizier distingue la consommation rituelle de celle qui serait plutôt compulsive. La consommation rituelle de drogues par les jeunes se divise en deux catégories : la consommation festive et la consommation ordalique. Les risques liés à chacune de ces catégories diffèrent sur plusieurs points. L'auteur montre que la consommation rituelle contient un risque qui est perçu différemment par le consommateur et les membres de l'autorité morale. Alors que certaines catégories de prises de risque sont valorisées par les membres de l'autorité morale, notamment la course automobile, la consommation rituelle de drogues est plutôt stigmatisée. Saint-Dizier porte un regard lucide sur ces jeunes qui se condamnent à la mort pour vivre intensément une passion qui les déborde.

Patrick Baudry se questionne sur la difficulté de définir l'expérience du risque tellement la part de subjectivité pèse lourd dans cet exercice. La franchise épistémologique, se demande l'auteur, ne nécessite-t-elle pas une réflexion sur sa propre pratique sociologique ? Évidemment, Baudry ne plaide pas en faveur d'une automoralisation de la pensée, mais témoigne du risque inhérent au travail de la pensée pour qui chemine hors des convenances académiques. Cela dit, une sociologie du risque implique des transgressions épistémologiques afin d'ouvrir les limites du connaissable. Est-ce prétention ou témérité d'être transgressif ? Dans la mesure où l'inconnu se manifeste dans le risque du fait de penser autrement ce que l'on sait déjà, il ne s'agit ni de prétention ni de témérité mais d'une sagesse qui assume sa filiation et ses ruptures. Poursuivant sa réflexion sur les conduites extrêmes, Baudry propose ici une distinction pour comprendre le risque lors d'un rituel initiatique traditionnel (mort simulée) et lors d'une conduite où la mort est défiée. Si la mort simulée du rituel initiatique assure la fonction de filiation, la mort défiée, quant à elle, sert la toute-puissance de l'individu. Or, cette dernière pourra être interprétée comme étant une «initialisation», c'est-à-dire une sorte de rupture instauratrice qui prépare un sujet à assumer ce qu'il vit.

Alexis Nouss propose une lecture de l'écriture lucide de l'écrivain Hervé Guibert. Évoquant la métaphore orphique, Nouss dirige notre regard sur l'abîme de la mort dévoilé par Guibert. On comprendra l'expérience risquée de l'écrivain cherchant à inscrire sur la «béance essentielle» des mots pour ritualiser le deuil insupportable d'un l'implacable destin. Comment traduire l'impossible à dire d'une écriture fondée sur un «dire l'impossible»? Guibert/Orphée sera le thème du retournement de Nouss dans l'écriture de celui qui voit de front son Eurydice. Le bonheur de dire l'impossible à voir. Guibert vit sa mort en l'écrivant, souligne l'auteur. Quatre romans sont au programme: ceux écrits par Guibert autour du sida et dont Nouss propose une analyse à travers une problématique de l'image, de celui qui voit de loin venir le danger sans pouvoir l'éviter et assume l'image troublée de son portrait parmi les écrivains disparus. Malgré le danger – pour l'écrivain – de se perdre dans le fil trop fragile d'un art littéraire qui souffre ses plaies, l'écriture du sida en est une à risque car il y a danger du pathétique, du témoignage, du narcissisme, de la victimisation, de la catégorisation. Il n'y a pas une écriture du sida, note Nouss, mais une écriture en quête de ses possibilités.

Essayer de penser autrement est bien sûr risqué, mais l'essence de la pensée implique le risque. Michel Maffesoli rappelle dans son texte que les valeurs rationnelles ne sont pas seules à l'œuvre dans la société. Par le détour de l'analyse de la violence générée par les groupements de femmes, le sociologue montre que la fureur érotique trouve son apaisement dans sa manifestation rituelle. Les débordements festifs lors de banquets de femmes s'inscrivent, en effet, dans l'éthos de la communauté et ont une fonction de détente et de régénération de l'harmonie cosmogonique. Ainsi, le risque, l'excès, la violence ont certes chacun une place dans l'ordonnancement social qui est pétri à la fois d'ordre et de désordre. Lorsque le dynamisme de l'harmonie est déstabilisé par une imposition mortifère, une certaine dose de violence ritualisée vient en restaurer l'équilibre. L'auteur pousse plus loin sa lecture de la violence dans le corps social et affirme que celle-ci est le nœud de la dynamique vitale. En d'autres termes, la violence, c'est aussi la tension qui entretient la vie dans une effervescence stimulante. Toutes manifestations rituelles de violence, celles des groupements de femmes, ou celles notamment d'émeutiers ou de tribus d'adolescents en goguette, peuvent être lues à la lumière des propos de l'auteur.

Les pratiques sexuelles ont toujours été soumises à des régulations dont l'une des fonctions fondamentales est de les orienter vers la reproduction. S'il existe des règles pour la domestiquer, c'est bien que l'activité sexuelle implique désordre, excès, violence et risques. Joseph Lévy et Jonathan Vidal, à partir d'une perspective comparative, relèvent ici un certain nombre de discours anciens et modernes qui s'attachent à définir les dangers et les risques des pratiques sexuelles liées aux formes de l'excès.

L'anthropologue Michelle Cros relate la complexité des transformations des rituels funéraires à l'occasion du décès de sidéens au Burkina. Son texte est tissé de plusieurs témoignages de Lobi, habitants du Burkina, qui montrent la transition de funérailles pour sidéens qualifiées de « risquées » – parce qu'il y a risque de contagion – à des funérailles où la personne décédée des suites du sida perd son caractère contagieux. Elle fait d'abord ressortir la nécessité, dans un rite funéraire, de se protéger de la contamination de la mort. Chez les Lobi, le décès des sidéens est associé à une mauvaise mort; le cadavre est donc dangereux et peut contaminer les survivants. De ce fait, plusieurs refusent d'assister aux funérailles des sidéens. La situation change cependant avec l'ajout, dans ce rituel, de chansons populaires qui ont comme fonction d'apprivoiser le cadavre, de négocier la honte et la peur de la nouvelle maladie et de lui donner sens. Les chanteurs – des musiciens qui jouent du balafon, un instrument à cordes –, jouissent d'une autorité qui n'est pas étrangère au changement des mentalités à l'égard du rituel mortuaire.

Jocelyne Saint-Arnaud constate que les progrès de la médecine, malgré ses succès prodigieux, engendrent des effets pervers. Par exemple, dans l'utilisation des traitements de maintien en vie, le malade doit accepter une logique des soins dans laquelle il ne se sent pas à l'aise. Le but des traitements de maintien en vie est-il de prolonger la vie biologique de quelques heures ou de quelques jours ou d'introduire une survie significative? Un autre effet pervers, qui constitue un « risque thérapeutique », est introduit par l'envahissement des technologies de pointe dans les soins de santé. Le médecin doit-il se laisser conduire aveuglément par les seuls indicateurs issus de l'utilisation de nouvelles technologies? Quand la technologie est absolutisée, note l'auteure, l'intervention n'est pas faite en fonction des buts médicaux poursuivis mais en fonction des moyens qui sont disponibles. Les moyens technologiques deviennent alors des fins en soi. L'être humain ne se résumant pas en la somme de ses parties, il devient absurde pour le médecin de se contenter d'évaluer le bénéfice médical en fonction de l'effet local produit par un traitement. Ainsi, il devient éthiquement impératif de considérer, dans l'administration d'un traitement, la parole du malade ainsi que la souveraineté indivisible de son existence physiosémantique.

Dans son article, Denis Jeffrey montre la pertinence des opérations religieuses pour apaiser l'angoisse suscitée par la rencontre, le plus souvent métaphorique, de la mort. Il est insupportable de mourir soudainement, sans raisons, sans avoir le temps de terminer un projet et de faire ses adieux. C'est bien pourquoi de tout temps les hommes ont élaboré des opérations religieuses pour apaiser l'angoisse de la menace de mort. Son texte vise à montrer les liens essentiels que les croyances, les rituels, les mythes et les interdits entretiennent avec la mortalité humaine. Dans la société moderne, ébranlée par la perte des repères religieux traditionnels, l'être humain continue tout de même à croire, à pratiquer des rituels et à tisser son propre petit mythe pour négocier et signifier la puissance destructrice de la mort. Même si la religion devient une affaire privée, elle constitue encore un mode privilégié pour négocier le risque de la fin ultime.

Selon Mathieu Boisvert, la position des bouddhistes sur le risque est radicalement différente de celle des occidentaux. Le risque, en effet, peut être interprété à partir des intentions religieuses et répond à deux conditions : d'une part l'action contient une bonne dose d'imprévisible ou d'incertitude, et d'autre part il y a atteinte à l'intégrité de la personne. Un bouddhiste peut entreprendre un projet hautement risqué pour contribuer à progresser vers la réalisation spirituelle. Ainsi, l'action risquée est évaluée selon l'intention et le but visés. Cependant, tout ce qui contribue à éloigner des fondements du bouddhisme ou à entraver le processus de libération est considérée comme risqué. Il faut noter qu'une personne ayant atteint le *nirvana* ou étant sur le point de l'atteindre ne perçoit pas le risque comme celle qui chemine au cœur de sa démarche spirituelle. Le risque, pour l'être achevé, est toujours pratiqué dans un détachement complet, un détachement qui implique également le détachement de la mort.

Éric Volant, dans le texte qui clôt ce collectif, réfléchit sur le risque qui traverse en diagonale l'existence. Le risque est au cœur de la vie des humains : il constitue un stimulant puissant en même temps qu'il se présente comme une menace. Or, le risque appelle la prudence. Dans un sens autrefois examiné par le philosophe Aristote, la prudence se situe au carrefour de l'interrogation éthique, dans le creux de la délibération personnelle et collective. Le prudent tire des leçons de ses expériences passées, des messages du présent et des perspectives d'avenir. Ainsi, la démarche prudentielle entretient un lien de corrélation avec le risque. Éric Volant examine ce lien dans ses orientations cardinales. Le prudent, note-t-il, n'est pas celui qui refuse d'affronter le risque, mais celui qui considère le risque et se permet de le négocier. En présentant le risque dans le miroir de la prudence, Éric Volant se propose de revenir à l'essentiel d'une sagesse qui accepte de «détendre» le temps afin de permettre la pratique de la prudence.

Au seuil de ces pages, nous tenons enfin à remercier bien chaleureusement tous les collaborateurs et collaboratrices qui ont accepté de contribuer à la genèse, à la gestation et à l'accouchement de ce projet. Nos remerciements vont également aux correcteurs du manuscrit ainsi qu'à notre assistante Marie-Josée Drouin qui a travaillé avec acharnement à la finalisation de ce livre.

Denis Jeffrey

In memoriam

Il ne suffit pas d'énumérer des qualités, comme s'il pouvait en être assez dit d'un homme ou des travaux qu'il accomplît. Ou comme si l'on pouvait remercier le mort de l'intelligence et de la gentillesse qu'il eût de son vivant. C'est à dire comme si nous étions les éléments d'une espèce qui tente d'être brave, laborieuse et aimable. Ou encore et surtout comme si la mort de l'un d'entre nous était une triste nouvelle : la diminution exacte d'un groupe par la soustraction d'un individu. Comme si la mort supprimait une unité de contingent... On comprend mieux des attitudes plus étranges en apparence : continuer de parler du défunt, en prononçant quelques mots presque malgré soi, ou dans des dialogues incessants où la voix intérieure participe d'une invention sociale.

Louis-Vincent Thomas est l'une des grandes figures de l'Anthropologie. Par ses travaux, mais aussi par le style qui les marque et qui leur est indissociable. S'il ne fonda pas une école, s'il ne créa pas ou n'imposa pas un système théorique, c'est bien une manière de travailler qu'il lègue en héritage. En refusant de différencier la sociologie de l'anthropologie, en forçant le monde occidental à comprendre des cultures négro-africaines, en articulant le trivial au fondamental, Louis-Vincent Thomas orientait de façon décisive les recherches. Nombreux sont ceux qui, grâce à lui, purent travailler par-delà ces conventions qui servent moins à garantir une unité disciplinaire qu'à donner à la censure (de droite ou de gauche) l'allure de la légitimité. Ce ne sont pas seulement des travaux thanatologiques qui auront marqué la singularité d'un enseignement, mais bien un regard, un questionnement porté par un savant profondément humaniste. Et c'est aussi bien l'humanité d'une transmission, non pas une commode gentillesse, qui s'entend dans les ouvrages qui nous restent : toutes ces pages que Louis-Vincent Thomas parvenait à écrire comme s'il parlait. Ce ne sont pas beaucoup d'informations qui font la richesse d'une œuvre, mais les pistes qu'elle ouvre, la parole qui s'y tient, les curiosités qu'elle anime, l'exigence qui la travaille.

Celui qui discutait peu, au moins de manière explicite, d'enjeux théoriques, peut donner l'impression d'un inlassable compilateur : classant, mais de façon mobile, un inépuisable matériau, et trouvant dans l'institution des représentations et des pratiques humaines l'occasion d'un éclectisme infini. La force d'un tel travail ne tient pas qu'à la manipulation de quantités. Mais à la mise en œuvre d'un métier de chercheur, à l'actualisation d'un métier de chercher qui porte toute la passion d'une connaissance : nécessairement ouverte et libre. Ouverte aux modes éphémères, aux engouements d'un moment, aux références obligées, et libre de ses capacités analytiques et interprétatives. Libre de considérer les sociétés contraintes et inventives, les cultures muselées et bavardes, l'existence reproduite et imprévisible. À la fin que peut-on reprocher à Louis-Vincent Thomas si ce n'est une confiance inébranlable en une humanité rebelle ? Une amitié pour les gens et cette implication souterraine qui témoigne d'une culture arrimée et d'une puissance utopique. Chez Louis-Vincent Thomas, nul choix dogmatique, nulle vérité martelée et soumise. Pas d'individu, d'homme ou de sujet. Mais des rites, des croyances, des imaginaires, des récits. Du conte aux funérailles, du scénario de science fiction aux peintures d'Ensor, de l'abandon des mourants à la puissance des gris-

gris, du *deus remotus* des sagesses africaines à la banalité de nos jours et de nos nuits, de la Sorbonne à Dakar (où l'on peut prendre à présent une rue Louis-Vincent Thomas), des académismes jusqu'aux étudiants qui changent chaque année, et du livre à paraître jusqu'à la bibliographie interrompue, cet entêtement fier et audacieusement simple : le témoignage d'une vie en témoignage d'un objet absolument impardonnable : la vie. Ce risque.

Henri Michaux disait : « Si affaissé, brimé, si fini que tu sois, demande-toi régulièrement – et irrégulièrement – "Qu'est-ce qu'aujourd'hui encore je peux risquer ?" »

Patrick Baudry

Le risque, la mort et la vie quotidienne

Claude Javeau

L a mort est sans doute l'événement par excellence de la vie quotidienne. Il n'y a là de paradoxe que sémantique. Mourir appartient au champ du quotidien, car il n'est pas d'événement plus banal, plus récurrent, plus «évident» (comme on dit de nos jours) que la mort. Les pages de nécrologie dans nos journaux (les «quotidiens») nous rappellent cette réalité de la manière la plus équanime qui soit. Sans doute la mort fait-elle l'objet, dans nos sociétés obnubilées par la santé, la jeunesse, la beauté, d'une certaine occultation. Tous les auteurs spécialisés sont d'accord sur ce point : la mort concrète, en tant que phénomène visible par tout un chacun, est évacuée de l'expérience de tous les jours. L'on meurt à l'hôpital ou dans un lieu spécialisé, de plus en plus rarement à la maison (mais de plus en plus souvent, il est vrai, dans la rue). Il n'est pas rare, sous nos cieux dits postmodernes, de parvenir à la trentaine sans avoir jamais eu l'occasion de voir un mort «de près». Une expérience, évidemment, que ne connaissent pas les malheureux habitants des lieux, trop nombreux sur la planète, où sévissent la famine, l'épidémie ou la guerre, ou les trois à la fois : Bosnie, Rwanda, Haïti, etc. Reste, pour les «nantis», l'imagerie des médias.

L'idéologie (ce terme étant pris dans son acception non polémique de système organisé de représentations à vocation légitimatrice) contemporaine fait en effet à la mort une place de choix, mais de façon détournée par la déréalisation médiatique. La prolifération d'images morbides, à la télévision comme dans les magazines illustrés, en est un indice frappant. Mais il s'agit bien, paradoxe réel cette fois, d'une déréalisation : le réalisme de l'image met la mort à distance, celle qui affecte tout événement figé dans le temps, et auquel on n'a pas personnellement participé. Coincée entre un message publicitaire et une nouvelle sportive, la séquence consacrée au dernier massacre en date est réduite à l'état d'information parmi d'autres. Il faut au téléspectateur une capacité d'empathie sensiblement supérieure à la moyenne pour passer de l'émotion furtive à la participation authentique au drame. C'est là une occurrence fort rare. Le spectacle de la mort est semblable en cela au spectacle des étreintes dans les films pornographiques : la transposition de cadre, comme l'explique Goffman, réduit ces images au rang de simulacre.

On peut se demander, du reste, si cette accumulation d'images morbides, dont la télévision n'a pas le monopole (les grands magazines d'information, du genre *Time*, sont aussi devenus de plus en plus friands de cadavres), n'est pas revêtue, intentionnellement ou non, d'une fonction cathartique. Les milliers de morts lointaines serviraient à exorciser, en quelque sorte, la mort proche ou prochaine. Remarquons en passant que la fiction imagée, elle aussi, fait grand usage de morts violentes : un enfant américain, a-t-on pu écrire, qui regarderait la télévision dès son retour de la classe, verrait en moyenne une mort violente toutes les huit minutes environ. Mais, comme le rappelle Louis-Vincent Thomas, l'art peut offrir « la mort en spectacle soit à des fins d'édification ou de protestation, soit dans un but ludique. [...] les hommes ont toujours aimé se repaître de la mort des autres »[1]. Cette dimension proprement ludique de la représentation, fictive ou non, de la mort sur les écrans ne devrait pas être sous-estimée, même si elle apparaît très choquante. En dehors de toute vertu conjuratoire, l'image de la mort d'autrui peut causer un plaisir qui, pour être

---

1. Louis-Vincent Thomas, *La mort en question*, Paris, L'Harmattan, « Nouvelles études anthropologiques », 1991, p. 171.

trouble, n'en peut pas moins être très intense. Aux psychanalystes de s'emparer de ce constat... En direct apparent ou réel, la mort du grand homme (Kennedy, Ceaucescu) nous apporte le privilège d'assister à un événement capital. Le trépas du mauvais, dans la fiction ou dans la réalité (Ceaucescu, encore), nous réjouit, car justice est faite. S'agit-il toujours d'éloigner le spectre de notre propre mort, ou plutôt d'exalter les multiples facettes, cognitives et normatives, de la vie ?

Chez les modernes, la mort apparaît le plus souvent comme un accident, et ce sont d'ailleurs les accidents qui, dans les médias, à côté des décès des « olympiens », suscitent le plus d'émotion. Les grandes épidémies ont pratiquement disparu (mais le sida, certes, réintroduit une menace que l'on croyait évanouie), les catastrophes naturelles font en général peu de victimes, du moins sous nos latitudes, les guerres se déroulent ailleurs, les crimes sanglants se produisent dans des milieux marginaux. Il y a une bonne dose d'inconscience à considérer le choses de cette façon, mais aucun sociologue n'a jamais prétendu que les représentations sociales étaient par elles-mêmes constitutives de vérité.

Le (trop) souvent célébré « repli individualiste » se manifeste alors en matière de mort comme de vie. Seule compte vraiment « ma » mort, comme seule compte « ma » vie. Et encore ma mort doit-elle venir au second rang. Au lieu de penser, dans la foulée de Heidegger, que c'est la mort qui donne un sens à la vie, l'on tiendra que c'est la vie qui donne un sens à la mort : une vie utile et bien remplie rend moins absurde la fin à laquelle elle mène. En revanche, une vie sans relief, banale, voire vide, inutile (pour soi ou pour la société), rend encore plus absurde son stade final. Entendons bien que, de nos jours, une vie « bien remplie » ne signifie pas une vie pendant laquelle beaucoup de hauts faits se sont produits, comme des créations artistiques, des découvertes scientifiques, ou encore d'importantes décisions politiques, mais bien une vie riche en sensations et en émotions, en rencontres et en spectacles : en prenant le risque de caricaturer quelque peu, qu'une vie bien remplie est une vie aux loisirs bien remplis.

La mort, dans cette perspective, est un événement singulier qui, en m'arrivant à moi, détruit précisément ce moi auquel je suis si fortement attaché. La mort des autres, en effet, ne m'attriste que si la disparition de ces autres prive mon moi de quelque relation qui lui conférait davantage de substance. D'où, notamment, l'importance plus considérable accordée à une vedette médiatique qui vient à mourir qu'à l'un ou l'autre proche, fût-il de la famille immédiate (je passe sur les afflictions de commande). Ma mort, elle surviendra, soit comme un dérèglement prévisible – dont l'infarctus est la figure canonique –, soit comme un constat d'échec après une lutte opiniâtre de la part de la profession médicale : dans ce dernier cas, il s'agira d'une maladie chronique pouvant être le prétexte d'un acharnement thérapeutique. Reste encore l'accident, mais il est généralement perçu comme peu probable, en termes de statistiques appliquées à la vie quotidienne. Le dérèglement imprévisible, s'il s'ensuit une issue prompte et non douloureuse, est de nos jours la voie de sortie préférée entre toutes. Puisque mourir il faut, du moins mourons sans nous voir mourir. À la limite, l'infarctus apparaîtrait comme une invention moderne, capable d'apporter cette solution efficace et pour tout dire aimable à une continuité qui n'est pas (encore ?) dans l'ordre biologique des choses. L'égotiste hédoniste que serait notre contemporain typique montre bien ainsi que le souci des autres ne le tourmente guère. Mourir soudainement fait partie des souhaits les plus répandus : *quid* de ceux qui assistent à cette mort, qui doivent, comme on dit, la « gérer », et qui seront peut-être amenés à en gérer le deuil ?

Et au-delà même de la préférence marquée pour une fin abrupte, le souhait de disparaître totalement, en se faisant incinérer puis en laissant disperser ses cendres, ne prolonge-t-il pas le primat accordé à la vie sur la mort, à la présence sur le néant ? Nous ne sommes que passage : après nous, *rien*, sinon quelques traces dans des souvenirs qui s'estompent vite, à moins que la célébrité du vivant n'engendre ce que par hyperbole, mais aussi peut-être par dérision, on appelle l'«immortalité». Le feu purificateur escamote le défunt comme celui-ci avait, de son vivant, escamoté la mort. L'incinération a quelque chose du tour de passe-passe, de l'entourloupe. Les survivants devront se contenter d'images enregistrées par la mémoire, de photos, d'objets abandonnés; mais là où le tombeau indiquerait un ancrage prolongé dans l'espace des vifs, la dispersion signifie la prise de la clé des champs, la délivrance absolue et aussi la disparition absolue. Il reste aux survivants, s'ils en ont le goût ou le loisir, de bâtir aux disparus «un tombeau dans leur cœur». L'absence de deuil, en outre, masque l'existence de ce tombeau. Si je pleure un mort, que cela soit de la manière la plus discrète qui soit. Le «tombeau dans le cœur» doit prendre le moins de place possible.

Prévention et résistances

Et pourtant, mourir reste un scandale difficile à accepter. Nos contemporains se résignent sans doute à disparaître – comment faire autrement, sinon croire de toutes ses forces à un salut qui vous fait passer, après le dernier soupir, à un statut supérieur? –, mais ils refusent de souffrir, de vivre leur mort. Tous leurs efforts tendent à retarder le moment ultime, à le rendre le moins probable possible, à le circonscrire à quelques circonstances où il devient inéluctable. Le champ de la mort se doit de devenir une parcelle très étroite. L'idéal serait de mourir de la manière la plus naturelle, par simple extinction de la vie, selon un prescrit qui ne relèverait que de la fatalité biologique pure. Avant que celle-ci ne survienne, la médecine moderne peut s'attaquer à tout ce qui y fait obstacle à cet idéal. Elle combattra donc les maladies infectieuses, atténuera les effets des maladies chroniques, protégera la machinerie humaine contre les multiples dysfonctionnements qui peuvent l'affecter. C'est ainsi que, de curative, elle deviendra surtout préventive. La prévention, dans un vaste éventail de domaines, devient un maître-mot de l'idéologie de la modernité.

La prévention est devenue l'une des tâches majeures de l'État postprovidentiel, non sous la forme d'institutions de dépistage, mais bien sous celle d'un catalogue croissant d'interdictions et de limitations. Prévenir, c'est surtout surveiller, qu'il s'agisse de la santé publique ou de la circulation automobile. La lutte contre le tabac vise à culpabiliser les fumeurs, tout comme l'insistance sur l'emploi du préservatif dans tous les rapports sexuels vise à culpabiliser les négligents ou les distraits. L'ensemble de ces pratiques de surveillance, par lesquelles la puissance publique prétend manifester son souci de notre bien à tous et à chacun en particulier, a débouché sur ce qu'Alain-Gérard Slama a appelé joliment l'*angélisme exterminateur*[2]. Celles-ci visent à restreindre le champ des accidents, qu'il s'agisse de la circulation du sang ou de la circulation des automobiles, de l'excédent pondéral ou de l'excédent d'alcool dans le sang. La mainmise, sur les conduites, du pouvoir médical, compagnon attitré et privilégié, en ces matières, du pouvoir politique, reste toutefois assurée. C'est au nom d'une expertise médicale que la plupart des mesures d'interdiction ou de limitation sont prises, et non en celui de la protection d'une sociabilité agréable. Par exemple, ce n'est pas parce qu'il risque de perturber une réunion amicale que l'individu qui boit doit limiter sa consommation d'alcool, mais bien parce qu'il met sa santé en danger, et donc qu'il entraîne des coûts accrus de traitement médical pour la société (et contribuant ainsi à accentuer le déficit de la Sécurité sociale).

L'idéologie qui promeut la prévention dans tous les domaines est la même qui exalte le narcissisme égotiste. Garder la ligne, la forme, éviter les excès de boisson et de

---

2. Alain-Gérard Slama, *L'angélisme exterminateur. Essai sur l'ordre moral contemporain*, Paris, Grasset, 1993.

nourriture, de tabac et d'autres excitants, participe d'un terrorisme de la santé ramenée à un ersatz de religion du salut à tout prix. Dans son combat permanent contre la déchéance et la mort, notre contemporain est épaulé par le discours médicoétatique. Ses ennemis, le cholestérol, l'hypertension, les hydrates de carbone, font l'objet d'une traque permanente de la part de la propagande étatique et de la persuasion médicale. D'où ce constant souci de l'apparence externe et de la conformité interne: le *look* et la santé vont de pair dans cette autosurveillance que tout le discours officiel vient légitimer.

Cet enfermement préventif semble recueillir l'assentiment de la majorité des citoyens, qui l'estiment sans doute convergent avec leur idéal de santé garantie le plus longtemps possible. Il y aurait beaucoup à dire sur cette idée de « santé », qui ne peut plus simplement être caractérisée, comme autrefois, par la seule absence de maladie. De nos jours, il ne s'agit pas seulement de lutter contre les dérèglements toujours possibles de l'organisme, mais de s'opposer à sa décrépitude, résultat du processus de sénescence. L'individu en « bonne santé » n'est pas celui qui jouit de facultés physiques jugées normales à l'âge où il se trouve; il doit encore se montrer aussi performant que lorsqu'il était jeune, voire aussi séduisant. Le temps du « beau vieillard » est forclos: ce qui compte, c'est de rester jeune dans l'âge le plus avancé possible, et pas seulement en apparence, mais aussi « à l'intérieur ». Certes, cette attitude ne concerne pas toute la population d'une société moderne. Les couches inférieures ne l'adoptent généralement pas: survivre, et non bien vivre, demeure leur souci dominant. Seules les couches moyennes et supérieures, et à des degrés divers, sont vraiment impliquées dans ce dessein idéologique. Mais le fait que les médias lui accordent un primat incontestable permet de le considérer comme un courant idéologique dominant.

La soumission au mot d'ordre de la prévention généralisée est une autre figure du déni de la mort propre aux sociétés modernes. Idéalement, on meurt lorsqu'on a épuisé tous les moyens préventifs et curatifs qu'offre la médecine moderne, les préventifs ne devant céder la place aux curatifs qu'en guise de pis-aller. Et d'ailleurs, n'a-t-on pas vu, en Grande-Bretagne, des médecins envisager de ne pas accorder leurs soins à des fumeurs atteints de cancers, sous prétexte que ceux-ci n'auraient pas adopté en temps opportun une conduite préventive adéquate? Le malade devient alors « responsable » de sa mort, au sens quasiment juridique du terme. Le fumeur a commis une faute à l'égard de lui-même, il est donc normal qu'il l'expie. Il en ira de même de celui qui boit trop (et, selon divers experts, ce « trop » est vite atteint), qui mange trop gras, qui ne fait pas assez d'exercice, qui cède trop aisément au stress, qui conduit sa voiture de manière imprudente, etc. Du reste, des considérations légitimatrices d'un niveau plus élevé commandent le respect des prescriptions préventives, comme par exemple la compression des coûts de santé publique, le holà mis à la détérioration de l'environnement, ou encore le refus de la décadence accélérée de notre style de vie. Mais l'obligation de se soumettre à la prévention ou de respecter d'impératives limitations est aussi l'occasion, pour des États en perte de légitimité – en raison, notamment, du reflux du politique dans les modes de valorisation de l'existence en faveur dans les sociétés modernes –, de réintroduire un contrôle social qui menaçait de leur échapper. Le déni de la mort conduit donc à renforcer les « impositions mortifères » du social sur les acteurs isolés, c'est-à-dire à les entourer de contraintes de plus en plus liberticides. Ce que pas mal de nos contemporains semblent du reste pressentir, et qui les entraîne à entrer peu ou prou en dissidence.

Car on est forcément conduit à s'interroger sur le sens à attribuer aux « tactiques de résistance » que mettent en œuvre les individus pour s'opposer à un tel enfermement préventif. Divers sociologues, depuis Simmel, ont en effet montré que les injonctions du social, telles qu'elles apparaissent dans le droit ou dans l'idéologie, ne sont respectées que de manière partielle, sinon guère. La « ruse », pour reprendre un thème cher à Georges Balandier, est un mode habituel de rapport de l'individu à la collectivité. Faut-il y voir une manifestation d'incompressible liberté, même dans les sociétés les plus totalitaires ? Même aux moments de la pire répression, on a toujours pratiqué des actes jugés aussi répréhensibles que, par exemple, l'adultère, la sodomie ou le mépris des images saintes. La contrainte du social n'est jamais aussi complète qu'elle ne se laisse subvertir par l'une ou l'autre voie. Tout au long de l'histoire se dressent des figures de refus, de résistance ou de simple marginalité, qui témoignent pour l'inaccomplissement de l'ordre social, fût-il le plus oppressif. Certaines de ces figures n'ont sans doute manifesté qu'une certaine inertie ; d'autres, au contraire, ont fait preuve d'une capacité d'invention dont ont profité les générations suivantes. L'innovation, on le sait, résulte du passage de la marge à la norme. Chaque état de la société impose sa conception de la norme et sécrète donc des positions marginales. Celles-ci, en retour, se préparent à devenir normes à leur tour.

Il semblerait qu'une partie des conduites de résistance modernes puissent connaître ce destin que l'on pourrait appeler philosophique, alors que d'autres ne répondent qu'à un souci de bricolage purement individuel. Si celui qui refuse le conditionnement par la publicité peut prétendre militer pour un monde soustrait au primat de la marchandise, on en dira difficilement autant de tous ceux qui se livrent à des activités dans lesquelles se manifeste ce que Patrick Baudry a appelé le « corps extrême »[3]. Dans ces activités, où la dépense est de l'ordre de la « consumation », selon Georges Bataille, se réintroduit une quête du risque que l'enfermement préventif avait cherché à conjurer.

---

3. Patrick Baudry, *Le corps extrême ; Approche sociologique des conduites à risque*, Paris, L'Harmattan, « Nouvelles études anthropologiques », 1991.

Le tabagisme, l'alcoolisme, les excès alimentaires, les usages forcenés de l'automobile, les débauches corporelles liées au sport ou à d'autres formes de loisirs, y compris les relations sexuelles (l'absence de précautions en temps de sida, qui permet d'accoler la métaphore de la roulette russe à l'errance sexuelle), etc., tracent les contours d'un espace de dissidence où la notion de corps extrême prend tout son sens. Ces activités non conformes à l'ordre médico-moral (et donc, en dernière instance, politique) font fi de toute «information». Le fumeur invétéré sait bien que l'abus de tabac nuit forcément à la (sa) santé, mais il n'en a cure, il prend court le risque du cancer, de sa mort prématurée et des souffrances qui vont la précéder. Tous ceux que pousse le désir de «se dépasser» n'ignorent rien des risques qu'ils courent, comme ne l'ignorent pas ceux qui remontent une autoroute en sens inverse. Cet apparent nihilisme se nourrit sans doute de l'absence de mesure caractéristique de sociétés en deuil d'eschatologies idéologiques ou de religions du salut. Mais on peut aussi y déceler la conséquence d'un rejet de l'angélisme exterminateur, un peu à la manière des petits enfants qui, las d'être constamment surveillés, commettent des bêtises en sachant pertinemment bien qu'il s'agit de bêtises.

Que ce rejet ne soit pas clair à la conscience, on en conviendra. Et d'ailleurs, il peut être pétri de contradictions. Tel qui refuse de respecter les limitations de vitesse sur les routes rejettera le tabac avec dégoût, à cause des dangers qu'il fait courir à la santé. Sans doute préfère-t-il la mort brutale de l'accident à cent soixante à l'heure à la longue souffrance d'un cancer aux poumons ou à la gorge. Tel autre, qui n'imagine pas de ne pas se prémunir lors de tout contact sexuel, même avec des partenaires tout à fait familiers et dignes de confiance, se lancera au bout d'un élastique du haut d'un pont, et fera de son corps un yo-yo désarticulé. La prise de risque n'est pas assumée dans tous les domaines où elle est possible; et d'ailleurs, pour que certaines performances soient possibles, un certain ascétisme s'impose. On ne fait pas la traversée du Sahara à motocyclette en état d'ébriété.

Mis à part ceux qu'elle exclut parce que, comme l'a montré Hans-Magnus Enzensberger, elle ne trouve plus aucun intérêt à les exploiter, et qui sont contraints de chercher à survivre dans un monde plein d'aléas, la société moderne a dressé de multiples garde-fous contre une pluralité de risques, sous forme de contrats d'assurances, de dispositions de sécurité publique ou sociale, de contraintes de santé publique ou encore de limitations impératives à des conduites privées. Alors que les «exclus» sont confrontés à des risques permanents (maladie, agression, faim, emprisonnement), les «inclus» font l'objet d'un enfermement préventif toujours plus étendu, assorti d'ailleurs de menaces d'enfermement tout court ou d'exclusion. Les tactiques de résistance de ces derniers ne visent pas à rejeter cet enfermement, ni même à contester sa légitimité, mais bien à le subvertir, à le contourner par la bande. Rappelons que, selon Certeau[4], une tactique est un mouvement qui se produit à partir d'un lieu dénué de pouvoir, en opposition à une stratégie qui, elle, procède d'un lieu de pouvoir, étatique notamment. L'analogie avec les pratiques militaires est pertinente. La réintroduction de l'aléatoire dans des existences quotidiennes faisant du reste l'objet de telles mesures de protection constitue une tactique dont la finalité est de retrouver quelque sens à ces existences, mais à un palier strictement individuel, le sens collectif étant désormais remisé au rang des illusions historiques.

L'idée vient de nouveaux rituels («détraqués», comme le dit si bien Baudry) s'organisant autour d'un sacrifice, qui serait celui de l'individu acceptant de courir un risque extrême, en victime consentante, non expiatoire d'un quelconque manquement aux normes établies, mais propitiatoire d'une affirmation de liberté éprouvée face à ces normes. «Chez

---

4. *L'invention du quotidien. 1/Arts de faire*, Paris, U.G.E., coll. «10/18», 1980.

nous, écrit Baudry, le sacrifice peut être conçu comme une "liberté de se suicider".»[5] Le contraste avec les sociétés dites traditionnelles est ici flagrant. Dans celles-ci, la mort de quiconque est l'affaire du groupe, qui se trouve atteint par elle. Sous nos latitudes, la mort de quiconque reste une mort singulière, qui n'affecte pas le groupe, sauf peut-être sous la forme d'un exemple positif. Le «droit au suicide» ne concerne pas seulement la faculté, désormais non réprimée, de se supprimer d'un geste volontaire; il vise aussi celle de courir des risques exagérés, dans la seule quête d'un vertige qui rétablirait un équilibre «vital» compromis par l'enfermement préventif. La mort est «le» risque à courir, mais elle ne concerne que celui qui court le risque. Les autres peuvent faire de ce genre de héros, le plus généralement dit «sportif», une figure emblématique de la modernité dépassée: sa mort est célébrée comme un événement positif, et non plus déplorée comme une occurrence qui mettrait le groupe en péril. Au pire, sa mort est un «raté» imprévu. Au mieux, elle est source de joyeuses commémorations médiatiques.

Héros extrêmes et hooligans

Ce que le nouvel ordre médiatique appelle «sport» sert de cadre privilégié aux conduites extrêmes, formes sublimées du suicide, sans doute «altruiste» selon Durkheim, puisqu'il s'agit de fournir un spectacle à des milliers ou millions d'amateurs. Il s'agit là d'une assimilation un peu rapide, ou à tout le moins paradoxale, le suicide devenant risque encouru de manière tout à fait individualiste, donc «égoïste», pour reprendre la terminologie durkheimienne. On n'ergotera pas trop à ce propos. Il conviendra cependant d'attirer l'attention sur une autre forme d'extrémité, collective cette fois, celle qui se donne à voir dans les accès de violence sur les stades, dont les sociétés modernes offrent des illustrations de plus en plus fréquentes.

---

5. *Op. cit.*, p. 182.

Dans les comportements des *hooligans*, se manifeste une rage de détruire et d'en découdre qui est proprement groupale. Sans retomber dans une vision criminologique qui accorderait le primat à une quelconque théorie du «passage à l'acte», il est permis de mettre en évidence le fait que les catégories sociales les plus affectées pas ces phénomènes de violence sont celles qui sont le moins perméables à l'idéologie individualiste. L'effervescence dont elles font montre est sans conteste «collective», et découle de la présence d'une collectivité relativement nombreuse sur un espace très restreint. L'«effet de foule», cependant, n'est pas en soi spécifique à ces couches sociales (le comportement de jeunes bourgeois, lors de concerts de rock particulièrement «chauds», est assez identique), mais il se fait que ce sont ces couches qui, traditionnellement, sont le plus attirées par les sports d'équipe. Et qui se contentent habituellement, si l'on peut dire, de débordements collectifs tels que ceux que l'on peut observer sur les stades, les débordements individuels qu'on peut y mettre en évidence n'étant généralement pas investis d'une signification d'«outrepassement». Lorsqu'un membre de ces couches dites «populaires» conduit en état d'ivresse, par exemple, ce n'est pas pour défier une norme jugée contraignante, mais bien par ignorance ou mépris non rationalisé de cette norme.

Le comportement collectif de destruction et de violence des *hooligans* met en péril l'ordre social (et ce, d'autant plus qu'il est parfois aggravé par la présence en leur sein de groupements d'extrême-droite), mais d'une manière qui n'envisage pas le rétablissement du risque individuel au sein d'une culture de la prévention éthico-médicale. Si risque il y a, il est envisagé comme faisant partie du comportement lui-même, non comme ce qui lui donne sens et attrait. Ceux qui vont dans un stade pour tout casser, sous prétexte de soutenir une équipe, se soucient peu de se faire tabasser par les forces de l'ordre, tandis que celui qui s'adonne à un sport violent est aiguillonné par le risque qu'il court d'en sortir estropié, voire mort. La première forme de violence renvoie à des mises en scène de l'effervescence que le détour anthropologique permet d'éclairer utilement. La seconde, dirigée sur une seule personne par elle-même, relève de l'étude spécifique de la modernité (ou postmodernité, au choix).

La prise de risque individuel, moralement acceptable ou non, est un moyen (post)moderne, sinon le moyen par excellence, pour la mort de reprendre dans nos sociétés une position problématique, aussi éloignée de l'accident inopiné, non recherché, que de l'acharnement thérapeutique. Cette problématisation repose sur la possibilité de choisir l'aléa contre la certitude, l'extrémité contre la conformité. Pour la multitude, seuls quelques héros, pour la plupart sportifs ou déclarés tels, jouent le rôle de conquérants de l'extrême. Mais leur héroïsme enrichit toute une société, qui s'était vu interdire, au nom de la prévention, toute quête d'héroïsme. La mort, que l'on avait escamotée dans la vie quotidienne ou banalisée dans des images, se trouve ainsi réinvestie de signification, dans la mesure où elle concerne des individus isolés, tels que se les représente une idéologie individualiste.

Le rappel du risque rejoint, dans une certaine mesure, le rappel de l'interdit, célébré naguère par Marc Augé. Une société totalement permissive, comme en ont rêvé les protagonistes de soixante-huit, ne pouvait déboucher que sur le vide (Lipovetsky) ; de même, une société sans risque, comme en rêvent les planificateurs du social, ne peut déboucher que sur le non-sens, autre figure du vide. À force de débusquer la mort, la vie finit par perdre toute signification. Lorsque la mort n'est plus que l'aveu d'une impuissance, elle se montre rétive à toute domestication. Paradoxalement, le refus de maîtriser les conduites en faveur de la seule vie ou survie, par réinjection de risque, permet de re-domestiquer la mort. Celle-ci reprend une place, fût-elle emblématique, au sein de l'expérience collective. Les héros modernes, en affrontant la mort accidentelle, rétablissent la mort dans ses droits, tout comme, toutes proportions gardées, l'amour pour le «dragueur», lorsqu'il accepte de passer par les rituels classiques de séduction, traducteurs d'interdits.

En escamotant la mort ou en la réduisant à des images fugitives, elles-mêmes vecteurs d'escamotage, l'idéologie individualiste de la modernité rend vaine toute tentative de faire signifier la vie. Le rappel du risque, même vécu sur un mode de procuration, lui rend sa place dans un univers de significations qui, sans elle, ne débouche que sur un vide désespérant. Pour la plupart de nos contemporains, les héros en quête de risques, fournisseurs de modèles de transgression, rendent la mort plausible et digne de considération. Dès lors, les tactiques de résistance face aux stratégies de prévention reproduisent, à l'échelle domestique, les conduites héroïques extrêmes. Le petit efficace de la socialité quotidienne se révèle dans sa visée métasociale : au-delà des routines établies, la dissidence renoue avec le destin fondamental de l'homme, avec sa temporalité porteuse de mortalité. Ainsi se réalise, dans la banalité apparente de la vie au jour le jour, la belle proposition de Louis-Vincent Thomas : « Le seul pouvoir authentique qui soit compatible avec la dignité de l'homme, c'est de faire entrer la vérité de la mort dans la quotidienneté [...]. La vie n'a de sens qu'à ce prix-là. »[6] Il faut bien, pour ce faire, en ces temps où la mort subit les attaques permanentes de la négation ou du refoulement, que quelques héros, portant sur la scène du monde les petites tactiques de résistance communes au plus grand nombre, proposent les risques encourus en guise d'antichambre de cette vérité de la mort. Tout le monde, il est vrai, n'a pas de chance d'être anthropologue ou philosophe[7].

---

6. *Op. cit.*, p. 15.

7. Sur le sujet traité, voir aussi l'excellent dossier «Les conduites extrêmes», *Frontières*, vol. 6, n° 3, hiver 1994.

Enfant soldat[1] :
corps dissout, corps morcelé

Niloufar RIAHI-JOZANI

---

1. Il s'agit d'un enfant soldat parmi tant d'autres qui participèrent à la guerre Iran-Irak de 1980 à 1988. Cette guerre causa un grand nombre de victimes, notamment chez les enfants soldats (fait constaté par C.I.C.R., *Rapport d'activité*, 1983, p. 59, cité par Paul Tavernier, « Combattants et non-combattants : l'expérience de la guerre entre l'Irak et l'Iran », *Revue Belge de Droit International*, fasc. 1, 1990, p. 74-92) qui occupaient souvent les premiers rangs des bataillons iraniens.

Ô Mort, vieux capitaine, il est temps ! Levons l'ancre !
Ce pays nous ennuie, ô Mort ! Appareillons !

Charles Baudelaire, *Les Fleurs du mal.*

M ême s'il y a plusieurs façons de mourir, quelquefois douces et parfois brutales, la mort suscite les mêmes craintes aux yeux de ceux qui les imaginent et les vivent. La peur de vivre sa « mort sociale », notamment, peut être une raison suffisante pour risquer la mort tout court, celle que l'on ne connaît pas encore et qui paraît tellement loin et fictive quand on n'a que treize ans. C'est ainsi que Mohammad[2], un jeune iranien, se retrouva un matin de l'an 1986 dans un camion qui l'emmena avec quelques autres volontaires vers une caserne du nord de Téhéran. Il avait choisi la guerre comme on choisit, à son âge, de fumer la première cigarette pour affirmer sa singularité. Ce jeune adolescent, naïf et sincère, imagine la guerre tel un jeu ayant comme but de « sauver le monde ». La réalité sera pourtant fort différente, atrocement douloureuse, mais cela, il ne le sait pas encore. Pour l'instant, il s'agit pour Mohammad de prouver, à lui-même et à son entourage, son courage, son

---

2. Ce récit a été recueilli en 1993 alors que cet enfant soldat avait 20 ans. Les données utilisées ici sont issues d'un long travail d'observation. J'ai eu l'occasion, il y a quatorze ans, de faire un travail de terrain avec sa famille avec laquelle j'ai gardé le contact. Ainsi, je dispose également de la version de cette dernière.

sens de la justice, mais surtout son identité[3] personnelle afin de la rendre conforme à celle que sa génération revendique et qui est en rupture avec celle de ses parents. À travers son enrôlement précoce dans l'armée, il encourra des risques qu'il ne soupçonne pas et qui lui donneront presque à chaque instant, l'occasion de frôler la mort de loin et de près, à la fois dans sa dimension réelle et imaginaire. Après la guerre, la mort le guettera à tout moment, le menaçant de dissolution, de morcellement corporel, mais aussi de désintégration dans son identité sociale.

Mais, il faut partir...

Mohammad avait mûri l'idée de se porter volontaire depuis plusieurs mois. Il en avait longuement discuté avec les camarades de cette petite ville de province, située au sud de Qom, où il habite. À chacune des victoires irakiennes, les discours à la fois publics et privés tournaient autour des récits des avances de l'ennemi dans le territoire iranien. Les scènes de pillages, de viols, de tueries décrites par les uns ou imaginées par les autres enflammaient son imagination, «ébouillantaient son sang» selon l'expression utilisée par Mohammad et ses camarades. «À ces moments, dit-il, nous étions prêts à partir immédiatement au front. On se demandait ce que nous faisions là, les bras croisés». Mais, la peur était là, sans être exprimée ouvertement: «Nous savions que nous courrions beaucoup de risques, mais nous ne savions pas vraiment ce qui nous attendait».

---

3. David Le Breton note à ce propos: «La prise de risque vise à charmer symboliquement la mort. Fixer celle-ci sans se dérober, y tracer les limites de sa puissance, renforce le sentiment d'identité de celui qui ose la défier. [...] La mise à l'épreuve de soi, sur un mode individuel, est l'une des formes de cristallisation moderne de l'identité quand tout le reste se dérobe.» *in* «Mythologies contemporaines du risque et de l'aventure», *Prévenir*, n° 24, 1993, p. 62.

Les récits de combats et de tranchées ne font pourtant pas défaut. Du côté officiel, l'héroïsme des combattants, surtout ceux qui se sont engagés volontairement et qui incluent des jeunes adolescents, est souligné. Les visites brèves à la famille, lors des permissions, ou le retour des blessés et des mutilés permettent d'avoir quelques informations plus précises et détaillées sur le vécu de combattants. La peur se mêle alors aux sentiments d'exaltation suscités par ces récits de bravoure. À treize ans, Mohammad se sent coincé entre un frère aîné qui a tout réussi – études, vie professionnelle et affective –, deux sœurs mariées et établies et trois autres frères et sœurs qui ne sont encore « que des enfants ». Mohammad veut prouver qu'il est déjà un homme, qu'il peut, lui aussi, réussir. À l'école, il ne travaille pas très bien, obsédé par ces histoires de guerre qui prolongent les années de révolution et de changements rapides pendant lesquelles les adultes se sont montrés, à ses yeux, souvent peu dignes de confiance. Ces adultes ont déçu les jeunes qui aspirent à un autre monde meilleur où ils pourraient enfin occuper leur place et réaliser leurs rêves. Il a pu observer comment les « Vive le Chah » se sont vite transformés en « À bas le Chah ». Il veut démontrer que lui, peut tenir parole, qu'il peut être fidèle à ses convictions, même au prix de sa vie : « C'est vrai, les grands voulaient commander et nous imposer leur façon de voir. Nous, nous pensions avoir notre mot à dire. Mais, tant que nous étions à la maison, nous ne pouvions rien faire d'autre que d'obéir ».

Cette attitude s'inscrit dans le contexte d'un changement radical qui s'est amorcé dans les rapports d'autorité inter-générationnels[4]. Le bien-fondé d'une obéissance inconditionnelle exigée des jeunes, et surtout des enfants, à l'égard des aînés est remis en question et plusieurs s'y opposent ouvertement. En fait, le discours des dirigeants met l'accent

---

4. Farhad Khosrokhavar, *L'utopie sacrifiée : Sociologie de la révolution iranienne*, Paris, Presse de la fondation nationale des sciences politiques, 1993.

sur le rôle des jeunes comme acteurs principaux de la Révolution. La jeunesse se voit ainsi projetée dans un univers où ses aspirations, loin d'être blâmées et ridiculisées, sont valorisées et magnifiées. Ce n'est nullement le cadre du foyer – dans lequel Mohammad et tant d'autres se sentent enchaînés, soumis aux valeurs familiales contraignantes – qui est privilégié, mais la place publique et le champ de bataille. Ces jeunes sont confrontés à ce que David Le Breton appelle « la perte de légitimité des repères de sens et de valeurs »[5]. Ici, comme dans des sociétés que Le Breton prend en exemple, nous sommes dans la situation d'une société où les cadres sociaux et culturels sont bouleversés, où tout devient provisoire. La marche rapide, amorcée depuis quelques décennies, vers la modernité avec tout son arsenal d'images fantasmatiques venues de l'Occident, puis la révolution de 1979 et ensuite la guerre ont contribué à ébranler la structure traditionnelle de la société iranienne. L'engouement que l'on peut constater dans certains pays pour tenter l'« extrême », en tant que quête de sens[6], dans l'exercice des sports ou des métiers à risques est là à son apogée. La guerre n'est-elle pas déjà le risque par excellence de face-à-face avec la mort, de « surenchère dans le risque »[7] ?

Pour les jeunes, le plus pénible c'est de voir partir les autres et de se sentir lâches, alors qu'à la radio, à la télévision, dans les rues, mais surtout à l'école, les commentateurs, les instituteurs et les dirigeants religieux font de longs discours sur la nécessité de défendre la patrie et la religion contre les envahisseurs impies, insistant sur la gloire des martyrs[8], leur vie éternelle[9], leur place réservée au paradis.

---

5. David Le Breton, *La sociologie du corps*, Paris, PUF, 1992, p. 111.

6. *Ibid.*, p. 112.

7. *Idem.*

8. 99,1 % des Iraniens sont musulmans dont 84 % de Chi'ites. *In* « Téhéran » (sous la direction de Bernard Hourcade et Yann Richard, *Autrement*, n° 27, 1987, p. 11. Le plus grand schisme de l'Islam, le chi'isme est la religion officielle en Iran depuis 1501. Il se distingue du sunnisme

Les discours sont là mais la vie doit continuer. Mohammad aspire encore à participer aux fêtes familiales mais il ne peut plus le faire ouvertement, alors que ses compatriotes sont en danger. Ainsi, lors de la sortie traditionnelle du treizième jour qui suit le nouvel an iranien, afin d'éviter d'être vu par les voisins du quartier, il donne rendez-vous à son grand frère à la sortie de la ville. La famille, au grand complet, est installée dans la voiture et elle peut enfin partir passer une journée dans la nature. Ce stratagème, qui sert à cacher toute marque de festivité, dissimule aussi le fait qu'on continue à célébrer les fêtes païennes qui ne sont pas bien vues par le régime.

Après quelques hésitations, Mohammad prend sa décision. Entre la culture des parents, par trop contraignante, et l'appel à la bravoure et à la transformation d'un monde où les jeunes pourront enfin s'exprimer, il choisit la seconde alternative.

---

dès le départ, au niveau de l'admission de la succession du Prophète. Selon les Chi'ites, le Prophète désigna 'Ali, son gendre, comme son successeur. Ainsi, pour eux, la succession par 'Ali est la seule légitime et ils contestent celles des trois autres califes qui le précédèrent. 'Ali et ses onze descendants mâles constituent le panthéon des Imams pour les Chi'ites d'Iran. Chez les Chi'ites, la notion de martyre relève d'une grande importance et a joué un rôle significatif dans l'histoire du Chi'isme. Le mot *shahâdat* (martyre) évoque pour les Iraniens d'abord celui de Hoseyn, troisième Imam des Chi'ites, fils de 'Ali et petit-fils de Mahomet. Il refusa le serment d'allégeance au Calife de l'époque, Yazid. Conscient des conséquences d'un tel refus, il sacrifia volontairement sa vie pour une cause sacrée, dans la voie de Dieu [...] dans la plaine de Karbalâ en Irak. *Cf.* Niloufar Riahi-Jozani, « Martyrs au présent. De quelques pratiques populaires à Téhéran », *Frontières*, vol. 7, n° 3, 1995, p. 24. Tout au long de la guerre Iran-Irak, les combattants iraniens se sont identifiés à Hoseyn et à son acte d'héroïsme.

9. « Avoir l'honneur de devenir martyr, c'est accéder à la vie éternelle car le martyr *shahid*, "mort dans la voie de Dieu et de la religion", signifie également le témoin, celui qui est présent et omniscient. [...] Le martyr se distingue des autres morts, non seulement au niveau des sentiments rattachées à la vie et à la mort, mais aussi, dans toutes ces pratiques funéraires [...] » (Riahi-Jozani, *op. cit.*, note 8).

Se décider n'est pas suffisant. Encore faut-il avoir l'approbation de ses parents pour pouvoir s'engager. Cette autorisation, il ne l'a pas. Depuis quelque temps il avait essayé de tâter ce terrain glissant pour s'apercevoir que ses parents s'opposaient à son projet, surtout sa mère. Après la mort en bas âge de ses deux premiers enfants, elle craint le même sort pour les sept enfants qui ont suivi. Aussi, pour les protéger, chacun des enfants est placé sous la « protection » d'un saint. Elle a fait le vœu d'accomplir des rituels et des offrandes à chacun de ces saints pour que l'enfant survive et qu'il atteigne l'âge adulte. Elle ne veut donc pas le voir partir et, rien qu'à l'entendre parler de son engagement dans l'armée, elle se met dans une colère noire[10]. Mais il ne veut pas passer, aux yeux de tous, pour un « enfant de sa mère », un *batche-nane*, un enfant encore attaché au jupon maternel. La seule solution dans ces conditions, c'est la fugue.

Le Breton note que dans les sociétés occidentales d'aujourd'hui, les passions individuelles qui donnent « aux activités à risque cet étonnant relief social naissent de ce contexte où il importe souvent de se prouver à soi-même la valeur de son existence [...] »[11]. Ici, il s'agit d'une exaltation collective qui dépasse la passion individuelle, ces adolescents cherchant essentiellement à se faire reconnaître par leurs pairs. Le modèle parental perd de sa consistance pour céder la place à une culture de jeunes. Accompagné de trois autres jeunes volontaires, Mohamad va rejoindre ses amis

---

10. On a beaucoup parlé de certaines mères iraniennes qui encourageaient la participation de leurs enfants à la guerre. Ceci en raison, notamment, des avantages socioéconomiques dont la famille bénéficiait au cas où ces enfants accédaient au statut de martyrs. Mais, ne parler que de ces cas serait un acte d'injustice et d'hypocrisie, à la fois à l'égard des jeunes engagés et de leurs parents. Cette généralisation abusive réduit la noblesse de leur geste à un acte de pur profit.

11. David Le Breton, « Mythologies contemporaines du risque et de l'aventure », *op. cit.*, p. 58.

déjà engagés : « On avait honte. On se disait, si on ne part pas on ne pourra plus jamais lever la tête. Après tout, notre sang n'est pas plus coloré que le leur ! » Par cette formule, ils affirment que leur sang – le symbole de vie – ne vaut pas plus que celui des autres et n'a donc pas à être épargné. Cette revendication, signe de défi, brise les derniers bastions de la peur et annule le raisonnement qui prêche les vertus d'une existence sans risque, tranquille, mais tellement ennuyeuse aux yeux de ces jeunes si peu enthousiastes à l'idée d'un avenir où ils ne seraient que des assistés !

La fugue réussit mais la mère est à ses trousses. Après avoir compris qu'il s'était porté volontaire pour l'armée, toute la famille se met à suivre ses traces ; le frère aîné repère le centre de préparation militaire où il est admis. Deux jours après son départ, on annonce à Mohammad que sa mère est à la porte de la caserne et qu'elle supplie, en pleurant, qu'on lui rende son enfant.

La honte est insoutenable

Même s'il déclare comprendre rétrospectivement les motifs qui ont poussé sa mère à agir ainsi et qu'il définit comme un geste d'amour, il ne cache pas cependant à quel point ce comportement l'a agacé. En voyant sa mère enveloppée dans son tchador noir au portail de la caserne, il éprouve une gêne extrême mêlée à la honte de ne pas pouvoir passer pour autre chose qu'un enfant. Il a quitté le jupon de sa mère mais c'est ce jupon qui vient l'envelopper sous son autorité tendrement oppressante. La mère, après avoir plaidé sans succès pour son retour, le menace de rendre « illicite son lait » dont elle l'a nourri, lui enlevant ainsi sa bénédiction. Après un long moment d'hésitation, au bord du désarroi, il cède à ses supplications et regagne, penaud, le foyer familial. « J'espérais que la terre s'ouvrirait sous mes pieds pour m'engloutir, et éviter que je ne vive cette situation » dit-il. La suite est encore plus difficile. Il ne peut se débarrasser de cette image négative d'«enfant choyé de sa mère». Dans le quartier[12], les enfants s'arrêtent de parler dès qu'il arrive. On se moque de lui : «Enfant, va donc jouer à tes jeux à toi ! Laisse-nous tranquilles !» lui crient les gens du quartier, surtout ceux engagés comme *pâsdâr*[13]. Trois mois de ce traitement lui suffisent pour concocter un nouveau plan de départ. Cette fois-ci personne ne saura où il est allé, se jure-t-il. Avec l'aide d'un *pâsdâr* d'un autre quartier, il trouve un moyen de transport pour Téhéran, rejoint la première caserne qu'il avait connue et se fait porter volontaire en tant que *basidji*[14].

Et nous, les petits, les obscurs, les «sans-grades»[15]

Il a réussi enfin à se faire enrôler. Durant le court séjour à la caserne, il reçoit, en compagnie d'autres jeunes, le numéro de matricule, l'uniforme et les bottes – pas toujours à leur taille – et quelques maigres instructions militaires. Ils se sentent importants mais un peu perdus. Les plus jeunes s'organisent rapidement et forment des petits groupes de

---

12. Il est important de noter que Mohammad, issu d'une famille modeste et de type traditionnel, vit dans un quartier populaire où le contrôle communautaire joue un rôle non négligeable dans les rapports sociaux, malgré le tissu urbain dont bénéficie cette petite ville de province.

13. Signifiant mobilisé, «gardien de la Révolution», c'est le nom donné à des membres de l'armée des *pâsdârân*» qui ont pour rôle, depuis 1979, de défendre les valeurs révolutionnaires contre les contre-révolutionnaires.

14. C'est le nom donné aux recrues de l'organisation *Basidj*, créée peu après la Révolution et intégrée dans l'armée des *pâsdârân* dont elle partage la tâche. Les «mobilisés» (membres de l'armée des volontaires du peuple) constituant les bataillons les plus fournis de l'armée iranienne durant ces huit années de guerre, telle une vraie marée humaine, avaient pour mission de «préparer le terrain» pour les «vrais soldats» en leur servant de «boucliers de chairs», de «démineurs» (en marchant sur des terrains minés).

15. Edmond Rostand, *L'Aiglon*, Paris.

quatre ou cinq soldats dont le destin sera désormais étroitement lié. Dans son récit, Mohammad emploie la plupart du temps le « nous ». Ses actes et ceux de ses camarades sont alors confondus. Quand je lui demande des précisions, il se corrige en disant : « Non, c'est vrai c'était 'Ali qui avançait sur le terrain miné mais, cela aurait pu être moi. »[16] Il sait que s'il est resté vivant, c'est tout à fait par hasard. 'Ali n'est pas revenu. 'Ali est resté là-bas, ce « là-bas » si loin et si proche à la fois. Quand il dit « nous », ce n'est pas pour voler la part d'héroïsme de ses camarades, mais c'est parce que, pendant tout ce temps interminable dans les tranchées, et d'attente dans les camps, ils s'étaient soudés les uns aux autres pour ne faire plus qu'un seul corps, comme si à plusieurs, ils pouvaient se sentir plus « grands », additionner leur force pour combattre la peur.

Il répète à maintes reprises qu'ils se sentaient perdus, déboussolés. Et puis « les choses allaient tellement vite que nous ne savions pas trop comment réagir. Nous avions à peine le temps d'y penser ». La présence des adultes rassure, mais elle est aussi source de peurs car ils sont souvent très brutaux et injustes. Ces jeunes soldats ont eu l'occasion de repérer dès les premiers jours quelques uns d'entre eux qui sont de véritables sadiques. Alors, devant eux, ils se font tout petits pour ne pas attirer l'attention.

L'ennemi n'est pas seulement de l'autre côté des tranchées. Il peut aussi se trouver à l'arrière d'un camion, au détour d'une tente, ou même sous les traits d'un compagnon de bataille. L'ennemi de l'extérieur, le vrai, on ne le

---

16. Mohammad n'est jamais parti sur ces terrains minés. C'est beaucoup plus tard, qu'il a su pourquoi. En fait, son père a su parler de lui à un *pâsdâr*, un proche, pour qu'il reste, dans la mesure du possible, loin des zones de grand danger. Il n'est pas le seul à avoir bénéficié de ce genre d'arrangements qui, loin d'être une garantie, représentaient un moyen pour réduire quelque peu les risques, qui étaient très importants même en dehors des zones de combats, vu l'ampleur des attaques irakiennes.

voit que rarement. L'ennemi de l'intérieur est à craindre à tous les instants ; il est difficile de se défendre contre lui car il ne peut être pointé du doigt. Pour s'en protéger, ils devront s'entraider. Pendant ces deux ans qui les séparent du cessez-le-feu de 1988, ils ne seront plus qu'un. La mort de chacun de ses compagnons est vécue par Mohammad comme une mutilation ancrée au plus profond de son être.

Que ce mot, si court, est insondable et terrible ![17]

La mort fait peur. Les périodes de combats sont entre-coupées de moments d'attente. Hantés par des images qui prennent source dans leur vécu quotidien, ces jeunes soldats arpentent les sentiers intérieurs où des figures à caractère hallucinatoire se mêlent. Les soirs sont longs et la nuit est pleine de craintes. Pour garder le moral, défier la peur, ils implorent l'aide de Dieu tout puissant et la protection des saints personnages, le Prophète, mais aussi 'Ali Hoseyn et ses compagnons de guerre à Karbalâ. Ils récitent à plusieurs les formules religieuses d'usage. Les voix timides, au départ, deviennent de plus en plus poignantes, alors que les moments d'abattement, d'épuisement physique ou moral se succédent et que de multiples dangers les guettent.

Mohammad raconte avoir aperçu plusieurs fois, lui et ses camarades, un sabot ou une queue noire par terre, devant leurs yeux. Pour eux, il n'y avait aucun doute, c'était le signe de la présence de Satan dans les parages : « On savait que Satan ferait tout pour nous emmener avec lui. Alors, on se dépêchait de citer la formule qui le défie. » Souvent, ils voyaient ses marques devant un compagnon qui restait pétrifié et ne pouvait réagir. Ils se précipitaient alors pour le sortir de sa torpeur. Parfois, ces agissements maléfiques ont un caractère plus spectaculaire et laissent des traces

---

17. Guy de Maupassant parle ainsi de la mort dans *Correspondance*.

indélébiles dans leur mémoire. C'est le cas, par exemple de Madjid, un compagnon de Mohammad, qui, un soir, tandis qu'il s'était assoupi dans un coin de tente fut soulevé de terre et projeté à l'extérieur. « Je l'ai vu s'envoler. J'ai crié et je suis parti le rattraper par ses pieds alors qu'il était déjà trois pas plus loin de la tente. Je récitais, à toute hâte, la formule qui éloignait Satan. » Cette agitation réveille les autres militaires qui viennent l'aider, tout en récitant, à haute voix, la même formule. Au grand soulagement de tous, Madjid se réveille enfin en sursaut. Il n'avait rien senti et suffoqua de peur devant le récit de ses compagnons. Cette nuit fut très longue et ils la passèrent avec la peur au ventre, le risque de s'anéantir plus que jamais présent, au sens figuré comme au sens propre.

L'ennemi possédant des faces multiples, tous les moyens sont nécessaires pour le reconnaître et en déjouer les ruses. La peur est ritualisée pour être contenue et maîtrisée dans une série d'images. Ici, l'agent de la peur est personnifié par Satan, ailleurs par des djinns, ou par l'ennemi de l'au-delà des tranchées ou celui de votre propre camp qui vous épie de son regard noir de haine ou de malice. L'essentiel est de disposer d'une arme pour combattre ces angoisses : prières, formules, usages de divers objets symboliques (amulettes, papiers sur lequel une sourate du Coran est inscrite, médaillons portant en inscription le nom d'Allah), mais surtout la présence des autres qui partagent la même peur, chacun de ces moyens a son efficacité symbolique.

Le retour est encore plus dur

Le cessez-le-feu entré en vigueur en août 1988 est aussi l'occasion des bilans. Ce n'est pas, comme l'écrivait Corneille dans *Le Cid*, parce que « [...] le combat cessa, faute de combattants » que le guide de la Révolution, l'Ayatollah Khomeyni, se résolut à « boire la coupe de fiel » – selon son expression – et à accepter la fin des hostilités. L'énorme coût[18] de la guerre rendait sa fin inévitable. Les combattants, meurtris, habités par un sentiment d'amertume et de gâchis retournent alors chez eux. Ce retour, après avoir vécu les horreurs de la guerre, signifie qu'il faut se réinsérer dans un milieu où les individus n'ont pas eu à risquer leur vie, n'ont pas eu à supporter l'insoutenable, mais au contraire, ont amélioré leur situation. Ils ont fini leurs études, ont continué à travailler, se sont enrichis et ont fondé une famille. Mohammad, lui, constate amèrement : « Je suis en retard de plusieurs années par rapport à eux. » C'est un retard qu'il a du mal à rattraper, étant donnée la situation socio-économique désastreuse du pays, avec le chômage qui augmente en flèche, accompagné d'une inflation galopante. De plus, les huit années de guerre ont épuisé le moral de la population qui n'a qu'un seul désir : oublier cette période noire.

Certes, on reconnaît que son engagement est digne d'éloge mais, il a l'impression d'agacer et d'entendre en sourdine : « bravo pour cet héroïsme grandiose mais passons à autre chose ! » Mais comment mettre entre parenthèses cette période où, tandis que les autres œuvraient à construire leur vie, il se battait, avec ses compagnons, pour tout simplement la maintenir ? La guerre fait encore partie de son existence, ce moment où le risque de la mort était l'élément majeur qui rythmait son existence. Il n'en reste comme repères que la date d'une attaque, les traces d'une cicatrice, l'image d'un regard béat sans paupières. Comment peut-on passer si vite à « autre chose » ? Mohammad refuse de rentrer dans « leur système », dans le rang et il continue de répliquer en termes de « blessures »[19].

---

18. Voir notamment Jaques Percebois, « La guerre Irak-Iran : le poids des contraintes économiques », in *Aspects de la guerre du Golfe* (sous la direction de Paul Tavernier), Grenoble, Université des Sciences Sociales, Faculté de droit, 1990, p. 65-68.

19. Pourtant durant la guerre – comme à l'exemple des soldats français de la première guerre mondiale qui restaient très discrets sur leur vécu (Evelyne Desbois, Grand-Guignol, « Blessés et mutilés de la Grande

Intègre et mutilé

Mohammad – il en est bien conscient – a eu beaucoup de chance. Il éprouve un double sentiment, la joie et la culpabilité. Quand il rencontre les proches de ses camarades morts sur le champ de la guerre, il ne peut s'empêcher de penser que les places auraient pu être inversées. « J'ai l'impression de devoir m'excuser d'être vivant » dit-il. Physiquement indemne, son intégrité n'est qu'une apparence et il souffre du « syndrome du survivant ». Il a risqué sa vie avec de minces chances d'en revenir vivant. Indemne, il a l'impression et donne l'impression à ses proches que ses réactions face aux dangers ne sont pas normales. Il a pu manifester une bravoure exemplaire dans des contextes difficiles mais il peut aussi se montrer timoré et prudent face à des situations bien plus banales : « Je me dis, parfois, moi, qui ait échappé à la pire des boucheries, j'ai ma vie accrochée à ce monde. Alors, je pense que rien ne pourra m'arriver[20]. À d'autres moments, je me dis, ce serait bête de mourir pour une petite chose alors que j'aurais pu mourir mille fois à la guerre ».

Guerre », *in Le corps en morceaux, Terrain* , n⁰ 18, mars 1992, p. 64.) – Mohammad a tout fait pour que sa famille soit épargnée des réalités de la guerre. Dans sa correspondance, il tentait constamment de les rassurer. Mais maintenant, confronter sa « réalité » des faits avec celle des autres qui ne l'ont pas vécu est devenu une nécessité pour lui.

20. D'ailleurs, les Iraniens, avec humour noir, avait surnommé les *basidji*, de *yek-bâr masrafi*. En traduction littérale, cela signifie : [individus] à s'en servir qu'une seule fois (combattants « jetables ») et ceci, en raison du caractère périlleux de leur parcours, d'où une grande probabilité de disparition dans un délai plus ou moins court. Durant la guerre, les citadins craignaient l'approche des véhicules réservés aux *basidji* circulant en ville. Ils leur laissaient souvent le passage, évitaient de les doubler. Car, d'après eux, ils n'avaient rien à craindre puisqu'ils risquaient la mort à tous les instants. Ainsi, ils avaient la réputation d'avoir été à l'origine de nombreux accidents routiers des plus graves.

C'est comme si grâce, ou à cause du poids du risque énorme encouru, il ne lui est plus désormais possible de se considérer comme un être ordinaire et à plus forte raison de mourir banalement. À l'image du vers de Corneille dans *Pompée*, « Ma mort était ma gloire, et le destin m'en prive », le hasard (ou le destin d'après lui) l'a, à la fois, épargné et l'a privé de la mort héroïque[21], celle que Louis-Vincent Thomas appelle la « belle mort »[22]. Mourir en martyr lui aurait permis d'accéder à la vie éternelle car cette « mort-vie » est clairement soulignée par une sourate du Coran : « Ne dites point de ceux qui sont tués dans le Chemin d'Allah : [Ils sont] morts Non point ! [ils sont] vivants mais vous ne [le] pressentez pas. »[23] De ce fait, « le martyr est celui qui sera toujours vivant »[24]. Mohammad s'était longtemps senti promis au martyre. C'est d'ailleurs, pour conjurer cette peur qu'il a récité des milliers de fois : « [...] Nous sommes à Allah et à Lui nous revenons ! »[25] à quoi il ajoute avec un sourire amer : « [...] mais, je suis revenu aux hommes ! »

---

21. « [...] mourir glorieusement, c'est mourir en martyr. Le héros chrétien comme le héros shi'ite – qu'il soit saint ou combattant anonyme – c'est le persécuté, celui qui donne sa vie, dans les souffrances, pour autrui. Il n'est pas étonnant que les pauvres, les opprimés, les meurtris aient découvert, dans les passions du Christ et de Hoseyn, l'image de leur condition et, partant, des raisons d'espérer. » (Christian Bromberger, « Martyr, deuil et remords : horizons mythiques et rituels des religions méditerranéennes », *in La mort en Corse et dans les sociétés méditerranéennes, Études Corses*, 1979, nos 12-13, p. 145.

22. La belle mort est celle qui confirme les aspects positifs de la vie. D'après les textes d'Homère, la mort idéale est celle du héros au combat, pétrifié dans l'éclat d'une jeunesse définitive et d'une action valeureuse. (Louis-Vincent Thomas, *Le cadavre : de la biologie à l'anthropologie*, Bruxelles, Complexe, 1980, p. 80).

23. Pour les citations du Coran, se référer à la traduction faite par Régis Blachère, Paris, Maisonneuve & Larose, 1966, *cf.* Coran, II, p. 149.

24. Niloufar Riahi-Jozani, *loc. cit.*, p. 25.

25. Coran II, p. 151-156.

Pourtant, il ne se considère plus comme un être intègre. Des images d'horreur gravées dans sa mémoire sont là pour lui rappeler des moments interminables de douleur et de peur, des moments abominables dans toute leur intensité : « Une fois à l'abri, je donnais des coups de poing au sol et répétais : "Mon Dieu, non !". Après, je ne me souviens plus de rien. On m'a retrouvé ensanglanté et évanoui, agenouillé auprès du cadavre éventré de mon camarade. Parfois, quand je passe la main sur mon ventre, je sursaute ! Je l'imagine vidé de son contenu. Quand on parle d'intestins, je ne peux m'empêcher de frissonner. J'ai encore dans mes mains la sensation gluante des intestins ensanglantés de mon camarade de combat. Atteint par un obus, il gisait par terre. Je ramassais par terre ses entrailles pour pouvoir le tirer sous l'abri. Je pleurais, je criais, je demandais de l'aide, tout en remettant en place son ventre. »

Le « ventre vidé de son contenu » n'est pas juste une image, il le sent au plus profond de lui-même. Il emploie souvent les termes persans de *del va rude*. Si *rude* ne laisse pas de doute en ce qui concerne sa signification – intestin – *del* par contre, ne renferme pas moins de douze significations parmi lesquelles on peut noter cœur, ventre, vie, âme, centre, trésor des secrets, bravoure. Ce mot, il le comprend dans toute sa richesse et l'utilise à profusion.

Trois ans après le cessez-le-feu, avec l'appui financier de ses parents, il peut enfin se marier. Il espère ainsi s'établir, rattraper le temps perdu. Il prend en charge l'épicerie de son père, devenu trop vieux pour s'en occuper. Il a quelques mois de répit où il a l'impression que la vie lui sourit et qu'enfin il peut vivre comme les autres. Mais malheureusement le destin s'acharne contre lui. Au bout d'un an de mariage, sa femme ne donne toujours aucun signe de grossesse. Les examens médicaux montrent une stérilité dont lui seul serait responsable. Sachant que la stérilité masculine est souvent liée, dans la pensée populaire, à l'impuissance sexuelle, on peut se douter de ce qu'un tel diagnostic représente pour Mohammad. Il avait la ferme conviction d'avoir été handicapé par la guerre et il détient, maintenant, la preuve de sa mutilation : sa stérilité.

Ce n'est évidemment pas par hasard s'il pense que son expérience de guerre a provoqué sa stérilité. Son jeune ami mort au combat a été atteint dans la région du ventre. Mohammad partage symboliquement cette blessure qu'il somatise par le symptôme de sa stérilité. Sorti d'un cauchemar, il s'étonne de ne pas trouver son ventre vide, ce qui renvoie aux parties génitales, communément appelées le bas – ventre en persan. Le vide est vécu comme une absence, un handicap, une perte radicale lié au pouvoir de procréation. Si « le fil de sa vie n'est pas rompu », toutefois, celui de la filiation l'est. Mohamad n'est plus qu'un « corps mutilé », un ancien combattant privé d'une mort héroïque le vouant à la vie éternelle.

Il ne veut pas établir un lien entre sa stérilité et celle dont fut frappé, pendant plusieurs années, son frère aîné[26]. À la différence de ce dernier, il a fait la guerre et c'est là-bas qu'il a perdu sa capacité d'enfanter. C'est le risque que son engagement lui a fait courir et la marque corporelle de sa bravoure. Il n'a pas pu porter cette tare en lui et elle n'a pu survenir qu'après son enrôlement, après qu'il ait perdu son « ventre ».

Le risque encouru par les enfants soldats est multiple. Mohammad, comme tant d'autres, n'a pas risqué que sa vie biologique[27]. Son identité propre s'est dissoute dans celle de ses jeunes compagnons avec qui il a partagé, entre autres,

---

26. Pourtant, le diagnostic médical penche vers des mêmes causes de stérilité pour les deux, sauf que chez Mohammad, il existe moins de chances de réversibilité.

27. On a trop souvent tendance à mesurer les dégâts causés par la guerre qu'en terme de nombre de morts ou de handicapés, de nombre de prisonniers ou encore de dommages matériels.

non seulement peurs, fierté, doutes, pain et combats mais aussi, les blessures, tant au sens réel que figuré. La redondance dans l'usage du « nous » au lieu du « je », la symbiose avec les autres, jusqu'à porter la cicatrice des blessures qu'il n'a pas reçues, témoignent d'un corps mutilé, malgré son apparente intégrité. Il s'agit là d'une mutilation identitaire avant d'être corporelle.

Le corps éventré de son compagnon devient le sien au point qu'il s'étonne de ne pas trouver un trou à la place de ses entrailles, un vide qui serait en fait la cause de sa stérilité. Mohammad l'enfant soldat est maintenant un adulte à la recherche de son enfance enfouie dans la mémoire des corps disparus de ses compagnons. Son corps, qui ne faisait qu'un avec celui de tous les enfants soldats, est à présent morcelé. Son mariage et son occupation, symboles de sa réintégration dans le monde « ordinaire » sont pour lui, et selon ses propres mots, une quête visant à retrouver son identité propre.

Or, son élan initial s'est rapidement heurté à cette remise en question de sa personne en tant qu'individu intègre, à la fois biologiquement mais surtout socialement. Sa stérilité ne peut que lui rappeler constamment son parcours. Il a été un enfant soldat mais il ne l'est plus aujourd'hui. Sans descendance, il ne sera jamais vraiment non plus un adulte complet et il ne sera pas pris au sérieux par sa communauté qui valorise la paternité comme signe de maturité sociale. D'ailleurs, son physique ne l'y aide pas. Avec son corps frêle, sa petite corpulence[28] et un visage presque imberbe, c'est comme si son corps s'était arrêté de grandir, à l'orée d'un âge adulte qui lui échappe.

En s'engageant dans la voie militaire, pendant une période cruciale de sa vie, il a cherché à sortir de l'enfance

---

28. En effet, ses 155 cm et ses 47 kilos ne lui donnent guère l'air d'un adulte.

pour passer à la vie adulte. Une fois la guerre finie et le danger écarté, son projet familial et communautaire revient au premier plan de ses préoccupations. Cependant, son drame le poursuit. Eut-il fallu qu'il meurt véritablement pour recevoir une reconnaissance des siens? Il erre ainsi à la recherche d'une reconnaissance de sa valeur. Or, cette société qui veut oublier la guerre ne sait comment intégrer la bravoure des jeunes enfants soldats. Bercés durant des années par les promesses d'un nouvel ordre socio-économique que le régime faisait miroiter, le réveil est douloureux pour eux.

Mohammad envisageait son enrôlement dans l'armée comme un rite de passage qui lui aurait permis de s'affirmer vis-à-vis de l'autorité parentale et de confirmer sa place dans la communauté de ses pairs. À treize ans, il hésitait entre le besoin ludique que lui offrait l'enfance et le penchant pour le risque – qui caractérise l'adolescence – en tant que la mise à l'épreuve de soi. L'image qu'il avait de la guerre faisait la synthèse de ces deux aspects, mais il a vite réalisé que ce n'était pas du «cinéma»: on y mourrait et on y souffrait pour «de vrai». Il voulait seulement repousser les limites de son univers et grandir rapidement. Tout comme ses autres jeunes compagnons, il ne cherchait pas la mort[29].

Sa stérilité, qu'il met en rapport avec la guerre, tente d'annuler l'idée d'une tare corporelle innée. Mohamad était-il, comme son frère, stérile de naissance? Il essaie d'échapper, tant bien que mal, à une «mort sociale», c'est-à-dire à une mort en tant qu'être anormalement constitué, incomplet. S'il arrive à faire reconnaître l'origine de son mal comme une suite de son acte d'héroïsme, soit celui d'avoir participer à

---

29. Farhad Khosrokhavar distingue également l'enrôlement des enfants dans l'Armée des *basidji* des autres combattants et notamment, de la catégorie des «martyropathes» (Farhad Khosrokhavar, «Chiisme mortifère: les nouveaux combattants de la foi», *L'Homme et la société*, nos 107-108, 1993, p. 96).

la guerre, il ne sera certes pas guéri, mais il bénéficiera d'une légitimation qui lui évitera une mort sociale, celle de perdre la face. Sa stérilité, traduite en terme de la mort de la filiation, est pourtant vécue comme une vraie mort : « Je ne suis pas mort mais, je ne peux plus lever la tête. J'ai perdu mon honneur. » « Ne pas pouvoir lever la tête » représente une décapitation symbolique de la personne.

La guerre ne fait donc pas seulement courir aux enfants soldats le risque d'y laisser leur peau ou leur « ventre », elle leur enlève également une part de leur histoire, une part de leur personne.

Transe profane
et jeu avec le risque

David Le Breton

D'abord, ils décrivaient l'arrivée de la vague qui gonflait et la manière dont, avec effroi, ils découvraient qu'elle était grosse et vraie. Puis ils décrivaient comment ils pivotaient et pagayaient et se redressaient et comment ça partait... Et comment alors, à ce qui semblait être une vitesse inouïe, ils disaient: c'est mieux que de faire l'amour. C'est beaucoup plus vif et ça n'engage pas la responsabilité, et c'est plus gratifiant parce que l'homme est seul.

Per Olov Enquist,
Récits du temps des révoltes ajournées.

L'ordalie

«Pour moi, dit Jean-Marc Boivin, la notion de risque est prédominante. S'il n'y a aucun risque, ça manque de sel... Je crois qu'il faut qu'il y ait une part d'incertitude... Je n'aime pas être sûr du résultat ni que cela soit trop bien préparé, que ce soit dans mes tentatives de record d'altitude ou de ski extrême. Trop bien connaître le terrain, ce serait trop simple!... Parfois, avant de faire une course très difficile, je ne sais absolument pas si je vais y aller ou non. Je décide au dernier moment et je pars un peu sur un coup de tête.» Plus loin, Boivin explique sa préférence pour le ski extrême car «dans certains virages, il y a un moment où l'on ne tient plus que par la poudreuse pour que ce soit terminé! On va en bas directement! Et pour moi, c'est plus stimulant»[1]. Au départ du Vendée Globe Challenge de 1992, qui verra la mort de plusieurs navigateurs, L. Perron déclare à un journaliste que cette course en solitaire, «c'est un peu quinze gladiateurs modernes qui entrent dans une arène gigantesque. On sait que certains risquent de perdre la vie dans la bataille»[2].

Deux Françaises ayant descendu en ski extrême des pentes presque verticales déclarent: «C'est comme un puits dans lequel on tombe. On ne pense plus. On n'entend plus. Il ne reste que le corps qui accélère comme une particule d'atome lorsqu'une bombe H explose.»[3] L'image de la mort, suggérée ici au détour d'une phrase enthousiaste, ressemble à un lapsus: «s'éclater» s'apparente à l'explosion en soi d'une bombe. Mais le sentiment de toute-puissance est d'autant plus fort que le concurrent sort indemne de l'épreuve. Le relâchement de la conscience, voire sa perte provisoire, est une manière de déchirer l'enveloppe initiale de son sentiment d'identité à travers une sorte de syncope paradoxalement contrôlée. Disponible, ouvert, l'individu a le sentiment que le monde le pénètre sans l'anéantir. Les limites de soi se distendent avec une jouissance qui est à la mesure même du risque de périr. François Cirotteau s'élance en kayak d'une chute d'eau de 28 mètres après avoir franchi d'autres hauteurs, moindres mais non moins spectaculaires: «Attention, dit-il, ici comme en ski, ou en escalade solo, la mort ou le fauteuil roulant peuvent être la sanction de la moindre faute. L'envie peut être fatale.»[4]

---

1. E. Dumont, *Les Aventuriers de l'impossible*, Paris, Laffont, 1991, p. 38-40.

2. *Impact Médecin Quotidien*, n° 313, 1992.

3. *Le Monde*, du 3 mars 1984.

4. G. Esnes, *Exploits sans limites*, Paris, Éditions du Montparnasse, 1989, p. 10 sq. P. Baudry quant à lui voit un déni de la mort dans ces entreprises, *cf. Le corps extrême*, Paris, L'Harmattan, 1991.

La surenchère dans le risque et la difficulté de l'épreuve amènent l'acteur dans une autre dimension de sa quête intérieure ; atteignant les parages de l'ordalie, il s'en remet pour une part au «jugement de Dieu». Il se livre à une situation délicate où il donne le meilleur de lui-même, il engage toutes ses ressources, mais en courant le danger de disparaître au cours de son entreprise. En affrontant pire, l'acteur cherche à gagner le meilleur, à convertir sa peur et son épuisement en jouissance d'avoir réussi. La provocation de la mort est claire ; même si elle n'est pas hautement revendiquée, elle surgit au détour d'un propos ou bien elle est évoquée de façon complaisante par les commentateurs. Sollicitation rituelle du destin, l'ordalie implique une probabilité non négligeable de mourir. Elle pousse la métaphore du contact avec la mort au plus proche de l'ultime limite, tout en laissant une possibilité de s'en sortir. Elle n'est en rien un suicide ou une manière oblique d'attenter à ses jours ; elle est plutôt la chance que se donne un individu pour se remettre au monde, quitte à en payer le prix. Un dernier recours pour vivre d'une manière plus conforme à ses vœux.

Cette passion de la « limite » est une recherche de la butée qui permet de prendre ses marques, de se sentir enfin contenu (*containing*), soutenu (*holding*). La limite ultime qu'est la mort prend ici la place du système symbolique. La mise en jeu du corps assure l'accès au sens à travers l'épreuve de la mort surmontée. Le contact brut avec le monde se substitue au contact feutré que procurait le champ symbolique. En se confrontant physiquement au monde, en jouant réellement ou métaphoriquement avec son existence, on force une réponse à la question de savoir si vivre en vaut ou non la peine. Pour se dépouiller enfin de la mort qui colle à la vie, on s'affronte à la mort pour pouvoir vivre. Ne pas se dérober devant ses menaces, y tracer les limites de sa puissance renforce le sentiment d'identité de celui qui ose le défi. Du succès de l'entreprise naît un enthousiasme, une bouffée de sens répondant à une efficacité symbolique qui procure provisoirement ou durablement une prise plus assurée sur son existence[5].

Historiquement, l'ordalie était un rite judiciaire fournissant dans le même mouvement la preuve à charge et la mise à mort du coupable, ou bien l'innocence et la survie. En la surmontant en sa faveur, l'individu retrouvait une position plus solide à l'intérieur de sa communauté, pour avoir été injustement soupçonné. L'ordalie ne tolère pas les demi-mesures. La vie ou la mort sont les deux termes de l'alternative. En revanche, l'ordalie moderne ignore ce qu'elle poursuit, elle interroge l'avenir d'un individu coupé de son sentiment d'appartenance à la société et ne répond qu'en ce qui le concerne, lui. Elle est devenue une figure inconsciente ; elle n'est plus un rite social, mais un rite individuel de passage sous une forme radicale. Elle suppose une société à forte structuration individualiste, en crise de légitimité et en proie à l'anomie.

À travers une prise de risque excessive, l'acteur joue l'éventualité de mourir pour garantir son existence. S'il échappe à la mise en péril à laquelle il s'est délibérément exposé – avec une lucidité inégale d'un sujet à un autre –, il s'administre la preuve que son existence a une signification et une valeur. « Lorsque j'ai accompli un exploit aussi limite, du genre à se dire : "Ce n'est pas normal que je sois encore là !", pour moi c'est une victoire sur la mort, une revanche sur la poussière, et aussi un salut aux deux ou trois copains qui se tuent en montagne tous les ans », dit encore Jean-Marc Boivin qui trouvera lui-même la mort dans un accident de *base jumping*.

---

5. Sur l'ordalie, et sur ses formes contemporaines, nous renvoyons à David Le Breton, *Passions du risque*, Paris, Métailié, 1991 ; voir aussi Denis Jeffrey, « Approches symboliques de la mort et ritualités », *in Rites de passage : d'ailleurs, ici, pour ailleurs*, (sous la direction de T. Goguel d'Allondans), Ramonville, Erès, 1994.

« Plonger au fond du gouffre, enfer ou ciel, qu'importe ? /
Au fond de l'inconnu pour trouver du Nouveau », écrivait
Baudelaire dans *Le Voyage*. La mort est un autre monde, on
joue avec elle, on l'ignore même parfois avec une « belle
indifférence ». À celui qui chasse sur son territoire, le prix à
payer pour une telle entreprise garantit, en cas de réussite,
une manne exceptionnelle. La mort est une réserve sauvage,
toujours à la lisière de l'homme, saturée d'émotions, de sensations, de possibilités d'héroïsme, lieu rêvé pour renflouer
un sentiment d'identité défaillant, un goût de vivre qui peine
à s'étayer.

Recherche d'émotions

Le saisissement éprouvé par l'individu quand il est
immergé dans son activité et qu'il maîtrise le risque encouru,
ce mélange de peur et d'ivresse a donné lieu à différentes
formulations. Le langage des pratiquants use à foison du
terme *fun*, devenu un mot de rassemblement pour des activités de loisir disparates. M. Csikszentmihalyi[6] parle de *flow
experience*, traduisant ainsi ce sentiment de fusion, de flux,
d'unité avec le monde éprouvé par l'acteur. Samuel Z.
Klausner souligne plutôt le *stress-seeking* (la recherche de
tension)[7]. Nous-même, nous avons préféré évoquer une
fabrication intime du sacré à travers l'épreuve ou l'activité
pour traduire ce sentiment d'alliance avec le monde, de rare
intensité d'être[8].

---

6. M. Csikszentmihalyi, *Beyond Boredom and Anxiety*, San Francisco, Jossey
Bass, 1975 ; « Leisure and socialization », *Social Forces*, n° 60, p. 332-340 ;
R.G. Jr Mitchell, *Mountain Experience. The Psychology and Sociology of
Adventure*, Chicago, University of Chicago Press, 1983, chapitre 11.

7. Samuel Z. Klausner (sous la direction de), *Why Men Take Chances.
Studies in Sress-Seeking*, New York, Anchor Books, 1968.

8. David Le Breton, *op. cit.*, 1991, chapitre 6.

La question des prises de risque est secondaire dans l'analyse de M. Csikszentmihalyi, attachée plutôt à la mise en évidence d'une expérience de plaisir, d'agrément éprouvée par l'individu à certains moments privilégiés d'un engagement sportif (le basket-ball), physique (l'alpinisme) ou ludique (le jeu d'échecs). M. Csikszentmihalyi vise à réhabiliter des entreprises qu'il nomme «autotéliques», c'est-à-dire trouvant leur fin en elles-mêmes, ne produisant aucune valeur économique, aucun profit personnel, mais néanmoins fortement investies par l'individu qui s'épanouit en les pratiquant. Emporté dans cet état de fusion (*flow state*), d'immersion, les décisions s'enchaînent avec une nécessité intérieure qu'aucun obstacle ne dérange, le temps perd de son importance. Dilué dans ses gestes, bien loin des soucis qui le taraudent d'ordinaire, l'acteur est dissolution de soi dans l'action, unité avec la paroi dans l'escalade ou avec ses partenaires dans le jeu collectif. La *flow experience* exige bien entendu une égalité entre la force et les ressources de l'individu et le terrain sur lequel il les exerce; si son entreprise est au-delà de sa volonté, il éprouve plutôt le sentiment d'être écrasé par les événements. M. Csikszentmihalyi observe que si certaines activités, notamment celles qu'il prend comme exemples dans son étude, sont particulièrement propres à susciter ce sentiment d'exaltation, celui-ci caractérise également toute implication de l'individu dans la créativité, non seulement dans le domaine de l'esthétique où un tel sentiment est bien connu, mais aussi dans l'engagement professionnel lorsque celui-ci est vécu sur le mode de l'épanouissement (Csikszentmihalyi prend l'exemple de la chirurgie). Les analyses de M. Csikszentmihalyi prolongent celles de J. Huizinga dans *Homo Ludens*.

Pour Samuel Z. Klausner, le *stress-seeking* renvoie à une quête d'émotions fortes, de *stress* (le langage des pratiquants évoque d'ailleurs la «recherche d'adrénaline») à travers l'exposition de soi à des situations limites marquées par la peur et l'excitation. Loin d'être toujours une situation à fuir, le *stress* devient ici, dans des circonstances voulues par l'individu, l'objet d'une recherche passionnée destinée à donner une saveur accrue à l'existence. Klausner réfute à juste titre « le modèle d'équilibre de la personnalité toujours en quête d'adaptation au milieu extérieur et d'ajustement à ses conditions psychologiques internes »[9]. Dans la recherche du stress la première étape est parfois celle du vertige, de la panique qui pousse l'émotion à son terme et qui se traduit par le cri, avant le relâchement par exemple du saut à l'élastique, du ski extrême, du surf du ciel, du rafting, etc.

La chute libre est un analyseur significatif de ces activités de loisir qui mettent en jeu l'intégrité physique de l'acteur, en suscitant par là même une forte émotion. Lyng, qui a mené une étude ethnographique sur un groupe de parachutistes adeptes de ce sport, cite un pratiquant qui lui déclare : « Quand nous montons dans l'avion pour atteindre l'altitude de saut, je me sens toujours effrayé et étonné de m'imposer une activité aussi bizarre – sauter d'un avion. Mais dès que je suis hors de l'avion, c'est comme pénétrer dans une autre dimension. Soudain tout semble très réel. La chute libre est bien plus réelle que l'existence quotidienne. »[10] L'anxiété est forte juste avant l'ouverture et le déploiement du parachute qui rompt brutalement la sensation agréable d'apesanteur. Ce passage délicat se révèle le moment le plus dangereux de la pratique – si le parachutiste a trop attendu avant de déclencher l'ouverture. À l'inverse, la jouissance est à son comble lors de la chute libre et décline ensuite. L'anxiété revient au moment de l'arrivée au sol, mais l'enthousiasme reprend ensuite le dessus. L'intensité émotionnelle de la pratique répond à une dialectique de peur et de jouissance, de « panique voluptueuse » selon l'expression de Roger Caillois, qui se modifie aux différentes phases du saut.

---

9. Samuel Z. Klausner, *op. cit.*, p. 138.

10. Stephen Lyng, « Edgework : A social psychological analysis of voluntary risk taking », *American Journal of Sociology*, vol. 95, n⁰ 4, 1990, p. 861.

À l'inverse, bien entendu, si l'acteur est emporté contre son gré dans une situation périlleuse ou insolite, l'émotion ressentie mobilise l'angoisse, le stress au sens classique du terme défini par Hans Seyle: elle sera insupportable et source d'anxiété[11]. L'immersion voulue au cœur de ces situations aboutit à une jouissance que l'acteur cherchera à renouveler. «En escalade ou en solo, tu vis des moments de stress intense et tu réussis à les surmonter... Même s'il n'y avait aucun transfert dans mon expérience quotidienne, je continuerais à faire du solo pour le seul plaisir d'éprouver ce sentiment de liberté et les sensations uniques ou même extrêmes qui sont inhérentes à l'escalade sans système de protection»[12], écrit une spécialiste de l'escalade en solo. Guy Delage, qui souhaite traverser l'Atlantique en nageant dix heures par jour pendant trois mois, des îles du Cap-Vert aux Antilles, déclare qu'il tient «à faire l'expérience de la douleur, après avoir fait celle de la terreur en ULM au dessus de l'Atlantique». De cette dernière expérience qui l'a mené de l'archipel du Cap-Vert à l'île de Fernando de Noronha, au large de Recife, il dit: «Deux semaines avant de m'envoler, j'ai vécu comme si j'allais mourir demain. J'étais certain de ne jamais revenir de cette traversée. Au moment où j'ai mis les gaz pour décoller j'ai dit adieu à la vie. C'est un sentiment absolument terrifiant qui ne te quitte jamais. À l'arrivée, j'ai mis une semaine pour me remettre du stress de la traversée. Je me revois encore tomber dans des trous d'air et remonter de 25 mètres en deux secondes. J'ai vécu ma mort une dizaine de fois.»[13] L. Bourgnon, le navigateur, évoque une traversée de l'Atlantique avec un ami sur un catamaran de série de six mètres, sans réelle préparation,

---

11. Hans Seyle, *Le stress de la vie. Le problème de l'adaptation*, Paris, Gallimard, 1975. Jessie Bernard distingue le *stress* pénible ou *dys-stress* du *stress* qui procure une stimulation agréable ou *eustress*. *Cf.* J. Bernard, «The eudaemonist», *in Why Men Take Chances*, *op. cit.*, p. 6-47.

12. Cité *in* Suzanne Laberge, «L'escalade, un sport à risque», *Frontières*, vol. 3, n° 6, 1994, p. 33.

13. *Libération* du 5 décembre 1994.

sans sponsors ni médias. «Nous avons passé vingt-deux jours à descendre une piste noire sans jamais remonter, dit-il. Extraordinaire. La faim, le froid, le sommeil, peu importe. Les instants de bonheur total étaient plus forts: parfois, c'est tellement beau que tu cries sous la lune, à surfer sur les vagues, tu as des frissons partout. Il n'y a plus rien à expliquer. Fallait le faire. C'est tout.»[14] L'association de la prise de risque et du stress à une valeur, à une source d'épanouissement personnel implique la libre décision de l'acteur de s'y soumettre ou de les refuser. Pour que la peur ou l'incertitude engendrent une émotion goûtée par l'acteur, les conditions de son surgissement doivent provenir d'un choix délibéré et susciter ainsi l'occasion d'une créativité personnelle[15].

La fabrication du sens

L'acteur se joue avec volupté d'une situation qui engendrerait l'effroi chez un autre. Imposée par les circonstances, objet d'une contrainte, elle mobilise l'angoisse et elle est vécue dramatiquement. De quelque manière, pour jouir de la situation, pour fabriquer du sens et susciter le sacré, l'acteur doit se concevoir comme le maître d'œuvre de son activité. L'épreuve de vérité qui naît du jeu sur le fil du rasoir est une manière élégante de mettre un instant l'existence à la hauteur de la mort pour s'emparer d'une parcelle de la puissance présente en elle. À la condition de s'exposer au risque de perdre la vie, l'acteur part chasser sur le territoire de la mort et rapporter le trophée qui sera non pas un objet, mais une durée imprégnée d'intensité d'être, portant en elle le rappel insistant du moment où, par son courage ou son initiative, il a réussi à arracher à la mort la garantie d'une

---

14. *Le Nouveau Quotidien* du 13 décembre 1992.

15. Un plus large développement dans David Le Breton, *La sociologie du risque*, Paris, PUF, «Que sais je?», 1995.

vie désormais bien trempée. De tels moments sont rares, surtout lorsqu'ils se donnent avec force à la manière d'une brève transe profane qui saisit la conscience et donne à vivre un formidable sentiment d'exaltation, ou de puissance.

Ces expériences lumineuses, détachées pourtant de toute référence explicitement religieuse se rencontrent abondamment dans le domaine des activités physiques à risque. Ces dernières contribuent à la banalisation de ces états de conscience qui relevaient jusqu'alors d'une ascèse, d'une quête spirituelle, d'un retrait hors du monde. Michel Hulin n'en parle guère dans son ouvrage sur la mystique sauvage, mais ces expériences courantes de *fun*, de *flow*, cette immersion heureuse dans l'action rejoignent bien de son constat : « Ce qui était jusqu'ici réputé dépendre d'un extrême effort de l'homme sur lui-même, d'un dépouillement, d'une grâce imprévisible par principe, tombe dans le domaine de l'agencé, du calculable, presque du garantissable. L'extase est ravalée au rang d'une marchandise. Elle se vend et s'achète à tous les carrefours. »[16]

La glisse, par exemple, lorsqu'on est adossé au risque et au corps à corps avec la nature, évoque sans relâche cette alliance du pratiquant et du monde sous les auspices de la sensation. Elle impose en effet de ne pas avoir froid aux yeux, c'est-à-dire de posséder une capacité peu commune de regarder l'accident ou la mort en face sans ciller, en pariant sur sa capacité intime à maintenir sa performance sur la ligne de crête. Évoquant son expérience du surf, Yves Bessas (inventeur du terme *glisse*) écrit « il n'y a plus de heurt, plus de point de rupture entre nous et l'océan. Chacune de nos cellules répond à l'unisson aux invites de la nature. Pas une chute, malgré un passage particulièrement délicat : en effet, à marée basse, les murs d'eau de trois mètres et plus laissent apparaître des rochers au milieu de notre trajectoire. Il n'y

---

16. Michel Hulin, *La mystique sauvage*, Paris, PUF, 1993, p. 100.

a pas l'ombre d'un doute : à cet endroit, nous devons être au haut de la vague, et nous y sommes. L'extase... »[17] Exploration méthodique des limites physiques dans un équilibre toujours prêt à se rompre, la glisse est l'art du fil du rasoir, exploitant la dialectique entre chute et contrôle.

Certaines activités physiques ou sportives se développent dans une recherche passionnée d'émotions, de sensations, de contacts physiques ; elles aboutissent à des moments de jouissance intense, procurent un sentiment de fusion avec le monde. Le jeu symbolique avec la mort donne toute sa puissance à cette expérience. Sans le sentiment du risque encouru, la pratique n'aurait pas cette saveur, ni ce retentissement sur la vie personnelle. Loin d'un enracinement religieux, ces moments peuvent s'analyser comme de brèves transes profanes, une forme nouvelle et éminemment moderne de « mystique sauvage » (Michel Hulin) relevant de la stricte intimité. « L'effort et la concentration, la tension, le stress résultant de l'angoisse accroissent la vigilance du grimpeur pour son environnement immédiat ou plus lointain ; il voit les choses sous un jour neuf, avec cette clarté et cette mobilité spirituelle qui s'obtiennent également par la méditation, par exemple. Mais surtout il se voit lui-même dans une relation nouvelle avec le monde, il entre pour un temps limité dans un état de voyance élargie »[18], écrit l'alpiniste R. Messner.

Pour A. J. Hackett, l'un des fondateurs du benji, « le but est de venir toucher le sol de la main, à l'extrême de l'allongement de l'élastique, avant d'amorcer la courbe ascensionnelle qui le ramène à cinquante ou cent mètres plus haut ». Contrôle du vertige au point limite : le sauteur Hackett explique tranquillement que « dans un saut extrême en élastique, on ne peut pas se blesser. Soit tout se passe

---

17. Yves Bessas, *La glisse*, Paris, Fayard, 1982, p. 88.

18. R. Messner, *Le 7e degré*, Paris, Arthaud, 1975, p. 14.

bien, soit on se tue». En hiver 1987, près d'Annecy, sans essais antérieurs, il se jette du pont de La Caille, abandonnant le harnais et attachant la corde à ses chevilles. «Je ne savais pas ce qui allait arriver, même si, comme d'habitude, j'avais procédé à des essais avec des punching-balls de boxe. Tout était nouveau : l'altitude, la durée de la chute. Je n'avais pas peur, car je n'ai jamais eu peur, mais j'étais nerveux. Je me suis jeté la tête la première. J'ai reçu une grande décharge d'adrénaline, puis j'ai vécu un instant merveilleux, une grande sensation totale, absolue.»[19]

Quelques heures avant sa mort, Alain Prieur déclare : «Je ne me sens bien que quand j'éprouve quelque chose qui me court sur la peau. C'est carrément un besoin viscéral. C'est une forme de drogue. En fait, j'ai besoin de me faire peur» (Antenne 2). Il devait passer en vol d'un planeur à un autre, soutenu par un jeu de cordes, et sous l'aile de cet autre planeur se saisir d'un parachute avant de se jeter dans le vide. En 1964, lors d'une escalade dans les Rocheuses, Rob Schultheis lâche prise et chute sur une étroite corniche, à quelques centimètres du vide. La situation paraît sans issue. Désespéré, il s'élance néanmoins avec le sentiment de danser sur le fil du rasoir et s'extirpe de la corniche. Il s'agrippe à des pierres qui s'effondrent aussitôt après son passage. Il éprouve un sentiment de perfection et évoque à cet égard l'image d'un léopard des neiges. «Ce que je suis en train de faire, me disais-je, est absolument impossible. Je ne peux faire cela. Mais j'ai la grâce... L'être que je devins sur le Neva était la meilleure version possible de moi-même, la personne que j'aurais dû être tout au long de ma vie.»[20] Schultheis assimile son expérience à celle d'un satori, et son

---

19. G. Esnes, *op. cit.*, p. 55.

20. R. Schultheis, *Cimes. Extase et sports de l'extrême*, Paris, Albin Michel, 1988, p. 19-20. Cet ouvrage, mince sur le plan de l'analyse, s'efforce de manière assez réductrice à une comparaison de cet état avec le chamanisme. Il vaut surtout comme exemple biographique et significatif de la recherche du *flow*.

ouvrage raconte sa quête éperdue pour retrouver les mêmes sensations.

S'interrogeant sur la passion de la montagne qui anime les alpinistes, Lionel Terray avoue « le goût de cette joie énorme qui grouille dans nos cœurs, nous pénètre jusqu'à la dernière fibre lorsque, après avoir longtemps louvoyé aux frontières de la mort, nous pouvons à nouveau étreindre la vie à pleins bras »[21]. Plus loin, commentant une escalade difficile en compagnie de Louis Lachenal, alors qu'il se trouve dans une mauvaise passe, il constate après coup : « Ma personnalité m'a quitté, les liens avec la terre se sont rompus : je n'ai plus ni peur, ni fatigue ; je me sens comme porté par les airs, je suis invisible, rien ne peut m'arrêter ; j'ai atteint cette ivresse, cette dématérialisation que cherche le skieur sur la neige, l'aviateur dans le ciel, le plongeur sur le tremplin. »[22]

Parce qu'il restaure ou porte à son incandescence le sentiment d'exister, l'engagement dans l'action provoque l'exaltation de l'épreuve réussie. Cette bouffée de sens qui envahit d'un trait l'individu lui procure la puissance intérieure, un sentiment d'élargissement de soi qui confine à l'extase. Jamais il n'avait atteint une telle légitimité, une telle plénitude qui semble justifier en un instant tout son cheminement antérieur, balayant passé et futur dans la culmination de l'instant. Ce moment d'illumination, de transe, s'il ne s'enracine pas dans une ferveur religieuse, relève néanmoins du sacré, c'est-à-dire d'une fabrication intime de sens[23]. L'expérience est celle d'une transfiguration intime provoquée par l'épuisement ou par le dérèglement des sens, le sentiment brutal et infiniment fort d'une fusion avec le monde, d'une extase qui devient alors un moment

---

21. Lionel Terray, *Les conquérants de l'inutile*, Paris, Gallimard, 1961, p. 85.

22. *Ibid.*, p. 172.

23. D. Le Breton, *Passions du risque, op. cit.*

fort de la mémoire et que l'acteur s'efforce souvent de retrouver. «La seconde excessive de l'essentiel» (René Char)
se dispense à foison; elle n'est plus une élection, une grâce
particulière, mais la simple disposition à se jeter d'une grue
ou d'un pont, soutenu par un élastique.

Sports à risque, rapports à la mort et culture postmoderne

Suzanne Laberge et Mathieu Albert

En parallèle aux activités axées sur l'entretien du tonus physique et aux sports visant un contact convivial avec la nature, se sont développés, depuis une vingtaine d'années, des sports où le risque et les sensations fortes sont les composantes nécessaires et recherchées. *Bonji* (saut à l'élastique dans le vide), parapente, rafting, ski sur éboulis, *trekking* (voyage d'aventure en montagne) en ski, raids de VTT (vélo tout terrain), raids motorisés (tel le *Harricana* en sol québécois), *Extreme Games* (compétitions de sports hybrides et «extrêmes» diffusées sur une chaîne de télévision américaine), la liste ne cesse de s'allonger au gré des innovations et des hybridations sportives. Sans doute ce développement paraît-il paradoxal dans une société qui érige en idéal la sécurité et la prévention des accidents[1]; on pense par exemple à la ceinture de sécurité obligatoire en voiture, au port du casque protecteur dans certains sports, à l'utilisation du condom par crainte du sida, aux détecteurs de fumée, aux normes de plus en plus sévères dans la conservation des aliments, etc. Certains ont dénoncé cette culture dominée par une aversion du risque et une volonté d'éliminer tous les dangers en vue d'en arriver à une société à risque-zéro, l'aversion du risque étant considérée comme un frein à la créativité et une source d'entropie[2]. Pourquoi

---

1. Giddens affirme qu'une des principales caractéristiques de la modernité est la coexistence de la sécurité et du danger, de la confiance et du risque; *cf.* Anthony Giddens, *The Consequences of Modernity*, Stanford University Press, Stanford, Californie, 1990, p. 7-10.

2. Voir entre autres Paul Slovic, «Perception of Risk», *Science*, 236, 1987, p. 280-285, et Aaron Wildavsky, *Searching for Safety*, New Brunswick,

donc risquer sa vie alors que tout est mis en œuvre pour la protéger et en allonger la durée ? Comment expliquer cette attirance « irraisonnée » vers des pratiques à risque ? Quel est le rapport entretenu avec la mort dans la pratique de ces sports excessifs ? Qu'est-ce que ces pratiques traduisent en ce qui a trait à l'attitude envers la mort dans nos sociétés occidentales contemporaines ? Bien sûr, le degré de risque ou de proximité de la mort varie considérablement selon la nature du sport et la façon de le pratiquer, ou encore selon le contexte environnemental et les caractéristiques person-nelles des pratiquants. Mais même si les probabilités d'un accident mortel paraissent relativement faibles dans ce qu'on appelle maintenant les « sports à risque » ou les « sports extrêmes », la mort n'en demeure pas moins présente de façon virtuelle, imaginaire ou métaphorique.

Risque et sports à risque

La démarche classique d'une réflexion sur les relations entre les sports à risque et la mort exigerait qu'on définisse dans un premier temps le risque ou le danger. Dans un ar-ticle précurseur, Short[3] a bien mis en lumière les dimensions proprement subjective et culturelle du risque (qu'il s'agisse de risque financier, écologique, physique ou autres), dé-montrant ainsi l'impossibilité d'en donner une définition objective et opérationnelle. La perception du risque est en effet déterminée en bonne partie par les valeurs auxquelles on adhère, par l'éthique dominante d'une culture et par les normes en vigueur dans les institutions sociales. En dernière

---

Transaction Books, 1988. La volonté de circonscrire le risque a engendré une abondance de recherches sur le risque dans les divers secteurs d'activité sociale, au point de justifier la création en 1980 d'un périodique spécialisé en ce domaine et intitulé *Risk Analysis*.

3. James F. Short, « The Social Fabric at Risk : Toward the Social Transformation of Risk Analysis », *American Sociological Review*, vol. 49, n⁰ 6, 1984, p. 711-725.

analyse, le risque pourrait être défini comme tout ce qui est considéré comme potentiellement nocif ou létal par un groupe social donné, à un moment et dans un lieu donnés. Mais alors, qu'est-ce que les sports à risque ont de plus risqué ou de plus dangereux que les sports traditionnels? Force est d'admettre en effet que le risque physique fait partie inhérente de la pratique sportive; en font foi les morts accidentelles ou les accidents graves qui alimentent régulièrement les chroniques sportives. La boxe, le hockey sur glace, le ski alpin, le plongeon, le cyclisme pourraient éventuellement être considérés comme des sports à risque si l'on se basait sur la fréquence des accidents (les cas les plus notoires étant la mort d'un plongeur russe aux Universiades de Calgary, la mort d'une skieuse allemande aux Jeux olympiques d'Albertville et la mort toute récente d'un cycliste italien au tour de France). Cependant, les sports institutionnalisés ne sont pas considérés comme des pratiques à risque parce qu'ils sont soumis à des normes de sécurité socialement établies et qu'on admet qu'ils comportent une part de risque; il s'agit de risques socialement acceptables et acceptés compte tenu de l'objectif même du sport, à savoir le dépassement des performances en vitesse, en distance, en complexité ou en difficulté. De fait, en sport, la prise de risques pour remporter la victoire est nettement plus valorisée que le jeu prudent[4].

Ce n'est qu'en adoptant une approche relationnelle que l'on peut distinguer les sports à risque des sports traditionnels. Certaines pratiques sportives nouvelles sont

---

4. Sur l'importance de la notion de risque dans l'analyse du sport, consulter James H. Frey, «Social Risk and the Meaning of Sport», *Sociology of Sport Journal*, vol. 8, no 2, 1991, p. 136-146; pour une analyse de la dynamique de la culture du risque en sport, consulter entre autres, Howard L. II Nixon, «Accepting the Risks and Pain of Injury in Sport: Mediated Cultural Influences on Playing Hurt», *Sociology of Sport Journal*, vol. 10, no 2, 1993, p. 183-196, et Young, Kevin, «Violence, Risk, and Liability in Male Sports Culture», *Sociology of Sport Journal*, vol. 10, no 4, 1993, p. 373-396.

actuellement dites « à risque » parce qu'elles se construisent en opposition aux sports conventionnels *via* leur recherche du risque pour le risque. Pour leurs concepteurs, les cadres traditionnels sportifs paraissent trop exigus, banals et peu stimulants ; ce n'est qu'en faisant éclater les pratiques que l'on pourra découvrir les limites du potentiel humain, que l'on pourra imaginer de nouvelles habiletés techniques, ou que l'on pourra vivre des sensations véritablement extrêmes[5]. Ainsi, on multiplie les obstacles avec lesquels il faut composer pour triompher de l'épreuve, on décuple les défis, on hybride ou combine les engins ou les activités propres aux sports conventionnels, on invente de nouvelles formes de compétition, etc.

Les sports à risque, la culture postmoderne et le rapport à la mort

L'hypothèse que nous explorons est à l'effet que les sports à risque participent à la production d'une nouvelle culture que certains appellent postmoderne[6]. Cette hypothèse se fonde sur la prémisse selon laquelle les sports ne constituent pas une sphère d'activités en marge de la dynamique sociale, mais au contraire participent à part entière à la

---

5. « Extrême » est maintenant conjugué avec tous les mots dans le discours sportif ; il renvoie souvent à la même réalité que les sports à risque.

6. Le terme postmoderne (et ses mots liés postmodernité et postmodernisme) a suscité et suscite encore de nombreuses controverses (voir entre autres le numéro double de *Theory, Culture & Society*, 1988, 5/2-3) et les écrits sur le sujet foisonnent, d'autant plus que ce terme est employé dans plusieurs champs de production : en arts, en architecture, en philosophie, en littérature et en sociologie. Il n'est pas dans notre intention d'en débattre dans le cadre de cet essai. Peu importe qu'il s'agisse d'une continuation, d'une extension ou d'une terminaison de la modernité, ou qu'il s'agisse d'une rupture avec la modernité ; le terme nous semble pertinent, justement avec ses contradictions, pour rendre compte d'un nouveau rapport à soi et au monde, nécessairement engendré par de nouvelles conditions d'existence.

construction et à la production de la culture; en raison de leurs propriétés métaphorique et symbolique, ils véhiculent des valeurs, des représentations sociales, des visions du monde et, par le fait même, des visions de la vie et de la mort. Or, les sports à risque évoquent une vision du monde célébrant l'individualisme, l'éclectisme ou le pluralisme, la consommation des technologies avancées et la primauté des dimensions ludique et artistique; traits faisant partie des caractéristiques de la culture postmoderne si l'on adopte les perspectives ou analyses proposées notamment par Featherstone[7], Jameson[8], Lipovetsky[9], Lyotard[10] et Vattimo[11].

Si, comme l'affirme Louis-Vincent Thomas, toute culture s'exprime à travers son attitude envers la mort[12], on peut supposer que les sports à risque, en tant que pratiques culturelles postmodernes, vont traduire des attitudes ou des formes de rapport à la mort cohérentes ou solidaires des traits de la culture postmoderne dans laquelle elles s'inscrivent. Notre propos tentera de mettre en lumière quatre formes de rapport à la mort qui participent de la culture postmoderne, soit *jouer avec la mort*, *oublier la mort*, *provoquer la mort* et « *esthétiser* » *la mort*, évoquées respectivement par quatre différentes modalités de pratique de sports à risque. Mais avant d'aborder notre exploration, il convient de rendre

---

7. Mike Featherstone, *Consumer Culture & Postmodernism*, London, Sage Publications, 1991.

8. Fredric Jameson, *Postmodernism, or The Cultural Logic of Late Capitalism*, Durham, Duke University Press, 1991.

9. Gilles Lipovetsky, *L'ère du vide. Essais sur l'individualisme contemporain*, Paris, Gallimard, 1983, et Lipovetsky, Gilles, *Le crépuscule du devoir. L'éthique indolore des nouveaux temps démocratiques*, Paris, Gallimard, 1992.

10. Jean-François Lyotard, *La condition postmoderne: rapport sur le savoir*, Paris, Éditions de Minuit, 1979.

11. Gianni Vattimo, *La société transparente*, traduit de l'italien par J.-P. Pisetta, Paris, Desclée de Brouwer, 1990.

12. Louis-Vincent Thomas, *La mort en question*, Paris, L'Harmattan, 1991, p. 14.

compte des ouvrages de deux auteurs qui se sont penchés récemment sur les relations entre les conduites corporelles à risque et l'attitude face à la mort; il s'agit de *Passions du risque*[13] de David Le Breton et de *Le corps extrême*[14] de Patrick Baudry. Leur compréhension respective, tant originale que clairvoyante des conduites à risque, inspirera en partie notre réflexion même si nous nous en éloignerons à divers égards.

Signification anthropologique des conduites à risque selon David Le Breton : l'ordalie des sociétés modernes

Dans *Passions du risque*, David Le Breton s'interroge sur la signification proprement anthropologique de l'engouement contemporain pour la prise de risque dans les sociétés occidentales. Examinant une multiplicité de conduites à risque, telles les conduites «initiatiques» des adolescents (par exemple délinquance, fugues, toxicomanies, anorexie, tentatives de suicide), ainsi que les pratiques des «néo-aventuriers» (raids Paris-Dakar, expéditions et exploits physiques de toutes sortes), il y décèle une version moderne d'un «rite de passage» qu'il compare à l'ordalie de l'Antiquité et du Moyen Âge. L'auteur rappelle ainsi que l'ordalie consistait en :

> un rite judiciaire qui en appelle au jugement de Dieu (ou des dieux, selon les références culturelles et religieuses) pour dire sans équivoque l'innocence ou la culpabilité d'un homme sur qui pèse un soupçon. L'instance divine interrogée rend son verdict à travers une épreuve douloureuse et dangereuse où le sort de l'homme soupçonné (sa mort ou sa survie) fonctionne aux yeux d'une communauté unanime comme la preuve décisive de la culpabilité ou de l'innocence[15].

13. David Le Breton, *Passions du risque*, Paris, Métailié, 1991.

14. Patrick Baudry, *Le corps extrême*, Paris, L'Harmattan, 1991.

15. David Le Breton, *op. cit.*, p. 14.

Dans le contexte de nos sociétés modernes cependant, l'ordalie ne serait plus un rite sacré, mais renverrait plutôt à une expérience individuelle « à travers laquelle un acteur demande à la mort par l'intermédiaire de la prise de risque si son existence a encore un prix »[16].

L'attrait pour les conduites à risque, parmi lesquelles se retrouvent évidemment les sports à risque, s'expliquerait, selon David Le Breton, par le caractère individualiste et anomique de nos sociétés modernes. La culture de la communauté d'appartenance ne fournirait plus de signification collective à la vie ; les points de repère sur lesquels l'individu peut s'appuyer pour donner un sens à sa vie seraient maintenant indéterminés, diversifiés et parfois contradictoires. Ceci aurait pour effet de générer un sentiment de désarroi face à la signification et à la valeur de son existence. L'être humain en quête de sens et de valeur existentielle interrogerait, via le risque, « le signifiant ultime », la mort :

> [L'ordalie moderne] suppose une société à forte structuration individualiste, en crise de légitimité et en proie à l'anomie. À travers une prise de risque excessive, l'acteur affronte l'éventualité de mourir pour garantir son existence. S'il échappe à la mise en péril à laquelle il s'est délibérément exposé, avec une lucidité inégale d'un sujet à l'autre, il s'administre la preuve que son existence a une signification, une valeur[17].

Pour David Le Breton, « le risque est l'imaginaire d'une relation à la mort »[18]. Il s'agit d'une relation dualiste d'approche et d'évitement, en quelque sorte un jeu de séduction symbolique avec la mort. Que ce soit à travers la descente vertigineuse sur des parcours inédits, l'escalade en solo

---

16. *Ibid.*, p. 14.

17. *Ibid.*, p. 20.

18. *Ibid.*, p. 14.

d'une paroi abrupte, les raids motorisés dans des milieux hostiles, les tentatives de suicide ou les jeux initiatiques des adolescents, dans tous les cas, David Le Breton estime qu'il s'agit de frôler la mort, ne serait-ce que d'une façon métaphorique, et de l'éviter de justesse. La réussite de l'évitement provoquerait une sensation euphorique de plénitude existentielle. Ceci aurait pour conséquence d'assurer un sens et une valeur à l'existence, de « renforcer le sentiment d'identité » de celui qui a eu l'audace de prendre ces risques. La survie viendrait alors « légitimer l'existence », confirmer qu'on mérite d'être vivant.

Au fil des expériences extrêmes et des prises de risque, l'individu essaierait ainsi de découvrir jusqu'où il peut aller tout en se dérobant à la mort. David Le Breton soutient que :

> Toute quête de limites, en dernière analyse, sollicite la mort pour garantir l'existence. Elle marque la position de l'individu dans le tissu du monde et conjure la peur diffuse liée à l'indétermination du sens et des valeurs. La mort symboliquement surmontée permet de continuer à vivre sous l'éclairage d'une légitimité nouvelle. Elle favorise une intensité renouvelée du fait de vivre[19].

Bref, selon l'analyse proposée par David Le Breton, les sports à risque permettraient de vivre dans l'imaginaire une relation d'approche et d'évitement avec la mort. La mort ne serait pas niée, mais sa rencontre fictive, volontairement provoquée et optimalement esquivée, aurait pour effet de l'exorciser. Il ne s'agit pas d'apprivoiser la mort en tant que composante essentielle de la vie ; elle n'est pas assumée ; elle constitue un outil servant à faire la preuve de la valeur de la vie.

---

19. *Ibid.*, p. 18.

Signification sociale des pratiques corporelles extrêmes selon Patrick Baudry : « Le dépassement de soi comme symbole du déni de la mort »

L'analyse proposée par Patrick Baudry loge à l'enseigne de la critique radicale du sport. Il s'inspire d'ailleurs de l'approche qui caractérise les travaux de Jean-Marie Brohm et des auteurs collaborant à la revue *Quel corps ?*, lesquels ont développé une analyse critique d'inspiration marxiste des pratiques corporelles institutionnalisées. Selon Patrick Baudry, l'activité physique de mise en forme et le sport participeraient de la même visée ambitionnant de contrer le vieillissement et de supprimer la dégradation corporelle, dont la figure ultime est la mort : « Au travers de l'activité sportive, le déni de la mort ne s'impose pas seulement, il s'incarne. Le corps "en forme" y réalise l'idéal d'une société sans la mort. »[20]

Cependant, aussi paradoxal que cela puisse paraître, la négation de la mort doit passer, selon l'auteur, par la destruction du support qui lui permet de s'actualiser, en l'occurrence le corps. Il s'ensuit que la mise en forme du corps, son exaltation, le développement de sa force, de sa puissance et de son agilité appelleraient moins une construction du corps qu'une « *destruction* du corps » :

> Le plaisir sportif s'associe à l'exténuation d'un corps dont il faut se débarrasser. [...] Le *bodybuilding*, ou la très érotisée « gym tonic », sont les manifestations d'un rapport tragique à un corps qu'on liquide, dont on rêve de se débarrasser. Il n'y a pas là « moins » de violence que dans les pratiques sportives où un rapport mortifère au corps morbide s'affirme de manières plus spectaculaires. [...] Le corps sportif est sans doute bien moins inspiré par un éloge du corps, de ses capacités ou de ses performances propres que par le projet inverse de le « dépasser » et de s'en débarrasser. Dans cette

---

20. Patrick Baudry, *op. cit.*, p. 73.

perspective, la «mise en forme» peut être comprise comme un mode de disparition du corps. Sous couleur d'esthétique corporelle, il s'agit bien de nier le corps[21].

Le sport devient dès lors une forme de pratique suicidaire. En ce sens, les pratiques sportives à risque, les sports extrêmes, renvoient en dernière instance, selon Patrick Baudry, à une «autodestruction planifiée». Le dépassement perpétuel de ses limites, la fascination pour l'exploit, réunissent les conditions de possibilité d'une mort rapide, brutale. Or, cette autodestruction soudaine se voudrait l'expression du rejet, de la négation de la mort lente et insidieuse qui fait partie intégrante de la vie *ordinaire*. La pratique sportive extrême, les sports à risque répondraient ainsi à l'aspiration exacerbée pour une vie intense et une mort accidentelle «choisie», par opposition à la mort induite par la dégénérescence corporelle. La vie intense et courte serait sans conteste préférable à une vie longue et sans histoire :

> La mort lente est la mauvaise mort par excellence.[…] À l'inverse, la mort subite, loin de susciter l'horreur, peut provoquer la fascination. […] Il ne s'agit pas de pratiques [les pratiques sportives extrêmes] qui intègrent la dimension de la mort comme partie de la vie. Il s'agit, en l'occurrence, d'une frénésie de vie – la vie réduite à l'existence corporelle – qui ne peut plus s'éprouver qu'à s'étendre sur le «territoire» de la mort : là où je suis le plus «en vie», c'est à courir le risque de me tuer. Il n'est plus question d'une intégration ritualisée de la mort, que le corps de la personne porte en puissance : *en puissance* de se montrer à autrui. Mais de répétitions forcenées d'exploits absurdes et solitaires, qui viennent nier la limite de la mort. Le suicide devient alors logiquement la forme même de l'exploit sportif[22].

---

21. *Ibid.*, p. 90-99, 102.

22. *Ibid.*, p. 83-88 ; l'italique est de l'auteur.

À l'instar de David Le Breton, Patrick Baudry fonde sa compréhension des pratiques sportives extrêmes sur les paramètres dominants qui définissent nos sociétés modernes. D'après Patrick Baudry, le sport, tant dans les pratiques extrêmes que dans les pratiques de mise en forme, exprime, dans le créneau qui lui est propre, le type de rapport au corps et à la mort qui prévaut actuellement auprès de la population. Nous serions, selon Patrick Baudry, dans des sociétés où la performance fait l'objet d'un culte inégalé et où la notion de limites change constamment de référent. La vie contemporaine serait dominée par l'obsession d'une amélioration sans fin des performances, le dépassement des limites, que ce soit en sport, au travail, dans les activités sexuelles ou autres secteurs d'activités humaines. Le sport agirait ainsi comme révélateur du social. Le principe qui l'anime témoignerait à la fois de la quête illusoire de toute-puissance et d'immortalité des acteurs sociaux, et de son aboutissement suicidaire :

> Le corps sportif n'est pas une catégorie qu'on pourrait dire « à part » de la corporéité moderne. Il en révèle la logique profonde : celle d'une « mise en forme » qui, relevant du déni de la mort et du sexe, altérée et sans rapport à l'altérité, « délivrée » de la limite de l'autre, procède d'un système mortifère[23].

On serait donc en présence d'un processus d'« auto-destruction librement choisi et planifié » qui nie ou rejette la « mort imposée » par la dégénérescence physique. À cet égard, Patrick Baudry rejoint l'interprétation proposée par Louis-Vincent Thomas selon laquelle les sociétés modernes auraient développé une attitude de « déni de la mort », un « refus de mourir et de pourrir »[24].

---

23. *Ibid.*, p. 84.

24. Louis-Vincent Thomas, *op. cit.*

Esquisse d'une différenciation des rapports à la mort dans les pratiques sportives à risque

Les analyses proposées par David Le Breton et Patrick Baudry offrent un éclairage inédit qui, sans doute, rend compte d'une part indéniable de la réalité. Cependant, leur compréhension suppose une vision globalisante qui gomme des différences importantes au plan des significations et des rapports à la mort impliqués dans l'éventail composite des pratiques sportives à risque, reléguant par le fait même au second rang le pluralisme des rapports au monde qui animent la dynamique de nos sociétés postmodernes. L'approche socioculturelle des pratiques sportives, développée notamment par Christian Pociello et Jacques Defrance[25], a pour sa part souligné l'existence de rapports distinctifs au corps, à la nature, au risque, au monde.

À titre illustratif de la différenciation manifeste des pratiques à risque, on peut soumettre à la comparaison des pratiques telles que le saut à l'élastique (*bonji*) du jeune *preppie* dans un bar chic des Laurentides, l'escalade en solo d'un ingénieur passionné pour la montagne, le raid médiatisé d'aventuriers dans des espaces sauvages, les *Extreme Games* popularisés aux États-Unis. Selon nous, ces formes de pratiques à risque renverraient à un rapport à la mort à la fois différent et distinctif. Nous proposons donc dans ce qui suit un essai de différenciation des pratiques à risque et des rapports à la mort qu'elles évoquent. Nous explorerons successivement : 1) *le jeu avec la mort* que l'on retrouve dans les pratiques visant à provoquer le risque pour vivre la griserie des sensations fortes (tels le *bonji* ou les descentes en VTT sur des terrains accidentés) ; 2) *l'oubli de la mort* qui est indispensable à la pleine actualisation de ses compétences

---

25. Christian Pociello, *Sports et société. Approche socio-culturelle des pratiques*, Paris, 1981 ; Vigot et Defrance, Jacques, *L'Excellence corporelle. La formation des activités physiques et sportives modernes. 1770-1914*, Rennes/Paris, Presses universitaires de Rennes, 1987.

techniques, de ses connaissances et de sa rationalité dans des pratiques où la complexité informationnelle domine (tels l'escalade en solo ou le parapente); 3) *le défi lancé à la mort* qui triomphe dans les exploits sportifs médiatisés (tels le raid *Harricana* ou le Paris-Dakar); et 4) *l'esthétisation de la mort* construite à travers des pratiques sportives hybrides où la créativité constitue l'enjeu central (telles les compétitions appelées *Extreme Games*, jouissant d'une popularité croissante aux États-Unis). Cet essai de différenciation n'est en aucune manière exhaustif; il vise simplement à donner un aperçu d'une diversité qui participe au pluralisme des repères culturels actuels.

La provocation grisante : un jeu avec la mort

Le journal *La Presse* publiait il y a quelque temps un reportage sur les descentes de montagne en VTT. On y citait les commentaires d'une jeune sportive de 16 ans : « C'est excitant, on sait jamais si on va se tuer ou on va survivre. »[26] Un commentaire analogue pourrait se retrouver dans la bouche de pratiquants de moto-marine, de patins à roues alignées, de *trekking*, de parapente ou d'autres activités permettant d'expérimenter un haut niveau de vélocité dans des parcours continuellement renouvelés. Ce que recherchent les adeptes de ces pratiques, c'est l'excitation[27], la sensation de griserie engendrée par la vitesse et la prise de risque.

---

26. Sophie Sommelet, « Le vélo de montagne, pour les émotions fortes », *La Presse*, 30 juillet 1993, Tabloïd sport, p. 2, col. 1.

27. Selon Elias et Dunning, la recherche d'excitations serait devenue nécessaire dans un contexte de sociétés routinières, dominées par le contrôle de soi et de son environnement immédiat. Dans des sociétés engagées dans un « processus historique de civilisation » marqué par l'auto-contrainte, le sport constituerait la dernière sphère d'activités sociales où serait autorisée la recherche d'excitations et la prise de risques, *in* Norbert Elias et Eric Dunning, « The Quest for Excitement in Unexciting Societies », *in The Cross-Cultural Analysis of Sport and Games*, (sous la direction de G. Lüschen),Champaign, IL, Stipes Publications, 1970,

Dans cette modalité de pratique, le danger provient en bonne partie de la réunion de deux ensembles d'inconnues : d'une part, les inconnues « internes » liées à l'individu qui ne connaît pas très bien ses capacités, son agilité, son temps de réaction, sa force, son endurance ; et d'autre part, les inconnues « externes » rattachées au parcours, à ses difficultés, et, dans certains cas, à l'appareillage ou à l'engin motorisé qu'il manœuvre. Enfin, le pratiquant ne possède souvent qu'une maîtrise partielle de la technique sportive impliquée. La réunion de ces deux ensembles d'inconnues constitue l'alliage tout désigné pour générer des situations à risque.

À travers la descente en VTT, en canoë, en ski, à travers le vol en parapente, les sauts à ski, le *bonji*, l'individu expérimente également la griserie induite par le vertige (dans le cas du *bonji*, c'est la chute dans le vide qui provoque le vertige). Cette sensation, atteignant parfois un niveau extrême, résulte de l'accélération du rythme auquel se succèdent les situations dangereuses. L'acuité du vertige contribue à la griserie recherchée dans cette modalité de pratiques à risque. Dans une étude sur les jeux, considérée comme un classique, Roger Caillois met bien en lumière le processus à l'œuvre dans ce qu'il appelle les « jeux de vertige » ; ces derniers « consistent en une tentative de détruire pour un instant la stabilité de la perception et d'appliquer à la conscience lucide une sorte de spasme, de transe, ou d'étourdissement qui anéantit la réalité avec une souveraine brusquerie »[28].

Ce qui distingue de façon fondamentale cette modalité de pratiques à risque d'autres modalités qui seront considérées plus loin, tient au fait que la gestion du risque est

---

p. 31-51. Voir également J.M.Goodger et B.C. Goodger, « Excitement and Representation : Toward a Sociological Explanation of the Significance of Sport in Modern Society », *Quest*, vol. 41, n° 3, 1989, p. 257-272.

28. Roger Caillois, *Les jeux et les hommes*, Paris, Gallimard, 1967, p. 67.

réalisée sur un *mode ludique* (la même expérience aurait été rapidement interrompue par des pratiquants de sports à risque chez qui la responsabilisation interne interdit ce niveau de risque; pour ces derniers seul le risque calculé, rationalisé est autorisé). Dans le présent contexte, le jeu consiste à provoquer et à confronter des situations motrices inconnues, quitte à croiser l'ultime inconnue, la mort. Dans des sociétés où l'individu doit procéder à des choix incessants devant la multitude des sollicitations à la consommation, le jeu devient un style de vie permettant de dédramatiser l'existence[29]. Ces sports à risque pratiqués sur un mode ludique participeraient, selon nous, à la construction de cette culture postmoderne où le jeu figure parmi les rapports au monde légitimes[30].

Nous croyons que cette modalité de pratique des sports à risque renvoie à un rapport à la mort que nous associons à un *jeu avec la mort*. Tout se passe comme si l'on ne craignait pas la mort, comme si elle faisait partie de l'horizon des possibles appartenant au jeu.

L'extase à travers le risque calculé : un oubli de la mort

Bien différente et presque opposée à ce qui précède, la seconde modalité de pratiques à risque que nous abordons se caractérise par la recherche d'une mise en valeur optimale des compétences techniques et des habiletés physiques, ainsi que par la volonté d'approfondissement des connaissances

---

29. Dunn, Robert, «Postmodernism: Populism, Mass Culture, and Avant-Garde», *Theory, Culture & Society*, vol. 8, n° 1, 1991, p. 111-135.

30. Sur la participation des sports à la construction de la culture ludique, voir Midol, Alain et Midol, Nancy (1987), «Motricité et culture "fun"», *in Sport et changement social*, Société française de sociologie du sport et UEREPS-Université de Bordeaux, Bordeaux, Maison des Sciences de l'homme d'Aquitaine, p. 101-113.

et de l'expérience sportives. Ces dispositions s'actualisent le plus souvent dans des pratiques « informationnelles », c'est-à-dire des pratiques impliquant la gestion simultanée d'un grand nombre d'informations provenant de l'environnement physique et naturel, tels l'escalade en solo, le parapente et le ski acrobatique.

Le type de risque recherché dans cette modalité de pratique est essentiellement un risque calculé. Contrairement à la modalité précédente, la part d'inconnue au niveau « interne » est beaucoup plus réduite. Il est en outre jugé dangereux et irresponsable de s'engager, sans connaissances éprouvées, dans de nouveaux parcours à coefficient de difficulté élevé. La part d'inconnus se situe ainsi davantage au niveau de la combinaison inédite selon laquelle se présentent les difficultés. Les pratiquants sont en général des férus de sport, rompus à la technique sportive et aux connaissances du milieu naturel. L'absence d'appareillage de sécurité (notamment pour l'escalade en solo) contribue ici à accroître l'ampleur du risque. Cette forme de pratique oblige le développement d'une concentration intense pour gérer de façon efficace le flux d'informations et pour prendre rapidement les meilleures décisions ; d'où une sensation « extrême » expérimentée comme une forme de « fusion » avec l'environnement naturel et l'appareillage utilisé. À titre d'illustration, on peut citer le témoignage de François Morin, un grimpeur en solo :

> J'aime plutôt me sentir intégré au paysage. En motocross, à mon avis, tu es plus ou moins en contact avec l'environnement, en fait, tu le violes. En escalade, c'est l'opposé. Tu ne peux pas faire plus pour être en harmonie avec la roche. Tu sens la roche, tu goûtes la roche, tu transpires l'odeur de la roche. Ce n'est pas un *feeling*, cela se respire ! Après avoir monté, tu transpires les odeurs de la roche. Ce n'est pas la même chose que de transpirer après une partie de racquetball ! Tu goûtes la roche, j'exagère à peine, c'est pratiquement cela. Donc, il y a une harmonie avec la nature qui est à ce point extrême que c'est difficile à décrire. La

formule est peut-être *cucu*, mais c'est comme si tu faisais l'amour avec la roche[31].

Dans une telle situation, « il est hors de question de penser à la mort ». Y penser comme à une réalité imminente, comme à une donnée à intégrer à l'acuité de l'expérience de la situation motrice, correspondrait à commettre une erreur de manipulation. François Morin ajoute à cet égard :

> Si tu laisses des idées négatives et des idées de chute t'envahir, il est fort probable que tu finisses par avoir une crampe, que tu glisses et que tu tombes. D'où l'importance d'être très concentré sur tes gestes, sur ta sensation d'équilibre, sur ce que tu ressens quand tu choisis une prise. Si tu fais deux heures de solo, c'est évident que tôt ou tard, il y a des idées apeurantes qui vont tenter de s'infiltrer dans ta concentration, mais toi, il faut que tu dises « non ». Cela doit couler. Bien sûr, cela prend de la technique et de l'expérience pour pouvoir surmonter ces idées-là ; tu te dis : respire, détends tes épaules, place ton poids dans tes pieds, transfert radicalement ton poids, etc. Là, la peur se dissipe. Tu sais que tu n'as pas deux chances ! Tu ne nies pas le danger, tu l'as évalué avant de t'engager sur la paroi. Tu sais que tu es capable de prendre un certain niveau de peur, de stress, de risque et tu as évalué que tu étais capable de grimper cette paroi-là. Après, il faut que tu te fasses confiance[32].

La mort n'est pas niée ; elle est tout simplement profondément assumée comme inhérente à la vie. L'oubli de la mort fait figure de stratégie visant à permettre l'entière concentration sur l'intensité des sensations et sur l'intelligence de soi faisant corps avec l'environnement. L'enjeu réside dans la mise en œuvre totale d'une énergie positive. Tout se passe comme si l'on jouait à oublier la mort, le temps

---

31. Suzanne Laberge, « L'escalade, un sport à risque ? », *Frontières*, vol. 6, n⁰ 3, 1994, p. 32-33.

32. *Ibid.*, p. 32.

d'une expérience de risque. On lui reconnaît la légitimité qui lui revient de droit, qui dépasse le contrôle humain ; et c'est justement parce qu'on est conscient de son immanence que l'on ne s'autorise que des risques calculés.

Ce type de pratique à risque commande un rapport au monde imprégné d'un idéal d'hypercontrôle de soi, exacerbant le processus d'individuation[33] caractéristique de la culture postmoderne. Toutefois, cet hypercontrôle est ici nécessairement jumelé à son contraire, un abandon absolu à l'environnement dans le but d'y accorder une entière réceptivité. Cette pratique participe ainsi à la logique proprement postmoderne en opérant une dissolution des polarités, un mariage des contraires[34].

L'affirmation de la puissance *via* l'aventure sportive extrême un défi à la mort

Même si l'engagement dans des aventures sportives extrêmes est le fait d'un nombre restreint d'individus, il importe de les prendre en compte dans cet essai de différenciation des modalités de pratiques à risque ; d'une part parce que leur médiatisation leur confère un rôle non négligeable dans la production de la culture, et d'autre part parce que ces pratiques aventurières évoquent une forme particulière de rapport à la mort. Les adeptes de ces pratiques rivalisent d'ingéniosité dans l'élaboration des épreuves. Sous leurs profils diversifiés, ces dernières ont en commun l'affirmation de la résistance physique face aux éléments de la nature (montagne, forêt, glace nordique,

---

33. Patrick Baudry, *op. cit.*, p. 90.

34. *Cf.* Geneviève Rail, « The Dissolution of Polarities as a Megatrend in Postmodern Sport », *in Sport, Le troisième millénaire* (sous la direction de F. Landry, M. Landry et M. Yerlès), Québec, Les Presses de l'Université Laval, 1991, p. 745-751.

précipice, mer, désert, etc.) ou la confirmation de la capacité de maîtriser un appareil ou un engin motorisé dans des conditions éprouvantes. Le thème de l'aventure ayant été étudié de façon approfondie par Christian Pociello et David Le Breton[35], nous nous limiterons aux points essentiels touchant notre problématique.

Dans le contexte de ces pratiques, le risque est le corollaire obligé de la recherche des limites humaines; la quête de ces limites « est un pari sur le corps et sur la volonté, dans une relation en apparence éloignée de la mort, mais qui n'exclut pas son irruption sur la scène de l'épreuve »[36]. Il s'agit ici de mettre au défi ses ressources personnelles d'endurance, de force et de courage en vue de faire la démonstration qu'il est possible de reculer les limites humaines au-delà des seuils imaginés, chaque aventure réussie s'érigeant en symbole de la toute-puissance virtuelle de l'être humain et contribuant à la construction du mythe selon lequel un potentiel inexploité serait en attente de divulgation.

Selon Christian Pociello, ces pratiques aventurières participent de la nouvelle culture entrepreneuriale en ce qu'elles exaltent « le goût du risque des créateurs d'entreprises et le défi permanent qu'exige toute prise d'initiative dans un environnement dangereux »[37]. Elles s'inscrivent également, selon nous, dans la culture postmoderne, d'une

---

35. Christian Pociello, « Un nouvel esprit d'aventure. De l'écologie douce à l'écologie dure », *Esprit*, no 125, 1987, p. 95-105. « Sur quelques fonctions sociales de l'aventure : Initiation, conjuration et ordalie juvéniles », *Sociétés*, no 34, 1991, p. 367-378. Le Breton, David, *Passions du risque*, Paris, Métailié, 1993; « Vertige et affrontement à soi dans les figures actuelles de l'aventure », *Sociétés*, no 34, 1991, p. 395-402. Voir également les autres articles du no 34 de la revue *Sociétés* consacré au thème de l'aventure.

36. David Le Breton, « Vertige et affrontement à soi dans les figures actuelles de l'aventure », *Sociétés*, no 34, 1991, p. 398.

37. Christian Pociello, *op. cit.*, p. 104.

part parce qu'elles mythifient l'«autoconstruction de soi», et ce, sans référence à la détermination sociale et historique à laquelle aucun individu ne peut échapper ; d'autre part parce que ses héros font figure de «conquérants de l'inutile», l'aventure n'étant que prétexte à un faire-valoir narcissique.

L'exaltation individualiste exprimée dans l'aventure sportive trouve écho dans le type de rapport à la mort qui y est métaphoriquement représenté. Contrairement aux modalités de pratiques à risque considérées dans les points précédents, la mort est ici sérieusement envisagée comme une éventualité faisant partie des possibles. Grâce à la peur ou à l'épuisement, elle se voit attribuer, dans l'imaginaire des aventuriers ou des spectateurs, le rôle d'un protagoniste que l'on défie. L'aventure apparaît en bout de piste comme le symbole achevé d'une relation de défi à la mort. Comme l'explique avec justesse Louis-Vincent Thomas, «dans la mort défiée, il [s'agit] de la preuve donnée à soi-même et aux autres qu'on porte en soi le pouvoir de triompher de la mort »[38].

L'exaltation artistique des sports hybrides : une esthétisation de la mort

Plus récemment, on a observé l'apparition de pratiques sportives innovatrices qui cristallisent les grandes thématiques de la culture postmoderne que sont l'individualisme, l'éclectisme, la consommation des technologies avancées et la primauté des dimensions ludique et artistique. Il s'agit de pratiques sportives exploitant au maximum l'ingéniosité et la créativité, mettant à profit les progrès technologiques et la découverte de nouveaux matériaux, et recherchant le plaisir à travers des sensations fortes et une mobilité corporelle esthétique. Ces pratiques se présentent sous les

---

38. Louis-Vincent Thomas, *Mort et pouvoir*, Paris, Payot, 1978, p. 136.

formes et les configurations les plus diverses, l'enjeu étant leur renouvellement incessant. À titre d'illustration, on peut décrire brièvement quelques pratiques présentées dans le cadre des *Extreme Games* diffusés par la chaîne américaine *ESPN*: saut en parachute d'un individu chaussé d'une planche à neige (*skateboard*) où il s'agit d'enchaîner des figures acrobatiques en vol libre avant que ne s'ouvre le parachute; ski nautique sur un ski muni d'un aileron permettant de quitter la surface de l'eau et d'exécuter des prouesses gymniques *via* un jeu d'inclinaisons des pieds; descente et remontée vertigineuses en *BMX* (variété particulière de vélo) dans une structure en forme de « U » permettant à l'individu d'exécuter dans les airs diverses figures avant d'amorcer une nouvelle descente; compétition de slalom en VTT; compétition d'escalade où les critères de victoire sont décidés au moment même de la compétition (il peut s'agir de la vitesse, de la difficulté du parcours, de la créativité ou autre). Ajoutons à cela le « *skim-board* » tracté derrière des VTT, mentionné par Christian Pociello[39], et le phénomène « *fun* » en ski, relaté par Alain et Nancy Midol[40].

Christian Pociello perçoit dans le phénomène de combinaison et d'hybridation sportives un « besoin d'expression et de singularisation des pratiquants »[41]. Cette interprétation présente des similitudes avec le processus de personnalisation décrit par Lipovetsky comme trait distinctif des sociétés postmodernes[42]. La diffusion médiatique de ces pratiques participe à la construction d'une vision du monde

---

39. Christian Pociello, « Le futur comme nouvelle forme d'enjeu », *in Sport et pouvoirs au XXᵉ siècle* (sous la direction de J.P. Clément, J. Defrance et C. Pociello), Grenoble, Presses universitaires de Grenoble, 1994, p. 170.

40. Alain Midol et Nancy Midol, *op. cit.* Voir également Nancy Midol, « Cultural Dissents and Technological Innovations in the "Whiz" Sports », *International Review for the Sociology of Sport*, vol. 28, nº 1, 1993, p. 23-31.

41. Christian Pociello, *op. cit.*, p. 170.

42. Gilles Lipovetsky, *L'ère du vide, op. cit.*

se caractérisant par une ouverture au pluralisme et à l'éclectisme, par une dissolution des polarités[43] et un mariage des contraires (par exemple contrôle corporel et abandon aux forces de gravitation, ascétisme et plaisir), ainsi que par la primauté du vécu expérientiel et de l'exaltation artistique sur la performance pour elle-même. Lipovetsky voit dans ces pratiques sportives extrêmes : « un *art total*, un spectacle où le dépassement des limites s'accomplit dans la perfection esthétique des comportements » ; elles seraient « l'expression individualiste de la démocratisation du sens de l'esthétique performative des corps »[44].

La recherche de l'extrême dans la vitesse, dans l'inédit, dans la complexité des informations à gérer, de même que dans la confrontation à des parcours ou environnements insolites, construit des situations où la prise de risque est constante. Toutefois, cette prise de risque n'est pas expérimentée sur le modèle de la souffrance et n'est pas présentée comme le symbole d'une autodestruction, comme dans le cas des pratiques étudiées par David Le Breton et Patrick Baudry. La représentation du risque est ici associée au plaisir, à la plénitude des sensations corporelles inédites et à ce que Vattimo décrit comme « une libération esthétique de la vie »[45]. Si l'on se fie à la représentation véhiculée par un sportif de l'extrême dans le cadre de l'émission *Extreme Games*, ces sportifs seraient conscients des risques qu'ils prennent (à des degrés divers, bien sûr) et de la possibilité que survienne un accident mortel[46]. Toutefois, la mort paraît être envisagée simplement comme « un des multiples impondérables avec lesquels il faut vivre » (traduction personnelle) ; tout se passe comme si, pour reprendre la formule

---

43. Geneviève Rail, *op. cit.*

44. Gilles Lipovetsky, *Le crépuscule du devoir*, p. 121-122.

45. Gianni Vattimo, *La société transparente*, *op. cit.*, p. 89.

46. Nous tenons à remercier Bernard Petiot pour ses commentaires judicieux sur le phénomène des *Extreme Games*.

de Chris Shilling, «*when no great attachments are formed, no great losses can be experienced*»[47]. Ces sportifs extrêmes ne voient pas la nécessité de s'interroger sur le sens de la mort ou de l'apprivoiser avant de l'affronter. Si elle survenait, elle ferait partie des expériences inédites de la pratique sportive, la mort devenant en quelque sorte un élément de la prouesse esthétique. L'esthétisation de la mort se présente comme un corollaire logique de l'esthétisation de la vie, particulièrement célébrée par la culture postmoderne[48].

Les sports à risque: avant-garde sportive de la culture postmoderne

Au terme de cette exploration de la différenciation des pratiques à risque et des rapports à la mort qui y sont évoqués, il nous semble qu'elles participent à des degrés divers à la construction de la culture postmoderne. Comme dans toute sphère de production culturelle, l'univers sportif comporterait ses avant-gardes; ces dernières pouvant être définies comme des acteurs ayant pour rôle d'opérer une déconstruction des systèmes de sens établis et de procéder à leur reconstruction selon de nouveaux paradigmes. On serait porté à croire que les *Extreme Games*, en raison de leur remarquable créativité, participent de cette dynamique avant-gardiste. Tel qu'exposé précédemment, ce type de pratiques génère un espace de représentation des valeurs et des rapports au monde appartenant à la postmodernité: exacerbation de l'individualisme, légitimation de l'éclectisme et valorisation du pluralisme, intensification de la consommation des technologies avancées et primauté des

---

47. Chris Shilling, *The Body and Social Theory*, London, Sage Publications, 1993, Chapitre 8, The Body, Self-Identity and Death, p. 175-197.

48. Sur l'esthétisation de la vie quotidienne dans la culture postmoderne, voir notamment Featherstone, Mike, *Consumer Culture & Postmodernism*, London, Sage Publications, 1991, p. 65-82.

dimensions ludique et artistique sur l'ordre de la rationalité instrumentale.

Le corps est devenu le signifiant par excellence des sociétés postmodernes. Il n'est donc pas surprenant qu'il soit la cible privilégiée d'un investissement de la part des avant-gardes culturelles constamment à la recherche de signifiants. Étant donné l'immanence du corps dans les pratiques sportives, celles-ci détiennent un pouvoir inégalé dans la production de signifiés. Dans le cas des pratiques extrêmes, le style corporel des pratiquants suggérerait autant de styles de vie; à travers la créativité des figures corporelles accomplies se dessinerait la construction identitaire multiple des pratiquants; bref, l'économie politique du corps extrême ainsi mise en place traduirait toute une économie politique des systèmes de sens. Plus encore, compte tenu des pro-priétés plastiques et dynamiques du corps, il nous semble que ce dernier permet, mieux que tout autre matériau, de véhiculer l'esthétisation du rapport au monde et du rapport à la mort. C'est ce que les *Extreme Games* semblent actuel-lement exploiter.

Considérés dans leur ensemble, nous croyons que les sports à risque traduisent les transformations de la culture et de l'éthique qui marquent ce tournant du siècle. Selon Lipovetsky, nos sociétés démocratiques postmodernes connaîtraient l'avènement d'une éthique «postmoraliste»: «éthique du "troisième type" ne trouvant plus son modèle ni dans les morales religieuses traditionnelles ni dans celles, modernes, du devoir laïque rigoriste et catégorique.»[49]

Pour cet auteur, nos sociétés hyperindividualistes auraient développé une éthique mettant en suspens les devoirs envers soi-même et la collectivité pour légitimer la suprématie des droits individuels et, en dernière instance, légitimer le droit de disposer de son corps. La prise de

---

49. Gilles Lipovetsky, *Le crépuscule du devoir, op. cit.*, p. 13.

risques dans les pratiques sportives, tout comme le libéralisme sexuel contemporain, le droit à une mort «douce» et le phénomène des mères porteuses, en seraient autant de manifestations. La revendication du droit de disposer de son corps et de choisir sa mort peut être perçue comme solidaire de la hantise de la «mort lente», celle vécue comme un aboutissement de la dégénérescence physique. Cette hantise a bien été repérée et analysée par Louis-Vincent Thomas :

> Sans doute, beaucoup de nos contemporains aimeraient ne pas mourir. Mais puisqu'il faut, coûte que coûte, connaître un jour l'issue fatale, autant que ce soit dans les meilleures conditions. [...] L'acceptation du mourir comme procès irrécusable et universel ne peut se concevoir pour un grand nombre de nos contemporains qu'à la condition de rejeter à la fois la douleur insurmontable et débilitante ainsi que la déchéance physique et mentale souvent liée à la vieillesse. D'où la revendication de la libre disposition pour chacun de son propre corps et de sa propre vie[50].

Ainsi, que ce soit dans les descentes vertigineuses en vélo tout terrain, dans l'escalade en solo (sans dispositif de sécurité), dans les aventures sportives «inutiles», ou encore dans les compétitions de sports hybrides extrêmes, ne serait-on pas en présence de cette nouvelle éthique qui accorde à l'individu le droit de disposer de son corps, le droit de risquer sa vie, et ce, en vertu de la nouvelle primauté des droits individuels et subjectifs sur les devoirs envers la collectivité et envers soi-même ?

---

50. Louis-Vincent Thomas, *La mort en question*, Paris, L'Harmattan, 1991, p. 45-46.

Les toxicomanes, le risque et la mort

Francis Saint-Dizier

P our les sciences sociales, il est toujours difficile de réfléchir à chaud sur un fait de société qui est forte-ment investi par l'émotivité journalistique, les peurs parentales et les enjeux des politiciens. S'y risquer nécessite de prendre de la distance avec l'événementiel et le politique. Mais éluder le sujet à l'heure où les usagers de drogue par voie intraveineuse sont fortement contaminés par le virus du sida et des hépatites (maladies où les sciences biomédicales piétinent actuellement quant aux thérapeutiques) serait se priver, a priori, de l'apport des sciences de l'homme et de la société dans la définition des axes possibles de prévention des politiques éducatives et sanitaires. Se risquer à être utile, ce qui n'est pas une démarche habituelle dans la recherche anthropologique, n'empêche pas d'être précis. Nous abor-derons dans un premier temps des questions de définition d'objet – usagers de drogues et risques – pour délimiter le champ de nos réflexions.

Narcophilie et toxicomanie

La consommation de produits modifiant l'état de conscience par action sur le système nerveux central n'est pas un phénomène nouveau dans l'histoire humaine, et les ethnologues des sociétés exotiques ont montré que le contexte de la consommation des drogues est au moins aussi important que la nature chimique du produit[1]. Toutefois,

---

1. Voir entre autres Claude Lévi-Strauss, «Les champignons dans la culture», *Anthropologie structurale II*, p. 263 à 279, Paris, Plon, 1973, et

depuis un siècle et demi, dans les sociétés techniquement avancées, s'est constituée dans le champ du médical une entité particulière décrivant ces pratiques : les toxicomanies. Entre 1830 et 1920, tout comme l'ivrognerie est devenue l'alcoolisme lorsque les médecins s'en sont occupé, une catégorie de la nosographie médicale et psychiatrique a été constituée à partir des « monomanies » d'Esquirol et de Morel : opiomanie, morphinomanie, cocaïnomanie, toxicomanie.

Parallèlement, un ensemble de textes réglementaires, de lois nationales et de conventions internationales a délimité strictement celle des drogues dont la consommation était interdite car illégale[2].

Comme le souligne le récent rapport sur les toxicomanies, du Comité consultatif national d'éthique : « Il n'existe pas en droit positif français de définition juridique de la drogue et des toxicomanies, il n'existe pas non plus de corrélation entre les classifications scientifiques des drogues en fonction de leur effets sur le système nerveux central de leur capacité de provoquer une dépendance physique ou psychique et un phénomène de tolérance, et le régime juridique auquel sont soumises ces substances. »[3]

Parler d'*addiction*[4] ou de conduites *addictives* comme cela se fait en langue anglaise ne modifie pas cette contradiction entre la définition médicale et la qualification juridique : dans le langage courant des hommes politiques

M. Perrin, « Anthropos », *Revue Autrement*, L'esprit des drogues, n° 106, avril 1989, p. 42 à 49.

2. Loi de 196 qui en France créée le tableau des stupéfiants.

3. Comité consultatif national d'éthique pour les sciences de la vie et de la santé, Rapport sur les toxicomanies, Avis n° 43, 23 novembre 1994.

4. Du latin *addicere, addictus*, « esclave pour dette », « contrainte par corps ».

et des journalistes, les toxicomanes sont une catégorie particulière de sujets dépendants, les jeunes consommant des stupéfiants illicites et/ou des médicaments psychotropes détournés de leurs usages thérapeutiques. La population française, qui est la plus grosse consommatrice mondiale de médicaments psychotropes, témoigne de ce fait : la catégorie toxicomane ne recoupe pas l'ensemble des sujets dépendants de substances modifiant l'état de conscience, et le statut juridique des drogues rend licite la consommation de produits créant une forte addiction et de réels problèmes de santé publique.

Le statut de l'alcool dans la loi française est très significatif de cette discordance : toutes les classifications médicales et neurophysiologiques des drogues rangent l'alcool dans celles qui provoquent tolérance, dépendance physique et psychique forte et syndrome de sevrage violent, les statistiques de mortalité (50 000 morts par an en France) et de morbidité montrant à l'évidence l'immensité des dégâts, en terme de politique sanitaire, provoqués par sa consommation et son abus ; et pourtant, son statut juridique est différent de celui des autres drogues.

Dans le champ du médical, si les autres drogues sont traitées souvent ensemble (les toxicomanies), l'alcool est le plus souvent étudié à part (l'alcoolisme) alors que la constitution de « l'objet médical » à leur propos est aussi discutable. Entre 1870 et 1920, ces deux pratiques ont suivi le même cheminement, l'ivrognerie évoluant vers l'alcoolisme et la narcophilie vers la toxicomanie au fur et à mesure que la clinique médicale s'accaparait de leur étude au détriment des sciences de l'homme.

Tenter une définition, dans le champ anthropologique de l'objet toxicomanie, nécessite de différencier deux pratiques très distinctes : d'une part la consommation le plus souvent dans un but rituel ou festif de produits psychotropes illicites par une catégorie expensive des sociétés contemporaines, les jeunes (de treize à trente ans), et d'autre part l'abus d'usage compulsif pour une petite partie d'entre eux « qui organisent une part essentielle de leur vie personnelle et sociale autour de la recherche et de la consommation d'un ou de plusieurs produits psychotropes »[5].

Nous sommes donc amené, pour différencier ces deux groupes, à parler d'un côté de l'abus d'usage festif de drogues par les jeunes et de l'autre des consommations compulsives de stupéfiants des toxicomanes. Les risques n'y ont pas le même sens, même si dans ces deux populations les conduites à risque sont présentes, quelquefois jusqu'au risque vital.

Risques

En français, le risque définit « un danger éventuel plus ou moins prévisible » (Robert), ou mieux, « un péril dans lequel entre l'idée de hasard » (Littré). Le mot a d'ailleurs une étymologie discutée, car elle est double : *resecare* (couper) qui a donné « réséquer », et *rixare* (se quereller) qui a donné « rixe ». Son utilisation courante en droit des assurances permet d'en préciser le sens : « éventualité d'un événement futur [...] ne dépendant pas exclusivement de la volonté des parties et pouvant causer la perte d'un objet ou tout autre dommage » (Littré).

Lorsque nous examinons dans les conduites humaines – et particulièrement dans les conduites des jeunes –, les prises de risques en ayant en tête cette définition, nous voyons bien apparaître deux catégories du risque très distinctes : ceux qui sont socialement valorisés et donc acceptés et même souhaités, et ceux qui sont condamnés parce que

---

5. C'est ainsi que Robert Castel et coll. définissent « la ligne biographique dominante », *in Les sorties de toxicomanie, types, trajectoires, tonalités*, 1992.

jugés inacceptables ; « qui ne risque rien n'a rien » d'un coté, « au risque de s'y perdre » de l'autre.

Dans les consommations festives de produits psychotropes par les jeunes, le risque n'est le plus souvent pas perçu comme tel par ceux qui s'y adonnent, mais stigmatisé par les parents, éducateurs et journalistes sur la base d'un argumentaire peu solide du point de vue médical ou sociologique. Le risque est ainsi condamné au nom de la « santé morale » des adolescents. Or, sauf dans des travaux peu nombreux et fort discutables sur le plan méthodologique, personne n'a démontré que les drogues festives « risquaient » de rendre fou. Par contre, des sports à haut risque, comme les sports de vitesse sont mis en avant par les médias au point d'en faire de véritables cultes parmi la jeunesse, comme « Le Bol d'or » (ou les « 24 heures du Mans »). La mort du pilote brésilien de Formule I, E. Sena, a même été érigée dans son pays en deuil national par la jeunesse, ce qui montre bien que même après l'accident mortel le mythe du héros moderne est articulé sur le courage sacrificiel inutile.

Les sports à haut risque comme le parapente, le saut à l'élastique, l'escalade libre ou l'alpinisme de haute montagne sont plus accessibles pour un plus grand nombre, et quelquefois même intégrés dans des programmes éducatifs et de loisir collectifs.

À côté des risques « dégradants, décadents et anomiques », il y a (aurait ?) donc des risques « valorisés, médiatisés, éducatifs ». Lorsque nous constatons que les accidents de la voie publique sont l'une des deux principales cause de mortalité des jeunes de seize à vingt-quatre ans en France (l'autre étant le suicide), nous pouvons questionner l'échelle de valeur des risques ainsi mise en place dans les sociétés où, depuis plus d'un siècle, après Pasteur et l'hygiénisme, les politiques de santé publique se donnent pour tâche la réduction des risques de mort prématurée. Dans la suite logique de cette démarche de sécurité, une catégorie apparaît même dans les publications démographiques et épidémiologiques, celle des « morts évitables ».

Dans les causes de morbidité de la population française de quinze à trente-quatre ans apparaît une nette différenciation sexuelle : pour les accidents de la voie publique les deux tiers des cas sont des garçons (comme pour les toxicomanes), alors que pour les tentatives de suicide, les filles représentent le double des garçons. Nous reviendrons sur cette sociologie et sur cette différence, car très vraisemblablement la tentative de suicide médicamenteuse des jeunes filles est plus proche, phénoménologiquement parlant, de l'*overdose* ordalique que de la volonté de mourir.

Rituels

La remarque précédente sur cette nette différenciation sexuelle des conduites à risques nous amène à une réflexion épistémologique sur l'objet même des consommations de drogues.

En France, lorsque nous regardons les jeunes consommateurs de haschich, à travers les études très partielles qui en parlent, nous sommes une nouvelle fois frappé par une nette différenciation sexuelle : les garçons sont, jusqu'à présent, beaucoup plus nombreux que les filles. Cette donnée nous renvoie, par une association qui mériterait une exploration plus détaillée, à un phénomène plus ancien qui est celui de l'initiation collective à la consommation d'alcool autour de la conscription militaire, laquelle assimilait « tenir l'alcool » à une valeur virile. La pratique d'anéantissement jusqu'au coma éthylique se retrouve encore lorsque l'on observe les fêtes collectives, qui sont aussi (et pas par hasard) calendaires, comme la fête de la musique (jour de solstice d'été, le 21 juin) et l'arrivée du beaujolais nouveau. L'abus de boisson n'est pas le même chez les garçons et chez les filles : recherche de l'ivresse joyeuse, conviviale et débridée pour elles, anéantissement par l'excès pour eux.

Ainsi dans le champ anthropologique se dégage de l'étude des consommations de drogues par les jeunes deux notions distinctes : les consommations festives et les pratiques ordaliques.

Consommations festives

Dans le travail d'adolescence, l'expérimentation vers la recherche du plaisir, la fuite hédonique est une démarche commune dans les sociétés contemporaines. Les conduites d'excès sont aussi le propre de l'adolescence et il suffit pour s'en convaincre de constater l'intensité, en quantité de décibels, de l'écoute publique ou privée sur les walkmans, la musique *rock*, *funk* et autres. La recherche de sensations proches de l'anéantissement, par l'exacerbation émotionnelle ou par l'ivresse chimique (alcoolique ou cannabique), est une notion aussi ancienne que l'adolescence elle-même. Les pratiques de transes dans les sociétés traditionnelles ont leurs équivalents contemporains dans des pratiques festives actuelles sous forme de danses et de vie « jusqu'au bout de la nuit », comme le montrent par exemple les soirées « raves » avec musique « techno » et consommation d'*ectasy* pour aller jusqu'à l'épuisement musculaire.

Ce qui « fait risque » dans ces conduites est plus lié à l'effet phénoménal du produit qu'à sa nature pharmaco-logique. Pour reprendre une constatation déjà ancienne, l'utilisation du LSD par la génération *beatnik* dans la recherche des sensations psychédéliques n'a pas conduit à des addic-tions durables à cet hallucinogène, mais a provoqué chez des sujets fragilisés des passages à l'acte, quelques toxicomanies durables à l'héroïne intraveineuse, des décompensations psychotiques de sujets « *borderline* », des morts violentes. Pour spectaculaires qu'elles soient, ces morts ne doivent pas masquer que c'est dans le cadre général des pratiques festives qu'elles trouvent place. De telles morts, sans que la prise de risque soit leur déterminant premier, ont toujours existé comme le montre par exemple l'alcoolisation massive de «l'enterrement de la vie de garçon» dans nos provinces françaises. Si les produits changent avec les générations, dans ces pratiques festives, ce qui est invariant c'est une certaine façon de «faire sa jeunesse» et aussi, ce qui mériterait une analyse particulière qui n'est pas notre propos ici, une façon sans cesse renouvelée mais constante de constituer l'identité sociale des sexes.

Les consommations ordaliques

La définition de l'ordalie dans le *Robert étymologique de la langue française* est jugement de Dieu (vient de *ordal* qui signifie «jugement») une pratique médiévale inspirée du droit salique : jugement sous forme de diverses épreuves, notamment par le feu et par l'eau, et qui, jusqu'au concile de 1215, avait l'accord des autorités ecclésiastiques et qui ne fut interdit, en France, que sous le règne de Louis XI. Ce terme a été repris par les ethnologues pour décrire une pratique qui existe dans la plupart des civilisations. A. Charles Nicolas et Marc Valleur[6] l'ont utilisé au début des années quatre-vingt pour décrire «la répétition d'une épreuve qui comporte un risque mortel, le risque de la mort nécessaire pour permettre au sujet de vivre», ou plus précisément encore «la conduite ordalique, diffraction psychologique de l'ordalie, est un besoin de quête et de régénération qui permet au sujet de prouver, par sa survie, sa valeur intrinsèque».

---

6. Groupe de recherches et d'études sur les conduites ordaliques (GRECO) février 94, (Toxicomanie et mort). Addiction et conduites de risque.

Il n'est pas inintéressant de constater que le mot anglais *ordeal* (épreuve difficile) a donné dans le langage urbain contemporain le mot *deal*. Éprouver les limites en les affrontant est un travail psychologique ordinaire à l'adolescence, mais certaines conduites sont bien ordaliques car l'appréciation réelle du risque est déniée. Les jeunes Madrilènes qui faisaient des paris dont l'enjeu était de parcourir le plus rapidement possible en voiture une longue distance en remontant l'autoroute à contresens par exemple, ou le concours de vitesse en moto, la nuit, sur le périphérique ceinturant Paris, ne sont pas sans rappeler l'archétype cinématographique de l'ordalie, la course automobile jusqu'au bord de la falaise dans la *Fureur de vivre*, où James Dean survit à la mort de son adversaire précipité dans le vide et la mer au volant de sa Chevrolet. S. Keighan dans son étude[7] montre que les toxicomanes ont quelquefois une relation « animiste » à la chance, plusieurs sujets interrogés ayant pratiqué dans les mois précédents la roulette russe qui est le paradigme de l'acte ordalique. Lorsque le besoin d'expérimenter de façon répétée la limite vie/mort est présent, le risque de la mort devenant nécessaire pour permettre au sujet de vivre, la conduite ordalique détermine la vie quotidienne. Ce n'est pas une manière entièrement nouvelle de vivre puisqu'à y regarder de près, les engagés volontaires des commandos de choc des guerres coloniales dont les noms garnissent les Monuments aux Morts sont tous « Morts pour la France », mais beaucoup sont morts de trop vouloir se prouver qu'ils ne pouvaient vivre qu'ainsi.

Dans notre consultation nous avons vu un sujet toxicodépendant qui alternait prise de drogue en France pendant ses périodes de repos, et prise de risques majeurs, pour son travail sur le terrain puisqu'il était photographe correspondant de guerre, parfaitement abstinent dans ses périodes d'activité professionnelle : le risque du photographe

---

7. J. Keighan, « La prévalence des conduites de risque... » *Cahier de recherche du Risc Québec*, 1994.

saisissant la mort en direct au Vietnam, au Nicaragua, en Angola, en Bosnie, au Rwanda et en Haïti, lui suffisait à calmer le manque d'héroïne. Dans le même ordre d'idées nous avons suivi longuement un héroïnomane par voie intraveineuse dont l'intoxication tardive faisait suite à plus de dix ans de militantisme extrême avec actes terroristes (ce qui l'avait conduit à une longue période d'incarcération), la drogue venant ici tenter de combler le manque du danger quotidien lié à la vie clandestine.

Adolescence, risque, ordalie

Comme le font justement remarquer les sociologues qui ont travaillé sur les sports à haut risque (P. Baudry, C. Pociello), la transgression des interdits et la recherche d'épreuves dangereuses sont banals à l'adolescence. On pourrait même dire que le fait de se penser immortel crée l'attirance pour les sports dangereux, pour les jeux qui vont à l'extrême limite où le plaisir et la mort se côtoient dans un fondu enchaîné de nirvana. L'extraordinaire ferveur des jeunes, notamment les garçons, pour les héros du film *Le Grand Bleu* doit à coup sûr une part essentielle de sa compréhension à cette ordalie aquatique où, dans un mélange apnéique de jouissance et d'asphyxie, de solitude et de profondeur, les personnages vont toujours plus loin dans leur compétition qui consiste, pour dépasser l'autre, à se dépasser soi-même, ce qui peut conduire à « choisir » l'immensité abyssale et la mort. Ici, comme dans une véritable *overdose*, le héros ne sort pas vivant de ce « jugement de Dieu ». Dans l'expérience toxicomaniaque lorsqu'elle met en jeu la consommation d'héroïne, il existe aussi cette psychodynamique compétitive entre plaisir initial et recherche répétitive de sa reproduction, voire de son dépassement, jusqu'à l'overdose réversible (« Je me suis fait une *OD* », nous disait une habituée du genre qui a fini par mourir une nuit d'abus de stupéfiants, d'alcool et de somnifères) associant anéantissement et renaissance, mais aussi, dans un nombre de cas en augmentation en France ces dernières années, allant jusqu'à la mort[8].

La voie intraveineuse

La grande vague de consommation de drogue qui a précédé et suivi le mouvement de mai 1968 était partie intégrante de ses aspirations politiques, idéologiques et culturelles. Peu avant, la génération *beatnik* des *sixties* américains avait été la première grande manifestation théorisée de ces mouvements associant consommation de psychotropes et nouveaux rituels religieux, comme nous le voyons dans la lecture de Timothy Leary. Les produits utilisés, essentiellement les hallucinogènes et le cannabis sous toutes ses formes (LSD et marijuana en particulier), se consommèrent sous forme inhalée ou absorbée. Ils participaient, par modification des inhibitions culturellement acquises au cours d'années d'éducation rigide, au vaste mouvement contreculturel, associant conflit de générations, remise en cause des valeurs dominantes du capitalisme – triomphant à l'acmé des « trente glorieuses » années d'expansion économique – et rejet du mode de consommation « bourgeois » des parents.

« *Peace and love* », vie communautaire, libération sexuelle et drogue douce étaient les piliers de cet immense mouvement de jeunesse qui a traversé le monde occidental.

---

8. Les morts par surdose sont devenues plus fréquentes en France, leur nombre, ne traduisant qu'imparfaitement la réalité, est passé de 1 en 1969 à 499 en 1992, et à 454 en 1993. Il est vraisemblablement sous-estimé comme le montre une enquête récente en Île-de-France où les chiffres fondés sur les certificats légaux de décès faisaient état de 92 morts en 1990, alors qu'une enquête menée à l'Institut médico-légal de Paris en collaboration avec l'INSERM en recensait 253, et les services de police 206. Selon ces estimations les surdoses représenteraient 9 % des décès entre 20 et 34 ans, soit le 3e ou 4e rang après le sida, le suicide et les accidents de la voie publique. Rapport de la commission Henrion, pages 14 et 15, 1995, non publié.

Si risque il y avait, il était collectivement assumé ; mais individuellement il consistait pour l'essentiel à la rupture familiale, à l'errance géographique entre San Francisco, Amsterdam, Ibiza et Katmandou pour les plus riches, entre la banlieue de Paris et l'Ardèche pour les moins favorisés. L'opposition déclenchée dans le monde des adultes fut considérable puisqu'elle conduisit, en France par exemple, au vote de la loi du 31 décembre 1970, qui fixe un cadre très répressif à la circulation et à la consommation de drogues quelles qu'elles soient (pas de distinction entre drogues dures et drogues douces) et qui surpénalise même l'usager privé de stupéfiants (garde à vue étendue à 72 heures comme dans le cas de terrorisme). L'opposition à la guerre du Vietnam (« *Make love not war* ») est venue en prolonger « en contre » les espoirs de cette génération. Mais l'échec des expériences contre-culturelles, l'incapacité à « changer la vie » fut le début du repli collectif. Ceux qui ne se sont pas résignés ont poursuivi individuellement des itinéraires parmi lesquels le passage à l'héroïne et à la voie intraveineuse[9] a jeté les bases des consommations de la génération suivante, celle des années 1975-1980. Quelques velléités collectives ont encore vu le jour, comme le mouvement *punk*, mais dont les espérances étaient plus destructrices qu'hédonistes. « *No future* » comme mot d'ordre, accentuation des différences de sexe avec mise en avant des valeurs « viriles » furent les stigmates de l'absence d'espérance au moment de la pre-mière dépression économique ponctuant une longue période expansionniste. De plus, l'absence de « cause » politique acceptable par tous n'a pu cimenter durablement les valeurs de ces jeunes en opposition avec le monde bourgeois de la civilisation de consommation triomphante, mais aussi avec l'augmentation incessante du chômage pour une grande partie d'entre eux. L'héroïne à la seringue, l'abus de psycho-tropes anéantissant la conscience, l'ivresse massive furent largement diffusés y compris dans les textes de chansons

---

9. *More*, le film de Barbet Schroeder, montre bien ce cheminement.

hard rock. L'augmentation des overdoses, l'association entre drogue et délinquance violente sont la marque de ces prises de risque où l'acte ordalique est valorisé en tant que tel comme dans la roulette russe. Les jeunes d'Alger que nous avons interrogés dans la rue[10] parlaient de « dégoûtance » ; depuis, une part importante d'entre eux a versé dans des pratiques fascistes prenant le masque idéologique de l'inté-grisme religieux.

Le risque infectieux, les hépatites et le sida

Au début des années quatre-vingt, le syndrome de l'immuno-déficience acquise est venu aggraver celui des hépatites dans le risque infectieux de l'échange des seringues qui, en France comme dans la plupart des pays développés, n'étaient disponibles en pharmacie que sur ordonnance depuis la loi du 12 juillet 1916. Le retard pris dans les mesures de santé publique pour rendre disponible le matériel stérile (février 1987) a eu comme conséquence la contamination massive des usagers de drogue par voie intraveineuse de la période 1980-1987. En juin 1994, 23,3 % des patients atteints du sida étaient toxicomanes et les études épidémiologiques montrent que 60 à 80 % d'entre eux sont porteurs de l'hépatite C. Dans cette première période, le risque infectieux n'était qu'un risque « en plus », mais pas connu et donc peu redouté comme risque délibéré. Les très importantes campagnes d'information sur les modes de transmission du VIH, les pratiques publiques d'échanges de seringue, de même que la prévention de proximité avec les groupes « d'auto-support » (toxicomanes participant à la pré-vention dans leur milieu) ont sensibilisé le milieu et permis un tassement des courbes de cas nouveaux de séroconversion chez les usagers de drogues par voie intraveineuse.

---

10. F. Saint-Dizier et B. Doray, *Toxicomanie et modernité* – Rapport de recherches, Ministère de l'Enseignement supérieur et de la Recherche, juin 1994.

Comme le soulignait Marc Valleur[11], le message à visée préventive tenu par le professeur W. Rozenbaum, l'un des découvreurs du virus – « il est très facile de ne pas attraper le sida : il suffit de prendre les mesures adéquates, utiliser les préservatifs et ne pas échanger les seringues » –, est très simple dans une optique rationnelle ; mais ni la passion amoureuse, ni les toxicomanies ne constituent des conduites rationnelles. Dans son film *Nuits fauves*, Cyril Collard, acteur, réalisateur et lui-même infecté par le VIH (il en mourra quelques mois plus tard), montre bien dans une scène d'amour comment le message sur l'utilisation du préservatif est peu opérant dans les moments d'exacerbation de la passion amoureuse. Nous insisterons sur cet aspect essentiel de la prise de risque comme acte d'amour fusionnel en publiant ici un de nos cas cliniques[12].

« La grande Duduche »

Ses ami(e)s l'appellent la grande Duduche, et à trente-cinq ans révolus, il faut dire que ce surnom de bande dessinée lui va bien. Elle a une drôle d'allure ! Grande, maigre, les cheveux ébouriffés toujours teints d'une couleur voyante, bleu ou rouge suivant les périodes, toujours habillée de *jeans* bleus ou noirs avec une large ceinture de cuir cloutée, un blouson noir clouté lui aussi d'où pendent des breloques métalliques, des clés, des épingles de nourrices, les oreilles percées de multiples boucles d'oreilles, les mains couvertes de bagues et bracelets : une garçonne dans le genre *punk-junk* !

La grande Duduche est originaire de la bonne bourgeoisie, elle a une sœur aînée, et pour elle l'itinéraire familial tout tracé bascule lorsqu'à vingt ans son père meurt brutalement. La toxicomanie accompagne sa fin d'adolescence dans un

---

11. « Les toxicomanies et le sida dans les conduites à risque des adolescents » : *Passion, suicide, ordalie, addiction.*, GRAPHITI – Actes du 30/11/93.

12. C. Rigaudière, J. Sabatié, F. Saint-Dizier, « Sidéens, toxicomanes errants », rapport de recherche, *GRAPHITI*, décembre 1994.

contexte de contre-culture de provocation *hard rock* et *punk*. Elle essaie tous les produits qui «*défoncent la tête*», des pétards de haschich au LSD en passant par des produits plus violents encore comme les hallucinogènes chimiques et bien sûr la cocaïne et l'héroïne. Elle vit quelques années dans cette atmosphère nocturne avec un ami et amant botté et culotté de cuir qui passe sa vie entre sa machine pétaradante et sa guitare basse. Elle aura «*comme souvenir*» de cette relation une séquelle de fracture pubienne liée à un accident de la voie publique et une plus forte dépendance à tous les produits, même si son motard d'amant maîtrise mieux ses consommations car *il a des sensations spéciales avec son engin* (et du côté de l'exploration des limites, la vitesse motocycliste lui fournit de l'expérimentation!).

La grande Duduche a pendant dix ans un itinéraire en dents de scie : période de forte dépendance, «*cassée tous les jours*», puis arrêt avec ou sans hospitalisations de sevrage, mais toujours accompagné d'un long et lointain voyage. Elle visite ainsi le Canada, l'Afrique noire, la Guyane, le Maroc, la Grèce, l'Espagne, la Bourgogne et prend, dans ce vagabondage géographique, de la distance avec ses drogues, les opiacés et hallucinogènes, les concerts *hard rock* et ses amis *punks* («*c'est tous des junkies*»). Lorsqu'elle revient en ville, elle habite chez sa mère qui, même si elle, plutôt Coco Chanel, ne comprend rien à sa fille si différente d'elle, l'accueille avec chaleur et amour sans cautionner ses toxicomanies.

Après ces pauses, les rechutes sont brutales, massives, anéantissantes.

Elle «*tombe amoureuse et se plante*». À vingt-cinq ans elle fut déjà très amoureuse d'un immense garçon asperge, guitariste *punk* qui stoppa brutalement sa dépendance à sa drogue et à Duduche au détour d'une hépatite B dont la violence ictérique servit de révélateur à toute sa famille bien-pensante qui découvrit ainsi son héroïnomanie pourtant ancienne et alimentée par le futur héritage.

Après quinze ans de toxicomanie, six cures de désintoxication, des périodes d'autonomie assez longues, des moments de vagabondage et d'errance aux quatre coins de la planète, la grande Duduche avait évité les contaminations. Chaque hospitalisation permettait de vérifier sa séronégativité miraculeuse.

L'hiver 1993 : à nouveau, elle est éperdument amoureuse d'un garçon jeune et beau, toxicomane et séropositif. Comme toujours la relation est totalement fusionnelle car sous ses dehors androgynes et provocateurs, elle a un cœur de midinette, une infinie tendresse, une générosité chevaleresque. Bien sûr elle partage tout avec lui, son lit et ses seringues, dans un bonheur paradisiaque et défoncé. Elle partage tout, y compris le VIH comme le révélera quelques mois plus tard une analyse faite au cours d'une nouvelle hospitalisation pour dépression suite à la rupture et à la désintoxication. Sida : Syndrome interdisant d'être amoureux.

L'échange de seringue comme risque en plus ?

L'importance de la pandémie du sida chez les UDIV tend à privilégier l'approche de la toxicomanie uniquement du point de vue de la transmission virale et de son risque, les approches de santé publique et les messages préventifs sur ce thème étant mis en avant. Cette logique «humanitaire», qui amène les autorités sanitaires de tous les pays à des politiques d'échange de seringues et à des programmes de substitution, ne doit pas masquer deux éléments incontournables de toute réflexion sur l'usage intraveineux des drogues. Premièrement, il existe des usages initiatiques transitoires, même par voie intraveineuse, qui ne vont pas constituer des toxicomanies durables et nombre de sujets séropositifs de notre consultation ont été contaminés par le VIH ou le virus de l'hépatite C, au début des années quatre-vingt, de cette manière, où le risque était ignoré et donc psychodynamiquement absent dans l'acte injectable. Deuxièmement, dans la compulsion de répétition qui caractérise les toxicomanies durables, il existe, au moins au début, une pulsion désirante conduisant à un réel plaisir, et le propre même du désir est d'échapper à la conscience et à la volonté du sujet comme le soulignent toutes les théories postfreudienne du psychisme. Ceci ne veut pas dire que les toxicomanes ne soient pas des citoyens à part entière et comme tels responsables de leurs actes et sensibles à l'argumentation préventive comme le montre l'infléchissement des courbes des nouvelles contaminations VIH chez eux depuis deux ans.

Le sida a une histoire naturelle longue, entre le jour de la contamination et l'apparition manifeste des premiers signes de la maladie. Ceci explique que le risque de la contamination par l'échange de seringue, le plus souvent lié à l'urgence du manque et à l'absence de matériel stérile disponible immédiatement[13], ne fonctionne pas dans la plupart des cas comme un acte ordalique au moment de l'injection. Toutefois, lors des premières piqûres, l'économie psychique ne différencie pas la symbolique de l'acte et la nature du produit. Le fonctionnement psychique de la demande d'un test de dépistage de celui ou celle qui sait avoir eu une pratique à risque met par contre en jeu chance et risque (mais cela est identique chez les sujets ayant eu des conduites sexuelles possiblement contaminantes).

Le sida est une maladie progressive, inéluctable à partir du moment où les premières maladies opportunistes vont faire leurs dégâts organiques. La réaction des toxicomanes à l'annonce de la séropositivité est très significative. Nous aurions pu penser qu'eux, qui vivent sans arrêt avec le risque de l'*overdose*, les bagarres avec les *dealers*, les incarcérations, la « galère » de la vie dans la rue, le « western » quotidien pour l'argent et le « bon plan », seraient insensibles à l'effet d'annonce et à son sombre pronostic actuel. Or, nous assistons le plus souvent à une profonde réaction dépressive, à une crise existentielle majeure qui peut se traduire par une recrudescence momentanée des prises massives de stupéfiants avec son cortège de comas, d'*overdoses* et même de

---

13. Une observation récente de la pharmacie de nuit à Toulouse montre que les dix toxicomanes qui la fréquentent en moyenne toutes les nuits ne prévoient pas : ils cherchent la seringue une fois le stupéfiant trouvé.

quelques tentatives de suicide proclamées comme telles. Mais au bout de quelque temps, quelques mois, lorsqu'ils « en ont encore réchappé », ils se remettent à espérer, refusant de se savoir condamnés. Deux exemples parmi tant d'autres pour illustrer cette envie de vivre.

Jeff – Une vie de chien

Décembre 1993, hôpital général, salle d'attente des urgences médicales : Jeff attend son tour à la consultation du médecin de garde. Très grand, maigre à faire peur, tenant difficilement l'équilibre : le *jean* particulièrement sale souligne la maigreur squelettique de ses membres inférieurs, les bottes sont usées et crottées, le blouson de cuir noir a des reflets graisseux et recouvre trop amplement ses épaules décharnées. Jeff attend en demandant des cigarettes aux autres patients. Il a comme seul bagage une poche de plastique imprimée d'un logo de supermarché. Le jeune médecin qui le reçoit et l'examine est frappé par le délabrement physique, la quasi-cachexie et le désir de Jeff de se faire hospitaliser : « *J'ai besoin de repos...* » Pour mettre tous les arguments de son côté, Jeff lui parle de sa toux, quelquefois quinteuse et incoercible, et de sa séro-positivité. Le médecin du service qui le suit épisodiquement depuis quelques années est consulté pour avis.

Déjà mince antérieurement, Jeff a perdu douze kilos en six mois, date de sa dernière consultation. Dans le sac plastique il porte en permanence ses médicaments (Retrovir, Bactrim et une boîte de Rénutril) et un pull de laine usé et crasseux. Questionné sur son mode de vie actuel, Jeff dit que depuis la séparation d'avec sa compagne de galère il y a quatre mois il est sans domicile fixe, il ne se lave qu'une fois par semaine, ne mange qu'une fois par jour, « *une fois tous les deux jours, quand tout va mal* ». Sans famille dans la région, Rmiste[14], son

---

14. RMI (revenu minimal d'insertion), solde minime que touchent, après un contrat avec l'assistante sociale, ceux qui n'ont rien et qui ne permet que de s'habiller, de se nourrir et de se soigner. Il n'est pas possible d'avoir une résidence stable avec ce seul revenu.

argent passe dans le prix des boissons (cafés et bières) car dans le café «*je peux m'asseoir, voir quelques amis d'avant...* (Jeff, était guitariste dans un orchestre *rock*) *être à l'abri de la pluie et au chaud, ne pas être toujours dans la rue...*»

Hospitalisé, Jeff présente des plaies aux talons, des œdèmes aux membres inférieurs, une dermatose infectée du cou, des oreilles et du cuir chevelu, une bronchite irritative de type tabagique. Le bilan biologique ne montre pas d'aggravation de la pathologie VIH depuis six mois et n'explique pas son état actuel. Les marqueurs biologiques prouvent même qu'il prend régulièrement le Retrovir et probablement le Bactrim. L'observation clinique montre que l'amaigrissement est lié à la dénutrition, la dermatose au manque d'hygiène, les plaies du talon à l'état de ses bottes et à leur port permanent («*À la gare où je dors actuellement, si j'enlève mes santiagues pour dormir, on me les pique*»).

Gonzague – Malgré le sida

À trente et un ans, Gonzague a déjà derrière lui dix-sept ans de toxicomanies diverses mais toujours dures. Le LSD, l'alcool, les psychotropes détournés de leur usage, la cocaïne ont été rapidement abandonnés au profit de l'héroïne intraveineuse. Fils unique de la bourgeoisie branchée et festive madrilène, il a connu les geôles de l'après-franquisme et pour éviter de nouvelles incarcérations, a passé la frontière pour se réfugier en France, déjà contaminé par le VIH. Depuis quelques années sa vie d'errance dans la rue n'est inter-rompue que par les épisodes de maladies, notamment une tuberculose pulmonaire très grave. Dès qu'il le peut il retourne aux prises massives de stupéfiants et de tranquil-lisants ou psychodysleptiques qui le font délirer.

Placé sous traitement de substitution aux opiacés, il trans-gresse sans arrêt les règles du contrat, car il vole dans la pharmacie et y arrive totalement «défoncé», obligeant le pharmacien à adopter la morale de base du tenancier de bistrot («on ne donne pas à boire à celui qui est déjà ivre»). Pourtant, dans cette répétition ordalique quotidienne une chose fait point fixe: il prend journellement le Bactrim, traitement préventif de la toxoplasmose et de la pneumocystose.

Jeff et Gonzague ont un long parcours de prises de risques, mais ces comprimés qu'ils absorbent régulièrement nous rappellent pathétiquement qu'ils veulent vivre et que leur course éperdue dans la chimie psychique n'est pas une conduite suicidaire. Leur réaction désespérée montre bien que le risque de la maladie est d'un autre ordre pour eux que les épreuves qu'ils ont l'habitude de s'imposer. D'autres chercheurs, en d'autres lieux, ont déjà fait le même type de remarques : « la vie des consommateurs de drogue sans abri est parsemée d'expériences de perte, comme la perte de la santé ou même d'un membre, la diminution du statut social, la dépréciation de soi et la disparition fréquente de proches ou de simples connaissances qui faisaient partie des anciens réseaux du moment. Les pertes au sein de la famille, parmi les camarades d'école, les complices de la marginalité, ou les amis du quartier, étaient fréquentes avant même l'apparition du VIH. Ces pertes répétées peuvent être dues à des décès par surdose de drogues, par accidents de voiture, des coups de couteau ou des coups de feu ; à des départs pour cause d'arrestation ou d'emprisonnement ; aux efforts pour fuir ses ennemis, la police ou ses créanciers ; ou enfin aux hospitalisations et aux entrées en cure de désintoxication. Le VIH, en introduisant la réalité des morts lentes, a seulement intensifié ces pertes. Il incarne une forme nouvelle de mort ; or elle rôde depuis longtemps dans la rue, guettant tous ceux qui s'injectent de la drogue. »[15]

Deuils

Dans le parcours d'un toxicomane à l'héroïne, la confrontation avec la mort est fréquente, celle des compagnons en particulier. Nous avons constaté que le deuil n'était pas le même lorsque la mort était brutale, par accident, par

---

15. D. S. Goldsmith et S. R. Friedman, « La drogue, le sexe, le SIDA et la survie dans la rue », *Anthropologie et sociétés*, 15/2-3, 1991, p. 32-33.

agression ou *overdose*, et lorsqu'elle était lentement mais inéluctablement annoncée comme dans le cas du sida. L'accompagnement dans la maladie, alors qu'ils savent bien eux aussi que tous meurent au milieu de tous les soins possibles, leur permet de faire le travail de deuil dans son sens profond : savoir que leurs proches ne seront pas avec eux, mais en même temps, savoir qu'ils ont été et qu'ils resteront présents dans leur mémoire.

Au bout de leur vie, lorsque le virus aura opéré des atteintes irréversibles, comme les autres, les toxicomanes aborderont leur propre mort comme l'ultime échéance, sans jamais pouvoir faire leur propre deuil. Il n'y a pas de terme échu ni de « belle mort »[16].

« Et puis j'ai plein d'amis qui sont morts, ça m'a fait réfléchir, un copain est mort d'overdose chez moi ; à l'époque cela ne m'a pas empêché de continuer. Aujourd'hui, je n'ai pas la même vision des choses, maintenant j'ai peur de la mort », nous disait il y a peu un patient.

---

16. Louis-Vincent Thomas, « Les visages du mourir », *in Anthropologie de la mort*, Paris, Payot, 1975, p. 163-222.

En plus des ouvrages cités dans les notes de cet article, nous renvoyons le lecteur à une bibliographie très complète publiée dans le rapport de recherche du GRECO (Groupe de recherche et d'études sur les conduites ordaliques, 9 Boulevard saint Marcel, 75013 Paris), *Toxicomanie et mort, addictions et conduites de risques*, février 1994 et à celle que nous avions pubiée dans notre rapport de recherche *Toxicomanie et modernité*.

L'entraînement dans la mort : Analyse socio-anthropologique des conduites à risque

Patrick Baudry

Sociologie du risque ou sociologie à risque

La notion de risque se prête évidemment mal à la précision et à la définition. Comment évaluer le danger réel que comporte une prise de risque dans la mesure où celle-ci relève davantage d'une subjectivité – en sachant que le risque peut être conscient ou non conscient – que d'une gradation qui pourrait s'établir du dehors et ainsi s'expliquer d'un point de vue extérieur ? Est-il plus dangereux de pratiquer le delta-plane ou de rouler dans une voiture aux pneus lisses ? Le « risque » n'est-il pas toujours ce qui se donne comme tel pour une conscience singulière et aussi bien ce qui procède surtout d'une représentation fabriquée ? En bref, une sociologie du risque est-elle possible quand il s'agirait de se fonder sur des visions d'acteurs et de reprendre les discours qui s'y rapportent ? Une telle sociologie court le risque, pourra-t-on dire, de se situer à la remorque d'opinions, de dépendre de matériaux à l'unité mal définissable et à la cohérence finalement artificielle.

Il n'est peut-être pas inutile de répondre à ces mises en cause en dégageant les postulats scientifiques et les visions du monde qu'elles véhiculent ou qui les génèrent. Je dirai, pour aller vite, que l'obstacle qui se dresse provient de la difficulté à constituer le risque en « objet » et à délimiter le territoire où devrait s'exercer une étude. Mais au nom de quoi pourrait-on décréter que la sociologie (comme s'il n'en existait qu'une seule définition et qu'une seule pratique) se constitue par la maîtrise d'un objet défini et par le contrôle d'un domaine précisé ? Comment ne pas comprendre que ce qui obéit aux règles d'une scientificité, mais aussi aux crispations d'un esprit positiviste, interdit ou censure d'autres regards, d'autres questions, d'autres intelligences que ceux ou celles qui se fondent sur le primat d'un économisme, comme s'il s'agissait de « retrouver » dans le discours qui se tient sur des pratiques, la structuration que leur prête ce discours ? Une telle scientificité peut vite tourner au simulacre et l'« autorité » du discours provenir de sa mise en boucle : grâce au jeu d'une rhétorique circulaire mise au service d'une logique de la preuve tautologiquement produite. Il semble qu'on égratigne un certain credo institutionnel quand on s'aventure hors des « objets battus » de la sociologie sociologique et que l'on ne respecte plus la norme qui consiste à relier des pratiques individuelles à des milieux sociaux. C'est-à-dire aussi bien quand on refuse cette exactitude en rapport de laquelle « le reste serait littérature », c'est-à-dire exigence théorique.

Trop de chercheurs souffrent de ces ironies, de ces minimisations et de ces interdictions pour qu'on les ignore tout à fait. Et dans un hommage à Louis-Vincent Thomas, l'on ne peut précisément pas les passer sous silence. Il faut bien dire, quitte ce faisant à prendre certains risques, qu'il existe une sottise scientiste, que le néo-stalinisme se porte encore bien dans les sciences humaines et qu'il n'est jamais « minime » de le combattre sous toutes ses formes, quels qu'en puissent être les maquillages, les double-jeux ou les discours savants. Thomas, dont beaucoup peuvent penser qu'il ne fut qu'un compilateur, n'est pas l'auteur d'une stricte thanatologie, c'est-à-dire d'un domaine d'études strictement thanatiques ou funéraires. Son objet ne se limita pas aux pratiques de cercueil ; son discours ne fut pas sociographique ; il ne se demanda pas toute sa vie si « plus » la dépense funéraire augmente, « plus » la catégorie socioprofessionnelle baisse. Il ne pratiqua pas assidûment des entretiens semi-dirigés auprès d'infirmières en soins palliatifs. Sa population ne fut pas celle des garçons-morgueurs. Son terrain ne fut pas celui des cimetières du Limousin. Il ne s'évertua pas à informatiser les données du deuil ou à mathématiser je ne sais quelle fonction morbide dans le rapport de la prise de poids en référence au sport pratiqué.

Thomas prit toute sa vie le risque de déplaire aux convenances académiques : en se refusant à la scientificité bornée aussi bien qu'à l'érudition de mode ; en pratiquant une recherche anthropothanatologique ouverte, plurielle, transversale, résolument intolérante à toutes les intolérances. L'académisme n'aime guère qu'on use des catégories d'une science dans une recherche, en les confrontant au risque de s'y transformer. Il préfère toujours que la « recherche » (dont on sait d'avance le résultat) vérifie le bien-fondé des présupposés d'un discours et contribue ainsi à son autorité. On peut ainsi vous en vouloir de faire de la sociologie ou de l'anthropologie[1] et de n'être pas assez sociologue ou anthropologue. Astucieusement, on aura pu ranger Thomas dans la thanatologie pour l'éloigner d'une discipline dont il est l'une des plus grandes figures. Ou encore on aura pu déplorer que Thomas ne fût pas davantage théoricien, comme si l'activité théorique consistait à ranger la vie des gens dans des catégories et comme si la théorie consistait en une définition ressassée de notions prétendument définitives.

Parce que l'on connaîtrait d'avance l'objet sur lequel on travaille, serait-on davantage scientifique ? Et toute une

---

1. On sait que pour Louis-Vincent Thomas (comme pour Georges Balandier), cette distinction n'avait aucun sens : *cf.* « Sociologie et ethnologie ou réflexions sur un faux problème » (1973), republié dans *Une galaxie anthropologique* – Hommage à Louis-Vincent Thomas, *Quel Corps ?*, nos 38/39, 1989, p. 100-119. Gilbert Durand a souligné le « morcellement » contemporain de la « visée » ou de « l'intention » de l'anthropologie, en disant qu'il « est paradoxalement accompagné d'une réduction totalitaire à une seule méthodologie », *in Science de l'homme et tradition*, Paris, Berg, 1979, p. 174.

science s'établirait-elle dans la capacité d'une telle construction préalable? Dans *L'éthique protestante et l'esprit du
capitalisme*, Max Weber écrivait bien que le concept d'«esprit
du capitalisme doit être composé graduellement, à partir
de ses éléments singuliers qui sont à extraire un à un de la
réalité historique. On ne peut donc trouver le concept définitif au début mais à la fin de la recherche»[2]. Et que sont
donc ces «concepts» s'ils ne sont que des incantations de
«laboratoire»[3], c'est-à-dire en fait d'autres mots qui seraient
posés sur les mots du langage commun, dont prétendument,
comme de virus, il faudrait se débarrasser? La pensée
conceptuelle ne traite jamais de «choses simples», et encore
moins «objectivées»[4]. Il s'agit toujours de paquets de significations, d'énigmes où s'entremêle à l'inquiétude d'un
discours savant l'expérience collective, toujours complexe.
Le travail de l'anthropologie n'est pas une analyse zoologique
de la vie des gens, mais toujours un travail de lecture de
ce qui s'actualise et de ce qui est potentiel[5] d'une activité
symbolique, où se noue la destinée même d'une «nature
humaine» à la fois ici et imaginante, située en un monde et
porteuse d'utopie.

Dans son *Anthropologie de la mort*, Louis-Vincent Thomas
écrit que «toute culture pourrait bien être en soi (ou dans
l'esprit de l'anthropologue qui la reconstruit) une manière

---

2. Max Weber, *L'éthique protestante et l'esprit du capitalisme*, Paris, Plon,
1964, p. 45.

3. Edgar Morin parle bien de «la notion phantasmatique de laboratoire,
le *labo*». Et il écrit: «Dans les "labos" de la sociologie, l'objet se trouve
toujours ailleurs, toujours dehors. Autrement dit le mot "labo" est le terme
abstrait qui occulte le mot bureau», in *Sociologie* (1984), Paris, Seuil, 1994,
p. 51-52.

4. Je renvoie ici à Georges Devereux, *De l'angoisse à la méthode*, Paris,
Flammarion, 1980.

5. Gilbert Durand, *Figures mythiques et visages de l'œuvre*, Paris, Berg, 1979,
p. 90.

d'illusion qui entretient le groupe dans son espoir d'indes-tructibilité. Ce qui revient à poser, d'une certaine façon, le problème du sens de l'anthropologie; ou, si l'on préfère, de son objet spécifique». Et Thomas d'ajouter: «Il n'est donc pas excessif ou présomptueux d'estimer que l'anthropologie ne serait, à la limite, qu'une anthropo-thanatologie honteuse.»[6] La recherche scientifique ne s'enrichit jamais peut-être de désobligeances. Mais la désobéissance au dogme et à la protection frileuse de ses territoires constitue sans doute la voie d'une invention. On ne peut la prétendre audacieuse que depuis le gardiennage de frontières qu'il s'agit préci-sément, sans besoin de tapage, de ne pas respecter. La connaissance progresse aux frontières des sciences, disait en substance Marcel Mauss[7], en précisant que ce progrès se fait dans le sens du concret et de l'inconnu. Ce fut l'œuvre, l'«ouvrage», le travail d'un anthropologue auquel tant d'étudiants doivent la possibilité d'un risque: celui de la recherche libre.

La notion de risque s'accommode mal de la spécifi-cation ou de l'objectivation, mais cela dans la mesure où ce qui s'étudie constitue un révélateur de logiques sociales, d'agencements complexes de situations et de sens qui touchent à l'expérience collective. Ce n'est pas une «coupure épistémologique» mais, comme le dit Jean Duvignaud, une «inquiétude anthropologique»[8] qui porte à s'intéresser à des objets bizarres, cocasses, insolites, monstrueux ou réputés marginaux (ainsi chez Thomas cet intérêt pour les marion-nettes ou les rats[9]). L'enjeu n'est pas de contribuer à une

---

6. Louis-Vincent Thomas, *Anthropologie de la mort*, Paris, Payot, 1975, p. 530 et 531.

7. Marcel Mauss, «Les techniques du corps», *in Sociologie et anthropologie*, Paris, PUF, 1950, p. 365.

8. Jean Duvignaud, *Le langage perdu*, Paris, PUF, 1973, p. 215 et 274.

9. Louis-Vincent Thomas, *Mélanges thanatiques*, Paris, L'Harmattan, 1993.

« épistémologie des totalités », mais au travers d'une « action particulière »[10] de comprendre l'agencement de représentations qui portent témoignage de la vie d'une culture[11]. En bref, une sociologie « du risque » n'est pas naïve : elle ne se contente pas de typologies descriptives où se rangerait le désordre d'une « réalité sociale ». Et s'il ne s'agit pas de saisir le réel dans l'ordre conceptuel d'un discours privilégiant, comme le dit Gilbert Durand, un « vide structural »[12], c'est bien que des dynamismes sont à l'œuvre. Dynamismes que le réductionnisme économiste ne peut pas dire ou qu'il ne veut pas dire parce que l'ironie du jeu, de la gratuité, du plaisir[13] jusque dans la proximité de la mort défait le discours sérieux lui-même en en montrant la balourdise. Ainsi peut se comprendre que la démarche anthropothanatologique de Louis-Vincent Thomas fut critique, « polémique » comme il disait, et provocante avec une gigantesque part d'humour. Mais c'est bien parce que la mort n'est pas qu'un sujet « grave », comme on peut le dire hâtivement, et que l'humour n'est pas lui-même qu'un ingrédient ou qu'un procédé. La visée « éthique » (comme on peut le dire à présent trop facilement) des travaux de l'africaniste spécialiste des mythes, des religions et des imaginaires quotidiens supposait bien l'articulation étroite d'un humour exigeant et d'un affrontement pensé à la mort – « la salope »[14], comme il disait parfois.

---

10. Je reprends ici des expressions de Jean Duvignaud, *cf. Le langage perdu*, p. 214.

11. Je renvoie ici à Claude Javeau, « De la sociologie orthopédique à l'anthropologie philosophique », *in Les nouveaux enjeux de l'anthropologie – Autour de Georges Balandier* (sous la direction de Gabriel Gosselin), Paris, L'Harmattan, 1993, p. 87, où l'enjeu d'une interrogation sur le sens est clairement explicité.

12. Gilbert Durand, *Figures mythiques et visages de l'œuvre*, p. 93.

13. Jean Duvignaud, *Le jeu du jeu*, Paris, Balland, 1980, p. 32.

14. Louis-Vincent Thomas, *La mort en question*, Paris, L'Harmattan, 1991, p. 11.

La théorie n'est pas la mise au point d'un lexique de dix ou trente mots qu'il faudrait ressasser toute sa vie dans le souci de saisir le réel, d'expliquer ou de comprendre la totalité à laquelle il faudrait réduire l'expérience collective, rendue totalement plaquée à ce langage miraculeux[15]. Une théorie est bien toujours un point de vue. C'est-à-dire la proposition non pas d'une version des faits, mais d'une situation d'observation ou d'une position de lecture. Chez Louis-Vincent Thomas, cette situation n'est pas réductible à un procédé, mais elle consiste en une pratique articulatoire de connaissances où le pluralisme du questionnement vaut comme méthode pour la production de la recherche. Et c'est en ce sens aussi qu'il y a risque. Parler de « recherche libre » ne tient pas de l'éloge commode : l'entêtement de Louis-Vincent Thomas à travailler sur un sujet impossible et la reprise de questions à laquelle convie son œuvre en disent peut-être beaucoup sur la passion qui la motive. Passion qui interdit au discours pétrifié de tenir lieu de recherche. Recherche qui se déprend du mythe de la racine, et pour laquelle les choses se présentent (ainsi que le disait Franz Kafka) « par un point quelconque situé vers leur milieu »[16].

Logiques de l'initiation et pratiques extrêmes

Dans *Mort et pouvoir*[17], Louis-Vincent Thomas distingue entre mort *simulée* et mort *défiée*. La simulation concerne

---

15. François Laplantine écrit : « Notre conception du social demeure encore largement balzacienne et durkheimienne. Nous avons toujours tendance à le considérer comme une réalité en soi et une totalité intégrée. C'est la raison pour laquelle nous éprouvons tant de difficulté à penser le changement, le désordre, le dysfonctionnement et à trouver aujourd'hui les mots pour désigner l'atomisé, l'éclaté, le fragmenté, le décomposé… », *in* « Épistémologie de la séparation et épistémologie de la traduction », *Prétentaine*, Montpellier, « Cahiers de l'IRSA », nos 2/3, p. 159.

16. Claude Lefort, sa « Postface » à Maurice Merleau-Ponty, *Le visible et l'invisible* (1964), Paris, Gallimard, 1991, p. 353.

17. Louis-Vincent Thomas, *Mort et pouvoir*, Paris, Payot, 1979, p. 136.

notamment les rituels initiatiques de sociétés négro-africaines longtemps parcourues et longtemps étudiées. Dans ces rituels, il ne s'agit pas seulement de jouer à la mort, et moins encore de jouer avec elle, mais de la figurer dans un espace de représentations où la mort demeure toujours l'irreprésentable par excellence. Il ne s'agit nullement de l'« apprivoiser » en tâchant de s'en faire une idée, mais bien de s'affronter à la mort inconnaissable, c'est-à-dire de la poser comme limite, détermination du rapport au monde, mouvement paradoxal d'un principe vital qui ne se contente pas de l'existence corporelle, et principe générateur des solidarités culturelles, c'est-à-dire de ce qui constitue la culture dans son rapport à la mort inhumaine. La psychanalyse, dont Thomas aura toujours souligné l'apport considérable à l'anthropologie comme connaissance de l'homme, vient appuyer ce que l'anthropologie établit comme connaissance des sociétés. Celle-ci comme celle-là montrent tout à la fois leur variété et leur unité, car il n'existe qu'une seule humanité. Jacques Lacan écrit : « Aussi quand nous voulons atteindre dans le sujet ce qui était avant les jeux sériels de la parole, et ce qui est primordial à la naissance des symboles, nous le trouvons dans la mort, d'où son existence prend tout ce qu'elle a de sens. »[18] Il n'est pas question ici d'une mort « individuelle », ou plutôt d'un usage privé, borné au soi-même, d'une sagesse « devant » la mort. Si le groupe se trouve toujours mobilisé dans l'expérience ritualisée d'une mort qui provoque, comme toute crise, toute violence, la reprise et l'affirmation du collectif, ce n'est pas davantage que le « collectif » serait affaire de nombre. Le collectif – cette grande affaire de la sociologie qui décrète qu'aucune société ne provient de la simple réunion d'individus – suppose l'implication de chacun face à un destin commun. Emmanuel Lévinas le dit avec précision : « La mort, source de tous les mythes, n'est présente qu'en autrui et seulement en lui,

---

18. Jacques Lacan, « Fonction et champ de la parole et du langage » *in* *Écrits I*, Paris, Seuil, 1966, p. 205. Jacques Lacan écrit que « le truchement de la mort se reconnaît en toute relation où l'homme vient à la vie de son histoire », *ibid.*, p. 204.

elle me rappelle d'urgence à ma dernière essence, à ma responsabilité. »[19]

Ce qu'indiquent les rituels initiatiques – qu'il ne faut pas traiter seulement comme des « objets », des « terrains », des « réalités » – est capital. La mort ne s'y présente pas seulement comme la perspective d'une existence bornée et qui devra accepter d'en finir, mais comme l'expression d'une intrigue qui met en jeu tout le sens d'une vie qui s'affirme du poids d'une mort qu'elle porte en puissance. Parce que je vais mourir je ne suis pas réductible à quelque fonctionnement machinique promis à l'usure. Mais je participe de cette temporalité propre à l'humanité des gens, pour laquelle la mort ne saurait être réduite à ce qu'elle est évidemment, c'est-à-dire à la « fin de vie ». La mort n'est jamais seulement cette fin prévisible, gérable, connaissable, et donc à laquelle il suffirait de se préparer. Elle n'est pas que le bout d'une existence ou que l'extrémité d'une trajectoire continuée jusqu'à sa fin. La mort est *dans la vie*. Et la reprise symbolique d'une mort tout à la fois inconnaissable et présente conditionne la constitution d'une culture : ce comment nous sommes pris dans une existence commune.

La mort *simulée* dont parle Louis-Vincent Thomas n'est pas qu'une parodie ou qu'un simulacre. Il s'agit de présenter la *dimension* d'une mort, qui consiste sans doute en un événement mais qui ne s'y réduit pas. On peut comprendre que la mort est cet horizon commun qui suffit à établir la banalité d'une condition humaine. Mais ce n'est pas une telle limitation pour tous, ou une telle limitation de l'Être qui suffit à indiquer la portée d'une mort-dimension et d'une mort limite. La mort n'est pas la destinée d'individus qui, l'un après l'autre, s'en vont[20]. Selon cette vue indigente ou

---

19. Emmanuel Lévinas, *Totalité et infini* (1964), Paris, Le Livre de poche, 1990, p. 195.

20. Jean Baudrillard dit bien : « Notre mort à nous, c'est quelqu'un qui fout le camp », *in L'échange symbolique et la mort*, Paris, Gallimard, 1976, p. 251.

« rationaliste », on comprend que la mort est quelque chose de triste et qu'il est justifié de s'amuser le plus possible pendant qu'il en est temps. Qui sait alors si la répression ne serait pas nécessaire pour que s'éprouve le précieux bonheur de s'entendre encore respirer, ou, de manière tout aussi odieuse, si quelque « virilité » ne pourrait pas s'y mesurer ? À cette représentation que l'on peut croire exacte de la mort-fin, les sociétés négro-africaines n'opposent pas seulement l'imaginaire d'une mort-passage ou mutation, c'est-à-dire des « croyances ». L'enjeu profond de ce « déni symbolique », comme le nommait Thomas, c'est bien de soustraire la mort à la « Nature » où il faudrait la placer pour la dominer ; non pas de l'apprivoiser au moyen de quelque courage qui pourrait se décider, mais d'intégrer la mort à la logique de l'échange.

La culture ne se construit pas seulement devant la mort en « l'acceptant ». L'acceptation « conditionnelle », dont parlait Louis-Vincent Thomas, signifie surtout que la mort d'un « seul » n'existe pas. Que la mort n'est pas le terme où chacun aboutit, mais ce qui modifie le rapport à l'existence, c'est-à-dire le rapport au monde et à l'autre. Ce n'est pas en direction de la mort-fin que la culture humaine profite d'un laps de temps pour s'agiter un peu. La « reprise culturelle » de la mort, son intégration aux circuits des échanges et aux jeux des réciprocités, signifie essentiellement que le regard porté sur l'existence se modifie radicalement. La vie ne s'organise pas en attendant que « ça se termine ». C'est depuis l'inconnu de la mort que la relation à autrui acquiert une intensité, une exigence, une responsabilité[21]. La simulation de la mort dans la rituelle initiatique, sa mise en présence dans les moments de l'existence personnelle et collective, ne relève pas d'un arrangement, mais d'une

---

21. Louis-Vincent Thomas et René Luneau écrivent que « dans l'initiation, le sujet, devenu procréateur potentiel, accède à la responsabilité », *in Les sages dépossédés : univers magiques d'Afrique du Nord*, Paris, Laffont, 1977, p. 31.

nécessité. Nécessité où se trouve une société non pas de se raconter une histoire pour tromper une attente absurde, mais de donner du sens à ce qui institue l'humanité de la vie en commun. Avec la mort, c'est la perspective de la transmission, de la construction intergénérationnelle et de la filiation qui s'élabore nécessairement. Or la « mort symbolique suivie de renaissance »[22] des rituels initiatiques – comme toute mort symbolique qui sépare, qui marque la séparation, c'est-à-dire qui marque l'interdiction institutionnelle de la fusion – a cette valeur-là : instaurer et rappeler sans cesse une logique de la filiation.

La mort *défiée* ne procède pas d'une semblable situation de soi devant cette limite depuis laquelle, en relation avec autrui, se génère la responsabilité. Ici la mort n'est pas épreuve d'altérité, mais expérience d'altération. L'entraînement à la mort ne trouve pas sa source dans une affirmation communautaire, c'est-à-dire dans « l'outre signifiance de la mort », comme le dit bien Jean-Thierry Maertens[23], mais dans le souci concret et davantage dramatique de trouver une mort introuvable. J'ai proposé[24] de distinguer ici entre pratiques extrêmes et pratiques hors limite : entre ces pratiques du risque où s'exprime la souffrance d'une quête de sens et de génération, et celles, surtout montrées par les media, où la toute-puissance d'un dépassement des limites atteste d'une réalisation de soi culminant dans le « risque calculé » d'une disparition[25]. Une disparition qui ôterait à

---

22. Louis-Vincent Thomas et Luneau, René, *La terre africaine et ses religions* (1975), Paris, L'Harmattan, 1980, p. 219.

23. Jean-Thierry Maertens, *Le jeu du mort*, Paris, Aubier, 1979, p. 125.

24. Patrick Baudry, *Le corps extrême*, Paris, L'Harmattan, 1991.

25. Jean-Marie Brohm, *Les meutes sportives*, Paris, L'Harmattan, 1993, et notamment au chapitre XII « Figures sportives de la mort », p. 499-538. voir également *Quel Corps ?, Critique de la modernité sportive* (textes recueillis par Frédéric Baillette et Jean-Marie Brohm), Paris, Éditions de la Passion, 1995.

l'individualité conquérante – qui se manifeste dans le record absurde ou l'exploit insensé – le poids d'une mort trop commune, la trace d'une dimension communautaire, comme si celle-ci pouvait être réduite à la fulgurance d'un «éclatement», et comme s'il pouvait être «gratuit» et «individuel» de disparaître. Cette distinction entre des pratiques extrêmes où l'on joue avec «ses» limites – en fait avec la limite de la mort – et des pratiques «hors limite» où domine le *déni de la mort*[26] (c'est-à-dire cette attitude qui consiste à faire comme si la mort n'existait pas ou comme si elle était inessentielle) ne peut servir que de commodité théorique. Il faut en réalité se demander si l'esthétisme[27] des pratiques hors limite n'est pas qu'un habillage, qu'une mise en discours esthétisante (et convenable pour une société de vitesse) de pratiques surtout motivées par ce qui se joue dans un rapport extrême à soi, à autrui et au monde.

Plus que l'organisation, la régulation ou la canalisation des pulsions que fourniraient de rites «utiles», c'est l'actualisation de représentations, la mise en scène des passions et le jeu pratiqué d'une aventure collective qu'il faut mettre en avant. La «nature» peut se produire comme un artifice, le voyage se programmer et l'aventure peut être prévue dans les images qui la montrent déjà, sans qu'on ait à bouger. Mais une pratique du monde résiste à cette artificialisation, à cette réalisation déréalisante d'un univers continu, sans bord, sans limite. Le jeu avec la mort contient cette exigence d'un heurt avec soi-même dans le rapport de soi au monde.

---

26. C'est bien l'un des apports essentiels de Louis-Vincent Thomas que d'avoir insisté sur le *déni de la mort*, en montrant ce faisant la limite des discours sur le «refus» ou «l'interdiction» de la mort dans nos sociétés. Je renvoie ici à *La mort africaine*, Paris, Payot, 1982, p. 109, et à *Mort et pouvoir*, p. 55 et 72.

27. Je renvoie ici à l'ouvrage de Paul Virilio, *Esthétique de la disparition*, Paris, Balland, 1980, p. 111 et 125 où l'on peut lire: «Ainsi, le développement des hautes vitesses techniques aboutirait à la disparition de la conscience en tant que perception directe des phénomènes qui nous renseignent sur notre propre existence.»

La pratique peut être individuelle, mais elle n'est pas nécessairement égotiste. L'usage et l'abus du corps – cette médiation intime de soi avec le monde – procurent plus que le sentiment d'exister. Par-delà l'individualisme qui s'affiche dans des conduites à risque, c'est l'actualisation de dimensions proprement collectives que l'on peut dégager. Jean Duvignaud le dit bien : « Le phénomène anomique lié à la mutation est toujours individuel. » Mais « non pas en raison d'une opposition romantique entre individu et société ». « L'individualisme, ajoute-t-il, ne définit pas un être ou une substance fixe, mais l'éventuelle imputation de la novation dans la trame de la vie collective au point où les fissures apparaissent dans le système. »[28]

Il est simpliste d'étudier les conduites à risque contemporaines en les « comparant » strictement (c'est-à-dire en les assimilant) aux risques de la mort « simulée » dans les pratiques initiatiques. C'est à la fois ne pas comprendre les pratiques de sociétés différentes et méconnaître la violence de ce qui se « joue » dans les pratiques d'aujourd'hui. L'assimilation fait aussi passer à côté de ce qui rapproche des pratiques dissemblables : ici peut-être un sens, et là peut-être une exigence. Ici un rituel, une organisation sociale ou plutôt collective. Là des pratiques individuelles. Mais l'on sait depuis Marcel Mauss que le symbolisme morbide ne peut pas strictement se séparer du symbolisme collectif[29].

Initiation ou initialisation

Pourquoi demander à des gens de s'inspirer de sociétés auxquelles nous-mêmes ne faisons plus référence ? Et donc

---

28. Jean Duvignaud, *L'anomie*, Paris, Anthropos, 1973, p. 63.

29. Marcel Mauss, *Sociologie et anthropologie, op. cit.*, p. 299. Voir également Roger Bastide, *Sociologie des maladies mentales* (1965), Paris, Flammarion, 1977, p. 256 et 257, et Sigmund Freud, *Cinq leçons sur la psychanalyse*, Paris, Payot, 1972, p. 60.

au nom de quoi prescrire « du rite » à quelques nécessiteux, comme si des sauvages habitaient encore notre monde policé et que des méthodes fortes et rudimentaires devaient être employées pour calmer une part zoologique de notre espèce humaine ? Un discours moraliste trouve dans une anthropologie simplifiée une excellente raison de mépriser les démunis, sous le prétexte de l'aide. On veut aider « les adolescents à problèmes » pour mieux ignorer ce qui nous tient d'une adolescence qui effraie. Si une « ritualité détraquée » se met en place, c'est bien que la conduite à risque n'a plus valeur d'initiation, c'est-à-dire qu'elle ne s'effectue plus dans un cadre intergénérationnel mais intragénérationnel. Le jeu avec la mort n'est pas l'affrontement à la limite communautaire qui détermine un rapport au monde. Le « dépassement de soi » parie pour une construction sensible de l'existence, l'expérience physique d'une présence à soi dans la pratique d'une altération de repères « normaux » qui ne font pas sens et qu'on ne supporte plus. C'est corporellement que l'entraînement dans la mort se réalise, au lieu que le corps de la personne soit le support et le lieu de transition de connaissances complexes où se noue une activité symbolique.

Comment reproduire ce qui appartient à une culture spécifique, c'est-à-dire l'expérience de la souffrance aux fins d'une intégration ? Et donc comment la prise de risque d'une adolescence « délinquante » pourrait-elle avoir un sens identique à ce qui se joue dans le cadre initiatique de la société diola par exemple, où les épreuves auxquelles on soumet le « patient » « n'ont qu'une seule fin : "enlever l'âme" du sujet et lui infuser une vie nouvelle »[30] ? Ou encore – c'est la même question –, comment mettre sur le même plan ce qui ressortit à un *symbolisme collectif* qui permet l'élaboration du rapport au temps, au sexe, à la mort et à l'autre[31], et ce qui relève du registre d'une *conduite symbolique* ?

---

30. Louis-Vincent Thomas, *Les Diola*, Dakar, IFAN, 1959, p. 707.

31. *Ibid.*, p. 707, note 1.

Le symbolisme du rituel initiatique n'est pas, bien entendu, qu'un catalogue de signes «kaléidoscopiques»[32], mais aussi l'expression et le lieu sans lieu d'un travail du collectif pour se dire et se re-présenter, à la fois depuis une expérience vécue et dans la narration de cette expérience. La conduite symbolique manifeste par contre l'effondrement de l'institution du sujet. Elle peut avoir une signification ou du sens – on peut l'interpréter –, mais le sens par quoi elle nous touche profondément provient du voisinage où elle se tient du non-sens : le non-sens de l'organisation d'un monde tel qu'il se découvre à proximité de sa fabrication. La conduite à risque peut bien se décoder en demande d'amour ou d'identité. Mais elle est une interrogation folle, parce que déliée, sur ce qui lie. On peut bien sûr l'interpréter, mais la question posée par (ou dans) la conduite à risque est celle de l'interprète. C'est du moins ce qui marque en tendance l'intensité du risque pris dans la conduite à risque. L'épreuve corporelle «absurde» fait surgir la figure de la destruction : non pas seulement de soi mais du rapport à soi. C'est bien cette possibilité vertigineuse[33] qui procure, dans la souffrance, du plaisir[34], qui donne au risque sa puissance, ou qui, dans l'expérience du risque, suscite un sentiment de toute-puissance.

Il en faut peu pour que le «là-bas» soit immédiatement «ici», disait Vladimir Jankélévitch à propos du rapport à la mort[35]. La pratique extrême ne vise pas la terminaison ou

---

32. «Entretien avec Claude Lévi-Strauss», in *Bastidiana*, n°s 7/8, p. 60 : «Initialement le bricolage, qui produit les mythes, ne travaille pas à partir de mythes. Il travaille à partir de réalités d'un autre ordre : des choses, des actions, des événements.». Cf. également Jean Duvignaud, *Le don du rien*, Paris, Stock, 1977, p. 144,-145.

33. Véronique Nahoum, G., «Les conduites de vertige», *in Galaxie anthropologique*, n°s 4/5, août 1993, p. 66-71.

34. Marc Valleur, «Toxicomanies : réduction des risques ou négation du risque ?», *Ordalic'Info*, n° 1, 1994, p. 5 et 6.

35. Vladimir Jankélévitch, *La mort*, Paris, Flammarion, 1977, p. 9.

l'extrémité d'un monde fini. Elle met en jeu, dans la vie, l'intensité d'un rapport physique à l'idée de mort, avec ce que cette expérience corporelle du défi comporte de charge érotique[36]. Délié d'autrui, celui qui risque et qui se risque (ce qui montre l'ambivalence d'une destruction du rapport à soi-même) adopte l'infini d'un monde dont le gigantisme s'engage dans le danger infime, dans l'écart infinitésimal qui sépare la frontière du jeu avec la mort de la limite de la mort. Il n'est pas « hors limite » ou hors du monde : il « fait monde ». Et la question qui porte sur l'interprète est bien le défi lancé d'une altérité possible : qui donc peut venir en face de cette vie, qui donc peut trouver place dans la pratique de cette puissance ? La passion du risque[37] suppose une dynamique suicidaire : non pas la volonté sinistre d'en finir, mais l'excitation d'une perte, et sous forme d'un commencement.

On peut s'étonner de la mise en relation du risque avec « le suicide », comme s'il était étrange d'associer à une notion floue un acte dont on croit connaître la réalité. Comme s'il fallait toujours compartimenter les activités sociales et fractionner l'action humaine jusqu'à la réduire à des atomes individuels de signification pour l'expliquer. Comme s'il fallait surtout que la compréhension résolve l'ambivalence ou dissolve le paradoxe. Évidemment il ne s'agit pas de dire que tous les praticiens du risque sont suicidaires, en recouvrant des actes de la plainte moraliste qui caractérise le discours classique sur le suicide ; mais de souligner que la conduite à risque n'échappe pas au rapport à la mort – c'est en diminuer la portée, l'aplatir, que de la réduire au ludisme –, et qu'elle y échappe même si peu qu'elle constitue l'une des plus fortes questions de ce rapport lui-même.

L'initiation met en scène l'élaboration culturelle de ce rapport, tandis que la conduite à risque de nos sociétés met

---

36. Louis-Vincent Thomas, *Mort et pouvoir*, p. 139.

37. David Le Breton, *Passions du risque*, Paris, Métailié, 1991.

en question cette élaboration. Au passage d'un statut à un autre, tel que le codifie l'exercice sur le corps d'une loi symbolique productrice d'un «moi corporel», s'oppose l'expérience d'une déliaison du physique investi et du psychique institué[38]. La quête de sens qui anime la conduite à risque n'est pas qu'une demande de signification. Je veux dire que ce n'est évidemment pas une psychologie individuelle qui peut l'expliquer (sauf, comme en est capable toute explication ou compréhension, de manière condescendante ou hautaine). Il faut bien entendre que la conduite à risque ne vient pas seulement en lieu et place d'une initiation, mais qu'elle se pose dans le cadre de la société contemporaine comme la manifestation d'une exigence. Celle d'une initialisation, d'un début, avec toute son ambivalence vitaliste et morbide, hautement dérangeante.

Voilà la difficulté : il ne faut ni ranger la conduite à risque dans la maladie mentale ni l'exposer dans la vitrine de la performance. Elle tient des deux registres à la fois et s'en sépare absolument, en entretenant un rapport au risque de type initiatique sans coïncider avec lui. Voilà la difficulté devant laquelle il est bien inutile de jouer au montreur d'ours, comme si l'habileté théorique consistait à avoir toujours raison des phénomènes étudiés. Et voilà bien le danger de ces «objets» qui n'en sont pas : que la science «normale» trouve les limites d'un savoir classique non pas seulement dans l'incapacité d'en savoir assez, mais devant le trouble d'une connaissance qui ne peut s'exercer qu'analytiquement[39]. La question du risque est risquée non

---

38. Guy Rosolato, *Essai sur le symbolique*, Paris, Gallimard, 1969, p. 329. Sigmund Freud *Essais de psychanalyse*, Paris, Payot, 1981, p. 238.

39. L'esprit de l'analyse s'oppose bien moins au souci de synthèse qu'à celui de système. Et c'est pourquoi l'analyse, en dépit des professions de foi d'un système bureaucratique, gêne la bureaucratie des savoirs : dans la mesure où c'est le système qui épate et la capacité systématique qui s'évalue pour ordonner dans un hit-parade infantile l'importance, c'est-à-dire la crédibilité des auteurs de la sociologie ou de l'anthropologie.

pas parce que l'objet est imprécis, ou parce qu'il s'agirait de la mort, c'est-à-dire d'un thème « maudit », mais parce qu'elle est transversale. Non pas seulement un objet à plusieurs facettes qui appellerait l'addition de plusieurs savoirs (une pluridisciplinarité), mais un « non-objet » – je me suis appliqué jusqu'ici à ne pas dire (« hypocrite lecteur, mon frère ») ce que peut être « la » conduite à risque – d'une connaissance sans cesse réévaluée et complexifiée.

Un commencement donc, un début, une exigence de catastrophe, comme en parle Jean Duvignaud[40]. Exigence folle, disais-je, non pas pour la ranger dans l'aberration, mais parce que le nerf de la conduite à risque consiste pour partie dans la provocation d'autrui et dans sa négation (sans quoi il n'y aurait pas de provocation). Dans le risque du risque, je « fais monde », je deviens ce qui tient lieu de monde, je suis à l'endroit, à l'instant, où le monde s'expérimente avec des lois encore non écrites et des relations sans code ; dans le sentiment impérieux d'une participation qui procure de la griserie sans doute, mais dont toute la griserie provient d'une dilution de soi aux situations et aux événements qui peuvent l'anéantir. Ivresse d'un commencement sans fond, sans origine, où l'on serait pour soi-même l'origine – folie de la toute-puissance, imagerie du « hors limite » – et la source sans lieu qui se perd dans le regard d'autrui – quête exigeante du social en deçà de ses conventions, de ses bornes et de ses arrangements.

Les questions sur lesquelles débouche cette approche sont nombreuses. Ce sont celles de l'élaboration du rapport à la mort, d'une rupture des formes de la transmission intergénérationnelle, de l'institution du rapport au monde, et d'une intensité tragique paradoxale où c'est dans le moment même où le jeu d'un effondrement se pratique que se retrouve l'intensité d'une communauté du monde. Ou cela peut encore se formuler autrement : ce qui se produit dans

---

40. Jean Duvignaud, *Le don du rien, op. cit.*, p. 177-178.

la conduite à risque, c'est la situation de soi en un décalage où le rapport à soi prend la valeur d'une énigme sensible. L'effet de révélateur de la conduite à risque ne conduit pas à étendre la notion jusqu'à parler de «culture du risque» – comme s'il était seulement question d'une quantité de comportements, mais à prendre en compte une dimension plurielle et contradictoire qui concerne à la fois l'intime et l'institutionnel.

Le récit (du) fantôme
(Hervé Guibert et l'écriture du sida)

Alexis Nouss

Homère l'aveugle. Écrire, est-ce ne pas voir ? Créer dans la nuit, de la nuit. L'écrivain, mystique fonctionnel. Fermer son regard pour s'ouvrir à la vision. Œdipe au regard mort avance à tâtons vers la connaissance. Préférer, à toute heure, le crépuscule où d'ineffables formes surgissent à l'instant de leur évanouissement. Naissance dans l'évanescence. Être du disparaître. La cécité comme sombre métaphore de l'écriture. Borges l'aveugle. Tant créer d'images qu'elles se fondent dans une spirale obscure et infinie les permettant toutes. Borges à l'ombre des bibliothèques, qui évoquait Homère, Milton et Joyce pour transmuer la cécité en instrument pour l'écrivain. Le verbe portant la lumière parce que porté par les ténèbres. Littérature : parole ne prenant son sens que du risque de son extinction.

De cette écriture qui ne serait responsable que devant le silence et la nuit, d'autres voix ont parlé, se rencontrant dans le choix exemplaire d'Orphée. Blanchot, évidemment, qui fait du scénario mythique le centre inatteignable, central en cela, de sa méditation dans *L'espace littéraire* :

> Il perd Eurydice, parce qu'il la désire par-delà les limites mesurées du chant, et il se perd lui-même, mais ce désir et Eurydice perdue et Orphée dispersé sont nécessaires au chant [...]. Et tout se passe comme si, en désobéissant à la loi, en regardant Eurydice, Orphée n'avait fait qu'obéir à l'exigence profonde de l'œuvre, [...] ravi aux Enfers l'ombre obscure, l'avait, à son insu, ramenée dans le grand jour de l'œuvre[1].

---

1. Maurice Blanchot, *L'espace littéraire*, Paris, Gallimard (coll. « Folio/Essais »), 1988, p. 228.

Barthes aussi, réfléchissant sur ce que signifie la littérature :

> [...] la littérature, c'est Orphée remontant des enfers ; tant qu'elle va devant soi, *sachant cependant qu'elle conduit quelqu'un*, le réel qui est derrière elle et qu'elle tire peu à peu de l'innommé, respire, marche, vit, se dirige vers la clarté d'un sens ; mais sitôt qu'elle se retourne sur ce qu'elle aime, il ne reste plus entre ses mains qu'un sens nommé, c'est-à-dire un sens mort[2].

Cependant, n'est-ce pas le sens du sens que d'être mort, d'être la mort ? La mort donne sens à la vie, propos banal. Le réel doit s'effacer pour être compris ; son opacité et son poids, sinon, empêchent le procès de signification. Le signe vit d'une absence, d'une séparation et, de Lacan à Derrida, le signifiant n'existe que d'un deuil, celui du signifié. La littérature, ne se payant que de mots, serait l'exercice mélancolique par excellence. Elle cultive aussi l'image, ce qui est propre à cet état. Le style a d'ailleurs ses figures.

Orphée en se retournant et par ce retournement trouve son chant. L'écrivain est celui qui revient du royaume des morts. Orphée a regardé Eurydice et l'a perdue. L'image cède la place au souvenir de l'image, de même que chez Proust le réel s'efface au profit de la mémoire du réel, y trouvant l'authenticité. Orphée a trouvé son chant. Mais cela ne doit pas nous faire oublier de quelle manière. Le chant se gagne du risque du silence. Orphée comme image de l'écrivain.

L'histoire de l'art moderne nous donne à voir deux traitements possibles du doute pictural qui questionne l'assujettissement traditionnel de l'image à représenter un réel identifiable en tant que tel. Un courant affiche une révolte radicale et brise le devoir de mimesis en s'installant

---

2. Roland Barthes, *Essais critiques*, Paris, Le Seuil (coll. « Points »), 1981, p. 265.

d'emblée dans le non-figuratif : naissance et développement de l'abstraction, jalonnés des noms de Kandinsky, Malevitch, Mondrian, Rothko, Pollock. Un second mouvement, plus ancien, va jouer l'effacement, l'atténuation, la disparition progressive du figuré : Turner, Whistler, Monet, Matisse. Ce geste-là est à la fois plus audacieux et moins assuré. Il prend le risque de la non-reconnaissance de l'image, noyant la perception dans les brumes de l'impression, recouvrant le réel de voiles comme le fait le rêve sur le matériau du conscient.

Il est possible de repérer ces deux tendances dans la littérature moderne, appliquant au pouvoir expressif des mots dans leur rapport au monde une similaire suspicion. Le premier courant, dont la *Lettre de Lord Chandos* de Hofmannstahl serait un des manifestes, irait de Mallarmé, sur le mode expérimental, dada, sur le mode ludique, à Celan, sur le mode tragique. Le *Finnegans Wake* de Joyce ou le théâtre de Beckett en sont des moments essentiels. L'autre lignée se distingue par une voix s'abaissant au murmure, au risque de ne plus être entendue. Mais ce presque-inaudible ne veut que traduire l'indicible. Cette écriture, même en racontant une histoire, dit qu'on ne peut rien dire. Moderne en cela que notre siècle, par l'horreur perpétrée, par l'abjection réalisée, a dépassé les normes du pensable et du communicable, le désastre qu'évoque Blanchot. Virginia Woolf, Nathalie Sarraute, Marguerite Duras et il ne sera pas vain de lire ici trois noms de femmes en guise d'exemples. Le récit n'est pas abandonné mais il n'est énoncé que pour avouer et montrer ses limites. Le texte renvoie à ses blancs, ses silences, ses marges, et l'écriture raconte la possibilité de sa disparition. Parole déplacée comme ces personnes peuplant les camps de réfugiés de l'après-guerre et dont l'identité résidait dans le déplacement de l'identité. Sol de l'exil, exil du sol, parole mutilée qui ne peut que sangloter dans le silence des mémoires inutiles.

Dans cette écriture du déplacement figurent, à des degrés divers, différents livres, thèmes et auteurs divers sans respect d'une inspiration ou d'une généricité particulières. Nous y reconnaissons, pour ce qui concerne Hervé Guibert, ceux de ses textes écrits autour du sida, notamment ses quatre derniers romans[3]. Nous préférons énoncer « autour du sida » plutôt que « sur le sida » dans la mesure où le sida nous apparaît un agent de désordre et de néantisation dont l'essence est telle qu'il ne se manifeste que négativement, insaisissable et proprement innommable : trou noir dans l'expérience et dans la culture. Ces textes de Guibert relèvent de ce que nous appellerons une esthétique du fantôme. Interroger son œuvre littéraire par une problématique de l'image – et introduire cette analyse comme nous l'avons fait plus haut – se pose naturellement dans la mesure où il se consacra aussi beaucoup à la photographie, en tant que praticien et critique, et que les thèmes de l'image, de la photographie et du regard sont très présents dans l'ensemble de ses récits. Quant à l'esthétique du fantôme, la suggestion en vient d'un texte de 1983, « Le roman fantôme », véritable *ars poetica* de l'auteur de *À l'ami qui ne m'a pas sauvé la vie*. Deux aspects majeurs définissent la dimension fantomatique du roman : la présence des prédécesseurs romanciers et le nécessaire inachèvement de l'œuvre. Celle-ci est donc hantée et imparfaite, deux traits qui en garantissent la spectralité et la promettent au « triomphe secret de l'échec »[4], essence de l'écriture romanesque comme en écho au texte précité de Blanchot qui, à propos de l'irrésistible transgression d'Orphée, avance que « renoncer à échouer [serait] beaucoup plus grave que renoncer à réussir »[5]. Sartre lecteur de Baudelaire, Genet et Flaubert développe ce passage obligé

---

3. Ce « cycle » se compose des livres suivants : *À l'ami qui ne m'a pas sauvé la vie*, 1990 ; *Le protocole compassionnel*, 1991 ; *L'homme au chapeau rouge*, 1992 ; *Le paradis*, 1993.

4. Hervé Guibert, *La piqûre d'amour et autres textes*, Paris, Gallimard, 1994, p. 132.

5. Maurice Blanchot, *op. cit.*, p. 229.

par l'échec pour réussir « l'entrée en littérature ». Kafka ou Artaud obéirent à la même loi.

Le premier aspect tient donc à la généalogie qui accompagne l'écriture romanesque : « Se mettre à écrire un roman, c'est se mettre à vivre avec des fantômes, avec les spectres de tous ceux qui ont voulu écrire des romans (c'est prendre son tour dans la chaîne de ce fantasme universel), et en plus de ses personnages le poids de ces modèles est un peu lourd à porter. »[6]

Or dans ses récits du sida, Guibert fait apparaître à plusieurs reprises ce désir d'inscription dans une communauté de disparus, artistes regroupés soit par des écritures ou des thèmes similaires, soit par l'influence de leurs écrits sur le narrateur. Une telle « obscure et infinie galerie des ancêtres » dépasse assurément une simple autoglorification. Dormant la nuit dans la bibliothèque de son ami Yannis, le narrateur de *L'homme au chapeau rouge* raconte : « Les écrivains morts faisaient la ronde autour de moi, une sarabande où ils m'entraînaient gentiment en me tirant par la main, le tourbillon de mes fantômes chéris : Tchekhov, Leskov, Babel, Boulgakov, Dostoïevski, Soseki, Tanizaki, Stifter, Gœthe, Musil, Kafka, Ungar, Walser, Bernhard, Flaubert, Hamsun… »[7]

Un peu plus loin, il détaillera en précisant trois de ses livres préférés qu'il a l'habitude d'offrir en cadeau : « *L'homme sans postérité* d'Adalbert Stifter, *Mes premiers honoraires* d'Isaac Babel, *Le pauvre cœur des hommes* de Natsume Soseki. »[8] Mais le cortège des artistes disparus ne se limite pas à la littérature, l'image réapparaît par le biais des

---

6. Hervé Guibert, *ibid.*, p. 130.

7. Hervé Guibert, *L'homme au chapeau rouge*, Paris, Gallimard, 1992, p. 79-80.

8. *Ibid.*, p. 94.

peintres, une autre nuit : « Cette fois c'étaient les peintres qui faisaient la sarabande autour de moi en m'encerclant avec leurs noms sur les tranches des albums : Manet, Matisse, Picasso, Balthus, Goya, Miró. Balthus, Balthus, Balthus... »[9] La répétition de ce dernier nom s'explique par sa présence dans le roman comme personnage essentiel avec lequel le narrateur entretient un type de relation obsessionnelle coutumier à Guibert, mélange de dévotion et d'irrespect. Les péripéties de leurs rencontres occupent toute une partie du roman et sous l'anecdote – le narrateur est un journaliste culturel aux procédés de paparazzo et de « Tintin-reporter » – s'entend une question angoissée sur la nature de vérité de l'image peinte et sur l'authenticité de l'artiste. Très significativement, la personne vivante de Balthus se dissout fantomatiquement dans l'entourage glorieux de figures tutélaires : « Balthus parle d'Artaud, de Bataille, de Jouve, comme s'ils étaient dans une pièce de la maison de sa vie : c'étaient ses amis. Je fais remarquer à Balthus que pour moi, du fait de son âge et de son œuvre, il s'apparente à ces grands morts déjà éternels. »[10] Au demeurant, Balthus avoue connaître le sentiment et pratiquer l'amalgame « entre les écrivains morts qu'il a connus dans sa vie, et les écrivains vivants, ils sont pour lui sur un même plan »[11].

Mais la grande figure paternelle, célébrée et honnie, pesant de son style et de son rythme sur le narrateur guibertien, est celle de Thomas Bernhard qui sera cité dans *Le protocole compassionnel* et dans *L'homme au chapeau rouge*, mais dont l'ombre envahissante est surtout adorée/abhorée dans tout un chapitre de *À l'ami qui ne m'a pas sauvé la vie*. Cette présence fantomatique est au demeurant annoncée dès les premières pages du livre qui, à la façon d'une ouverture musicale, en présentent les thèmes. Le narrateur y avoue être

---

9. *Ibid.*, p. 82.

10. *Ibid.*, p. 100.

11. *Idem.*

véritablement hanté, habité par Bernhard en un lexique significatif qui pose l'analogie entre la pathologie et l'ethos spectral : « Mon livre, mon compagnon, à l'origine, dans sa préméditation si rigoureux, a déjà commencé à me mener par le bout du nez, bien qu'apparemment je sois le maître absolu dans cette navigation à vue. Un diable s'est glissé dans mes soutes : T.B. Je me suis arrêté de le lire pour stopper l'empoisonnement. »[12] Faut-il souligner l'effet symbolique de la mention des simples initiales de l'auteur autrichien – nous reviendrons sur ce type de dénomination –, T.B., qui renvoient à la désignation de la tuberculose, dans le rapprochement des contaminations virale et littéraire ? Le sida, de même, est reçu en termes d'influence extérieure, de manipulation magique et démoniaque : après l'avoir pourtant présenté comme une rupture de « l'équilibre [du] système immunitaire », le narrateur conclut, en citant les constructions fantasmatiques de la maladie, que « [le] sida, qui a transité par le sang des singes verts, est une maladie de sorciers, d'envoûteurs »[13], parfaite illustration du modèle étiologique exogène, selon la catégorisation de François Laplantine[14].

Le dernier quart du volume accueille le morceau de bravoure de la hantise bernhardienne, véritable exercice de pastiche (la phrase interminable, enjambant les pages, façonnée de reprises et d'effets d'oralité) destiné à confesser et à exorciser à la fois l'influence du maître autrichien. Après avoir, l'espace d'une page, exprimé en insultes diverses, drôles et méchantes, toute la haine qu'il nourrit à l'endroit du « misérable Viennois traître à tout », vient l'aveu de l'admiration et de la jalousie, de l'amour et de la haine

---

12. Hervé Guibert, *À l'ami qui ne m'a pas sauvé la vie*, Paris, Gallimard, 1990, p. 12.

13. *Ibid.*, p. 17.

14. François Laplantine, *Anthropologie de la maladie*, Paris, Payot, 1986, p. 76 et sq.

motivant tous deux la profanation. Une telle ambivalence affective se trouve d'ailleurs souvent exprimée, chez Guibert comme chez d'autres, à l'encontre du sida, maladie mais aussi nouvelle identité.

> La métastase bernhardienne, similairement à la progression du virus HIV qui ravage à l'intérieur de mon sang les lymphocytes [...]. Tout comme j'ai encore l'espoir, tout en m'en fichant complètement au fond, de recevoir en moi le vaccin de Mockney qui me délivrera du virus HIV [...], j'attends avec impatience le vaccin littéraire qui me délivrera du sortilège que je me suis infligé à dessein par l'entremise de Thomas Bernhard, transformant l'observation et l'admiration de son écriture [...] en motif parodique d'écriture, et en menace pathogène, en sida, écrivant par là un livre essentiellement bernhardien par son principe, accomplissant par le truchement d'une fiction imitative une sorte d'essai sur Thomas Bernhard, [...] et moi, pauvre Guibert, je jouais de plus belle, je fourbissais mes armes pour égaler le maître contemporain, moi pauvre Guibert, ex-maître du monde qui avait trouvé plus fort que lui et avec le sida et avec Thomas Bernhard[15].

À noter – et Guibert le remarque – que Bernhard aussi joue dans ses écrits avec des ombres du passé qu'il traite comme au présent: Wittgenstein et son neveu, ou Glenn Gould. Comme dans le cas de Balthus, le redoublement accentue l'évidence du jeu entre perte et fusion identitaires. Cette généalogisation fantasmatique, fantomatique de l'écriture[16] remplit plusieurs fonctions. L'exécution de Bernhard (au sens d'élimination mais aussi d'interprétation puisque

---

15. Hervé Guibert, *À l'ami qui ne m'a pas sauvé la vie*, *op. cit.*, p. 215-217.

16. Guibert, dans *Le protocole compassionnel*, en cite une autre qui entraîne un effet de contraste bien signifiant, d'autant qu'elle est liée à sa généalogie réelle: «Mes parents n'ont jamais cru, jusqu'au dernier livre, que j'étais un écrivain, un bon, parce que j'étais leur fils, et que les bons écrivains étaient Henri Troyat, Hervé Bazin et Vicky Baum.», Paris, Gallimard, 1991, p. 128.

Guibert joue comme/du Bernhard sur son instrument d'écriture) fait signe vers le scénario classique d'un meurtre du père permettant l'identification, récit renouvelé dans et par l'expérience du sida devenant métaphore[17]. Dans le cas de Bernhard comme des autres écrivains, tuer le père déjà mort permet d'opérer sans risques la stratégie d'investissement et de transfert. Le désir d'inscription dans une lignée littéraire semble renvoyer à la crise déclenchée par la conscience de la rupture dans la possibilité d'engendrement, «drame de la filiation», «castration génétique», selon les termes de C. Saint-Jarre qui analyse la souffrance que représente «l'obligation du sujet marqué "VIH" ou "SIDA" de faire le difficile deuil de sa maternité ou de sa paternité virtuelle»[18]. Le travail de l'écriture chez Guibert, conçu comme généalogisation ou hantise, recouvre un travail de dénégation où l'écrivain se donne à la fois une filiation (les figures paternelles) et une descendance (les textes). L'écriture permet donc la restauration symbolique d'une continuité temporelle et ontologique que le sida a interrompue et la réintégration dans un tissu social dont le sujet sidéen, frappé d'interdiction, se sent exclu.

Car si le geste écrivant relève d'une subjectivité individuelle menacée, les conditions d'énonciation lui donnent d'emblée une dimension communautaire. La production littéraire autour du sida, semblable à celle des génocides, même lorsqu'elle s'énonce dans l'intime, voire le lyrique (*Les quartiers d'hiver* de Jean-Noël Pancrazi, *La mélancolie du voyeur* de Conrad Détrez, *Élégies pour quelques-uns* de Renaud Camus), exprime aussi la parole d'une communauté, en dehors de tout militantisme, de toute revendication, mais

---

17. Voir aussi le développement sur le lien entre l'oralité et le contrôle paternel dans Catherine Mavrikakis, «Le sida, puisqu'il faut l'appeler par son nom...», *Tangence*, no 42, 1993, p. 146-147.

18. Chantal Saint-Jarre, *Du sida. L'anticipation imaginaire de la mort et sa mise en discours*, Paris, Denoël, 1994, p. 216-226.

dans une dynamique de solidarité. Le narrateur de *À l'ami* affirme : « On va tous crever de cette maladie, moi, toi, Jules, tous ceux que nous aimons. »[19] Et le récit de soi, comme la mort dont il rend compte, devient le récit de tous. Considérant que le corpus du sida relève largement d'une littérature homosexuelle, on constate là un glissement significatif d'une esthétique très marquée d'individualisme et de narcissisme vers une écriture fonctionnant comme une adresse à l'autre, aux autres[20]. Le narrateur du *Protocole compassionnel* écrit à propos de son livre précédent : « En fait j'ai écrit une lettre qui a été directement téléfaxée dans le cœur de cent mille personnes, c'est extraordinaire. Je suis en train de leur écrire une nouvelle lettre. Je vous écris. »[21] Apostrophe qui constitue la dédicace même de l'ouvrage et marque le lien de l'auteur aux lecteurs, sur lequel le narrateur revient en deux autres endroits[22].

Affirmation communautaire qui est une des fonctions de ce récit, comme nous l'avons développé dans *Sida-fiction*[23] en traçant notamment le parallèle avec la définition d'une littérature mineure au sens de Kafka. La dimension commune, sinon communautaire, de la maladie est notamment réintroduite dans son rapport à la mort que la culture occidentale avait occultée en la personnalisant. À partir du XIXe siècle, en rupture avec les représentations antérieures, la mort de l'autre devient son affaire, ce qui correspond à la montée de l'individualisme social et de l'existentialisme philosophique.

---

19. *Ibid.*, p. 17.

20. Sur l'altérité dans le discours romanesque du cycle de Guibert, voir notre article « Chronos et Thanatos : le récit du sida chez Hervé Guibert », *in* « Le corps souffrant entre médecine et littérature », Revue *Agora*, n° 34-35, printemps 1995.

21. Hervé Guibert, *Le protocole compassionel, op. cit.*, 1991, p. 121.

22. *Ibid.*, p. 171 et p. 178-181.

23. Joseph Lévy et Alexis Nouss, *Sida-fiction. Essai d'anthropologie romanesque*, Lyon, Presses Universitaires de Lyon, 1994.

Les maladies sont elles aussi individuelles, et rapportées littérairement comme telles : la syphilis (Flaubert, Hyusmans), la phtisie (*La Dame aux camélias*), la tuberculose, malgré son mode de transmission (T. Mann et T. Bernhard), et surtout le cancer. Mais le sida exprime le partage de la mort et le récit se fait le dépositaire de l'expérience. Le narrateur de *À l'ami* écrit à propos des pages de son journal consacrées à la maladie de son ami Muzil :

> De quel droit écrivais-je tout cela ? De quel droit faisais-je de telles entailles à l'amitié ? [...] Je ressentis alors, c'était inouï, une sorte de vision, ou de vertige, qui m'en donnait les pleins pouvoirs, qui me déléguait à ces transcriptions ignobles et qui les légitimait en m'annonçant, c'était donc ce qu'on appelle une prémonition, un pressentiment puissant, que j'y étais pleinement habilité car ce n'était pas tant l'agonie de mon ami que j'étais en train de décrire que l'agonie qui m'attendait, et qui serait identique, c'était désormais une certitude qu'en plus de l'amitié nous étions liés par un sort thanatologique commun[24].

La maladie ouvre donc non seulement à la conscience de la mortalité partagée mais autorise le récit de cette mortalité. Et l'écrivain se retrouve à témoigner non seulement pour lui-même mais aussi pour la communauté des sidéens, disparus ou encore vivants. Ceux-là étant des « morts en puissance » – morts en impuissance, pourrait-on dire – par la dynamique du « temps accéléré »[25] propre au sida, c'est une communauté de fantômes que l'écrivain sert dans ses écrits. Constatons aussi un élargissement d'un autre ordre par le détachement de l'identité homosexuelle, quand le narrateur évoque un rapport de type amoureux avec un personnage féminin dans *Le protocole compassionnel* (Claudette Dumouchel) et dans *Le paradis* (Jayne), dessinant ainsi

---

24. *Ibid.*, p. 101-102.

25. Voir notre article sous ce titre dans *Discours social*, vol. 6, n° 3-4, automne 1994.

une communauté agrandie à tous, de même que Robert Antelme nomme *L'espèce humaine* son livre sur l'expérience concentrationnaire.

La revendication généalogique, cependant, n'est pas neutre mais revêt une dimension morale. Guibert ne réclame pas qu'un état-civil, mais aussi un héritage. Le narrateur du *Protocole compassionnel* a « compris et appris la chanson de la bonté » :

> Mais moi je ne pense pas que mes livres sont méchants. Je sens bien qu'ils sont traversés, entre autres choses, par la vérité et le mensonge, la trahison, par ce thème de la méchanceté, mais je ne dirais pas qu'ils sont méchants au fond. Je ne vois pas de bonne œuvre qui soit méchante. Le fameux principe de délicatesse de Sade. J'ai l'impression d'avoir fait une œuvre barbare et délicate[26].

Réflexion sur l'éthique de l'esthétique que reprendra Guibert en la modulant dans son dernier texte, auto-biographique, *Cytomégalovirus* :

> Je ne sais pas si, avec ce journal d'hospitalisation, je fais du bien ou du mal. J'ai l'impression qu'il y a les écrivains qui font du bien, Hamsun, Walser, Handke, et même paradoxalement Bernhard dans la dynamique de son génie d'écriture, et ceux qui font du mal, Sade évidemment, Dostoïevski ? Je préférerais maintenant appartenir à la première catégorie[27].

Comment comprendre ce « maintenant » ? Remarquer d'abord que Guibert évoquant les pages qu'il écrit ne leur attribue pas une visée narcissique : la question n'est pas « si je *me* fais du bien ou du mal ». Outre l'illustration, même dans de telles circonstances extrêmes, du fait connu que le

---

26. *Le protocole compassionnel*, op. cit., p. 112.

27. Hervé Guibert, *Cytomégalovirus*, Paris, Le Seuil, 1992, p. 36.

diariste n'oublie jamais que son activité suppose un lecteur et qu'elle lui est adressée, la désubjectivation est telle que même dans l'écriture dite intime, l'intimité n'existant plus, il y a adresse et appel aux autres. La familiarité fantasmatique avec la mort dont témoignait la fascination morbide avouée dans *À l'ami* s'est transformée par le sida en coexistence ; et puisque l'écriture tisse la relation aux autres selon le principe de communauté évoqué plus haut, l'écrivain préférant « faire le bien » semble exprimer le désir que sa disparition n'efface pas ce lien : « Oui, je peux l'écrire, et c'est sans doute cela ma folie, je tiens à mon livre plus qu'à ma vie [...] . »[28]

Une autre généalogie s'affiche cependant dans *Le paradis*, dernier volume du cycle romanesque autour du sida dont la position de clôture correspondrait à la nature radicale de cette ultime lignée. Deux groupes d'écrivains la composent. Le premier apparaît dans le corpus qu'étudie l'héroïne pour sa thèse sur la folie : « [...] elle avait décidé de limiter son travail à trois écrivains, Nietzsche, Strindberg et Robert Walser, elle les appelait "ses grands fous". »[29] Pour sa part, le narrateur couche deux noms supplémentaires sur cette série, la faisant sienne : « – Tu devrais ajouter Jean-Jacques Rousseau à ta liste, il est encore plus timbré que tes trois gus réunis »[30], et : « Quand vais-je aller me rouler un patin à un cheval stationné devant l'hôtel ? Quand accepterai-je la folie des grands fous, de Nietzsche et d'Artaud avec ses pustules de syphilis sur le front, de Strindberg qui peignait des vagues et des champignons vénéneux ? »[31] Compagnonnage réaffirmé trois pages plus loin alors que le narrateur se sent glisser à la fois dans la paranoïa et la schizophrénie : « On ne peut pas travailler sans arrêt, il faut des interruptions, sinon on

---

28. *À l'ami qui ne m'a pas sauvé la vie*, *op. cit.*, p. 257.

29. Hervé Guibert, *Le paradis*, Paris, Gallimard, 1992, p. 12.

30. *Ibid.*, p. 83.

31. *Ibid.*, p. 116.

devient encore plus fou, se délasser par une lecture qui soit apaisante et justement pas Strindberg, ni Nietzsche, ni Artaud, mes grands fous. »[32] Le second groupe surgit à la fin du volume, pages de variations sur l'équation écriture-folie : Rimbaud et Roussel, deux noms liés à l'Afrique, un des thèmes du livre, mais aussi et surtout l'Afrique comme lieu de la fuite, de l'égarement, de l'amnésie, du vide.

> Rimb. [sic] ne m'a rien appris sur l'Afrique, sinon qu'on y va pour s'abîmer, pour se perdre, pour s'effacer de la carte, pour s'y griller, pour s'y ruiner, pour y être oublié, pour s'y ennuyer d'un ennui mortel. Je regarde des photos de l'Afrique et je vois bien que l'Afrique n'existe pas.

> Roussel ne m'a rien appris sur l'Afrique. Il n'y est même pas allé puisqu'elle n'existe pas. Il a fait demi-tour. Après un long voyage en bateau, apercevant enfin ses côtes à la longue-vue, il aurait donné l'ordre aux mousses de rebrousser chemin. Il valait mieux rêver d'Afrique qu'y mettre les pieds[33].

Et si cette Afrique qui n'existe pas recelait le terrible secret de toute écriture : que la littérature n'existe pas, qu'elle ne tend qu'à sa fin, qu'elle ne s'accomplit qu'en cet anéantissement ? N'est-ce pas ce qu'ont compris Rimbaud et Roussel ? Là tiendrait le risque ultime de l'écriture, qu'à l'affronter, l'écrivain trouve son destin. La folie en serait un nom. Désormais le sida, pris comme procès d'écriture[34], pourrait en être un autre.

Au principe de cette esthétique du fantôme, cet énoncé : Guibert vit sa mort en l'écrivant[35]. Certes, sur les plans psychologique et sociologique, l'écriture du sida exerce

---

32. *Ibid.*, p. 119.

33. *Ibid.*, p. 82.

34. Voir plus bas.

35. Sur les rapports entre mort, temps et écriture chez Guibert, voir notre article « Chronos et Thanatos », *op. cit.* (note 20).

une fonction de résistance au niveau sociologique ou de dénégation sur le plan psychologique, mais, à un niveau plus profond – celui, précisément, où se situe l'écriture –, elle ne se pose pas contre la mort, elle l'épouse, illustrant les analyses de Blanchot sur le travail de la mort à l'intérieur du geste littéraire.

Le fantôme est aussi ce qui se donne dans la (sa) dissimulation. Parce qu'il vient de l'autre côté de la mort, de ce qui n'est pas connu, il ne peut apparaître que dans le simulacre, l'artifice, l'illusoire. Il s'agit bien, au sens propre, d'une *apparition*. Son être tient dans son apparaître[36]. Appréhendé dans les catégories esthétiques de la mort définies par M. Guiomard, il relève de l'insolite qui se situe entre le crépusculaire, qui traduit à la fois refus et acceptation de la mort, et le fantastique, mode de manifestation de l'au-delà[37]. Entre-deux décrit par Guibert : « [...] j'avais l'impression que Jules et moi nous étions égarés entre nos vies et notre mort, et que le point qui nous situait ensemble dans cet intervalle, d'ordinaire et par nécessité assez flou, était devenu atrocement net [...]. »[38]

Guibert situe son récit au futur antérieur, dans la logique du « temps accéléré » que nous avons analysée ailleurs[39]. Si bien que les quatre textes romanesques du cycle

---

36. « Ce qui se passe entre deux, et entre tous les "deux" qu'on voudra, comme entre vie et mort, cela ne peut que *s'entretenir* de quelque fantôme. Il faudrait alors apprendre les esprits. Même et surtout si cela, le spectral, *n'est pas*. Même et surtout si cela, ni substance ni essence ni existence, *n'est jamais présent comme tel.* » (Jacques Derrida, *Les spectres de Marx*, Paris, Galilée, 1993, p. 14.) « [...] l'intangibilité tangible d'un corps propre sans chair, mais toujours de quelqu'*un* comme quelqu'*un d'autre*. » (*ibid.*, p. 27)

37. Michel Guiomard, 1993, *Principes d'une esthétique de la mort*, Paris, Le livre de Poche (coll. « Biblio/Essais »), 1993, p. 141-142 et p. 363.

38. Hervé Guibert, *À l'ami qui ne m'a pas sauvé la vie, op. cit.*, 1990, p. 156.

39. *Cf.* note 25.

du sida chez Guibert témoignent d'une évolution de l'image de soi du narrateur qui aboutit à l'autoreprésentation sous les traits du fantôme. Nous baptisons ce processus une subjectivation entropique, mesurant les phases de dégradation de l'image pleine du soi jusqu'à son évanouissement, parallèlement à la détérioration du corps[40]. Le titre du premier volume est déjà révélateur : qui peut s'adresser *À l'ami qui ne m'a pas sauvé la vie* sinon un destinateur dont, précisément, la vie aurait pu être sauvée et qui parle donc d'un lieu irrémédiablement envahi par l'ombre de la mort ? Le roman s'ouvre sur une intrigue qui présente le narrateur par défaut, investi d'une existence à laquelle il n'aurait pas dû avoir droit puisque se croyant sauvé de « cette maladie mortelle qu'on appelle le sida »[41]. Et le livre va s'écrire « dans cette frange d'incertitude, qui est commune à tous les malades du monde »[42], marqué d'un signe d'irréalité au mieux illustré par la virtualité d'un écran de jeu électronique : le « Pacman », dont les figurines métaphorisent la lutte entre T4, T8 et virus HIV[43].

Que le corps-sida soit un corps fantôme s'exprime selon plusieurs axes thématiques présents au long du cycle des romans de Guibert, que nous indiquerons ici succinctement.

Il est un corps médical. Le sidéen perd la propriété de son corps, il en est détaché. Le sida introduit une distance

---

40. Notons que cet effacement est thématisé dans deux directions différentes mais paradoxalement – ce qui est souvent le cas avec le sida, brouilleur de catégories – conjointes : vieillesse anticipée et retour à l'enfance. Voir Ch. Bourdin : « Comme si je retrouvais en quelque sorte une apparence fondamentale, que je subisse l'une de ces deux extrémités de l'existence, celle, primitive, antérieure à la naissance, du fœtus, ou plutôt celle, terminale, postérieure à la vie, du cadavre. » (*Le fil*, Paris, La Différence, 1994, p. 163)

41. Hervé Guibert, *À l'ami qui ne m'a pas sauvé la vie*, op. cit., 1990, p. 9.

42. *Ibid.*, p. 11.

43. *Ibid.*, p. 14.

entre le sujet et son corps, qu'exprime le double thème récurrent du regard et du miroir : « J'ai senti la mort dans le miroir, dans mon regard dans le miroir bien avant qu'elle y ait vraiment pris position. Est-ce que je jetais déjà cette mort par mon regard dans les yeux des autres ? »[44] Le sujet atteint n'a plus de son corps, autonomisé par la maladie, qu'une connaissance indirecte, extérieure, définie par la séropositivité puis par les diagnostics successifs des maladies opportunistes, ensuite par la batterie des résultats d'analyses, minutieusement rapportées, et l'évolution des marqueurs corporels, dermatologiques, anatomiques et pathologiques. « [...] je suis très attentif aux manifestations de la progression du virus, il me semble connaître la cartographie de ses colonisations [...]. »[45] Et si le narrateur s'emploie constamment à parler de son corps, c'est dans la tentative de se réapproprier un corps à la fois interdit et exposé à tous.

> Bien avant la certitude de ma maladie sanctionnée par les analyses, j'ai senti mon sang tout à coup découvert, mis à nu, [...] démasqué, partout et en tout lieu, et à jamais, à moins d'un miracle sur d'improbables diffusions, mon sang nu à toute heure, dans les transports publics, dans la rue quand je marche, toujours guetté par une flèche qui me vise à chaque instant[46].

Dépossession qui explique l'attitude, rapportée pour son ami Muzil comme pour lui-même, qui consiste à demander à la médecine de prononcer la réalité de la maladie, comme pour certifier une identité devenue trop incertaine. Le verdict n'ouvre pas sur l'éventualité de la guérison mais irrémédiablement sur l'horizon de la mort, traitant déjà le corps en cadavre. Le médecin n'est plus seulement le lecteur de la maladie, il la nomme et devient le héraut qui annonce

---

44. *Ibid.*, p. 15.

45. *Ibid.*, p. 45.

46. *Ibid.*, p. 14.

le futur, la pythie qui scelle le destin. La dénudation est prolongée dans le traitement infligé au corps-sida par le pouvoir médical. Guibert consacre de nombreuses pages aux examens hospitaliers, depuis les radiographies et échographies jusqu'à l'horreur des fibroscopies. Les signes externes de la maladie ne suffisent plus à la médecine pour assurer son savoir/pouvoir, elle veut plonger au plus profond de l'organisme qui devient perméable à ses yeux comme il l'est à l'invasion virale. Le corps-sida, socialement exclu et dissimulé, devient dans l'expérience médicale scruté jusqu'à la transparence dans et par le regard médical, ce que nous avons baptisé, en empruntant le terme à G. Hocquenghem, « folie scopique. »[47] Mais cela revient, d'une certaine manière, à le faire encore une fois disparaître, puisqu'il perd son opacité, son intégrité, et n'existe plus qu'en tant qu'image, que représentation dévitalisée, que fantôme.

Le fantôme a et est le corps de ce qui n'a pas de corps, la présence de ce qui n'est pas présent, la matérialité d'une dématérialisation, l'incarnation de ce qui s'appelle un « esprit ». De celui-là on peut être habité, dit-on aussi, mais cette occupation ne fait que renforcer l'idée d'une enveloppe corporelle détachée de l'essence d'un sujet et qui, éventuellement, en abrite une autre.

Le processus est thématisé de diverses manières. La détérioration de l'organisme, le délabrement des fonctions essentielles, l'atteinte à l'énergie vitale suggèrent l'image souvent employée du « corps ruiné »[48], soumis à l'extériorité de la maladie, « […] une fatigue inhumaine, une fatigue de cheval ou de singe greffée dans le corps d'un homme […]. »[49] Le renvoi à l'espèce animale, déjà utilisée pour situer

---

47. *Sida-fiction, op. cit.*, p. 67.

48. Hervé Guibert, *Le protocole compassionnel, op.cit.*, p. 26.

49. Hervé Guibert, *À l'ami qui ne m'a pas sauvé la vie, op. cit.*, p. 66.

l'origine de la maladie (les singes verts), invite même à une métaphorisation zoologique lors d'une rémission : « Mon corps n'était plus un éléphant ligoté avec des trompes d'acier à la place des membres, ni une baleine échouée et saignée à blanc. »[50] Le corps fantôme se traduira en plusieurs endroits par l'image de la greffe (« [...] un homme de trente-cinq ans dans lequel s'est greffé le corps d'un vieillard. »)[51], ou par celle du double, l'enfant (« J'ai enfin retrouvé mes jambes et mes bras d'enfant. »)[52] ou le vieillard (voir *infra*). Le « squelette vivant »[53] exprime la figure d'un dedans corporel porté au dehors, contact de deux espaces normalement séparés comme ceux de la vie et de la mort dans l'être fantomatique : « Voilà qu'il [son masseur] devait travailler une sorte de squelette sur lequel pendaient quelques rares lambeaux musculeux, des replis de peau comme éviscérés [...]. »[54] De même nature, dans *L'homme au chapeau rouge*, l'opération chirurgicale à la gorge filmée en vidéo puis visionnée[55], suivie d'un épisode nocturne sanguinolent : « [...] la chienne noire a rouvert ma cicatrice et bouffe mes lymphes. »[56] Se rattache à ce thème le réseau du décharnement, autre état intermédiaire, dont G. Ernst dit : « Le décharné n'est pas encore le squelette et n'est plus un vivant ; c'est quelqu'un ou quelque chose sur le seuil, un entre-deux indéfinissable [...]. »[57]

---

50. Hervé Guibert, *Le protocole compassionnel, op. cit.*, p. 54.

51. *Le protocole*, quatrième de couverture, signé Guibert.

52. Hervé Guibert. *À l'ami qui ne m'a pas sauvé la vie, op. cit.*, p. 267.

53. Hervé Guibert. *Le protocole compassionnel, op. cit.*, p. 26.

54. *Ibid.*, p. 13-14.

55. *L'homme au chapeau rouge, op. cit.*, p. 39-42.

56. *Ibid.*, p. 80.

57. Gilles Ernst, « Hervé Guibert et le corps en mort », *Frontières*, vol. 6, no 3, p. 42.

Le corps concentrationnaire, frappé lui aussi de détérioration anatomique et fonctionnelle, relaie le corps ruiné, animal ou squelettique pour illustrer le corps-sida, d'autant que l'univers infernal de l'hôpital, ses procédures oppressives et manipulatrices concourent à l'analogie avec le monde des camps. « Le souci n'est plus tant de conserver un regard humain que d'acquérir un regard trop humain, comme celui des prisonniers de *Nuit et brouillard*, le documentaire sur les camps de concentration. »[58] L'identification n'en reste pas au niveau physique mais se double de la conscience d'une identité de destin :

> Ce corps décharné que le masseur malaxait brutalement [...], je le retrouvais chaque matin en panoramique auschwitzien dans le grand miroir de la salle de bains [...]. Je ne peux pas dire non plus que j'avais de la pitié pour ce type, ça dépend des jours, parfois j'ai l'impression qu'il va s'en sortir puisque des gens sont bien revenus d'Auschwitz, d'autres fois il est clair qu'il est condamné, en route vers la tombe, inéluctablement[59].

« Bébé-Auschwitz », ainsi le narrateur du *Protocole compassionnel* est-il nommé par son ami Jules[60], en un effet de redoublement du signifiant : le corps du déporté, figure de l'entre-deux vie/mort et de l'exclusion sociale, du décentrement, et le corps du bébé qui indique à la fois la faiblesse physique et, n'existant que par le devenir qu'il implique, un état de transition.

Nous avons pu montrer ailleurs[61] qu'à la différence des représentations suscitées par les anciens fléaux, peste et choléra, ou par la syphilis, le corpus romanesque du sida

---

58. Hervé Guibert, *À l'ami qui ne m'a pas sauvé la vie, op. cit.,* p. 14.

59. Hervé Guibert, *Le protocole compassionnel, op. cit.,* p. 14-15.

60. *Ibid.,* p. 110.

61. *Sida-fiction, op. cit.,* p. 88 et sq.

n'offre qu'une faible élaboration symbolique de la mort. L'accent est mis non sur le terme de la maladie mais sur le processus y menant, le mourir et non la mort, puisque celle-ci est intégrée dans l'expérience du vivant : « Ce qui est écrit, ça n'est pas ta mort, c'est la proximité de ta mort, son poids sur toi chaque jour multiplié »[62], souligne l'amante du narrateur des *Nuits fauves* de C. Collard. Présence constante qui diminue sa force de figuration, d'autant que d'une manière générale la modernité procède à un aplatissement de l'imaginaire de la mort. En revanche – et peut-être par compensation, par nécessité de symbolisation –, elle marque terriblement sa présence par son incarnation, pour ainsi dire, dans le corps du sidéen. Sa particularité est de représenter non pas le corps mort mais le corps de la mort : dans le brouillage ontologique propre au sida, la mort se met à vivre dans le corps du sidéen. Et cela est rendu possible par la dynamique, déjà mentionnée, du « temps accéléré ».

La mort, dans la perception commune, est une image puisque tout sujet ne peut en avoir qu'une connaissance extérieure. Le sida, nous le voyons, modifie une telle distanciation. Le corps de la mort, cependant, est aussi chez Guibert une image, doublement fantomatique donc, transmise par l'iconographie parcourant le cycle romanesque[63]. Le narrateur de *À l'ami* fait dater sa fascination pour la mort d'un film d'horreur vu à douze ans, *L'enterré vivant*[64]. Dès le début du volume, il évoque un texte sur lequel il travaille, intitulé « La peinture des morts »[65]. Désirant peindre, son vœu est, après les visages vivants, de s'attaquer « peut-être bientôt au mien agonisant, à ceux, modelés dans la cire, d'ex-voto d'enfants que j'avais rapportés de mon voyage à

---

62. Cyril Collard, *Les nuits fauves*, Paris, Flammarion, 1989, p. 60.

63. Ce qui rejoint l'intérêt prémentionné de Guibert pour l'image.

64. *À l'ami qui ne m'a pas sauvé la vie, op. cit.*, p. 149.

65. *Ibid.*, p. 27.

Lisbonne »[66]. Or ce désir naît de l'admiration pour un tableau de Mancini, *Après le duel*, représentant le chagrin d'un jeune personnage et les restes sanglants de l'affrontement[67]. Fondamental enfin le passage consacré à *La Mort sur un cheval pâle* de Turner, d'une part pour le processus d'identification à l'image et à la mort et, d'autre part, pour la trame tissée entre les diverses représentations du corps-sida dont traitent ces lignes : « [...] j'étais moi-même ce corps renversé sur sa monture, avec ses lambeaux de chair qui s'accrochent à l'os et qu'on aurait envie de ruginer une bonne fois pour toutes pour le nettoyer, ce cadavre vivant ployé sur cette furie qui fonce dans la nuit, au pelage si chaud et odorant, brinquebalé par sa cavalcade, un squelette ligoté à la trombe du cheval [...]. Le spectre, sur sa nudité de squelette, porte un diadème. »[68]

Identifiant la représentation picturale et son identité fantomatique, le narrateur du *Paradis* écrit : « Il ne faut pas que je vive dans un musée de peinture, sinon ce serait mon mausolée. »[69] Il avouait déjà dans *À l'ami*, mêlant fonctions mémorielle et mortuaire, son penchant à « accumuler autour de moi des objets nouveaux et des dessins comme le pharaon qui prépare l'aménagement de son tombeau »[70]. L'iconographie est aussi celle du narrateur qui, par une mise en abîme parallèle à ses nombreuses réflexions sur son geste d'écrivain, multiplie dans le corpus les mises en scène narratives des images de soi : projets photographiques ou théâtraux, utilisation du médium vidéo pour les séances chez le masseur ou pour une opération chirurgicale, portraits par ses amis peintres. Mentionnons encore la passion pour

---

66. *Ibid.*, p. 74.

67. *Ibid.*, p. 72-73.

68. Hervé Guibert, *Le protocole compassionnel*, *op. cit.*, p. 155.

69. *Le paradis*, *op. cit.*, p. 119.

70. *À l'ami qui ne m'a pas sauvé la vie*, *op. cit.*, p. 213.

l'acquisition et la possession de tableaux, thème central de *L'homme au chapeau rouge*, dont le narrateur témoigne pour lui et pour le romancier Bruce Chatwin dans « les mois et les semaines qui ont précédé sa mort par le virus »[71].

Le corps de la mort, corps fantôme par définition, se donne à voir et à lire sous deux modes que nous désignons comme le corps du vieillard et le corps du cadavre[72]. Le premier naît de l'expérience d'une accélération chronologique où le narrateur, dont l'identité est donnée comme jeune, se voit et se vit comme un vieillard, aux niveaux physiologique et psychologique, dans ses rapports au temps, à l'espace et aux autres :

> Le sida m'a fait accomplir un voyage dans le temps, comme dans les contes que je lisais quand j'étais enfant. Par l'état de mon corps, décharné et affaibli comme celui d'un vieillard, je me suis projeté, sans que le monde bouge si vite autour de moi, en l'an 2050. En 1991 j'ai quatre-vingt-quinze ans, alors que je suis né en 1955. [...] Et j'ai dépassé mes parents, ils sont devenus mes enfants. Je suis à la fois malheureux et heureux de connaître à l'intérieur de mon corps la condition du vieillard. Heureux de marcher comme un vieillard, de sortir d'un taxi comme un vieillard [...][73].

Le corps du cadavre, prolongeant le « zoom avant brutal à travers le temps »[74], apparaît de la certitude thanatologique propre au sida qui fait que le texte sidéen est écrit non dans l'attente (porteuse d'espoir car porteuse d'inconnu) mais dans l'anticipation d'une mort inéluctable, ce qui atténue

---

71. *L'homme au chapeau rouge, op. cit.*, p. 32.

72. Nous n'en traitons ici que rapidement, renvoyant aux développements de nos articles cités aux notes 20 et 25. À noter que cette thématique se retrouve, entre autres, chez Christophe Bourdin, *Le fil, op. cit.*

73. Hervé Guibert, *Le protocole compassionnel, op. cit.*, p. 111-112.

74. *Ibid.*, p. 112.

l'angoisse chez le sujet et lui procure le plaisir d'une connaissance de soi accrue, notamment traduite sur le plan esthétique : «[...] c'était une maladie à paliers, un très long escalier qui menait assurément à la mort mais dont chaque marche représentait un apprentissage sans pareil, c'était une maladie qui donnait le temps de mourir, et qui donnait à la mort le temps de vivre, le temps de découvrir le temps et de découvrir enfin la vie [...].»[75]

> Je me suis vu à cet instant par hasard dans une glace, et je me suis trouvé extraordinairement beau, alors que je n'y voyais plus qu'un cadavre depuis des mois. Je venais de découvrir quelque chose : il aurait fallu que je m'habitue à ce visage décharné que le miroir chaque fois me renvoie comme ne m'appartenant plus mais déjà à mon cadavre, et il aurait fallu, comble ou interruption du narcissisme, que je réussisse à l'aimer.[76]

«Cadavre (vivant)» et «tête de mort» sont les deux signifiants qui, à maintes reprises et de diverses manières, vont illustrer le corps du cadavre tout au long des romans. On peut cependant constater à partir du deuxième volume du cycle une progression marquée dans le processus de fantomisation. Certes, ainsi que nous l'avons déjà mentionné, un principe d'irréalité colore *À l'ami* et la présence de la mort se traduit dans tous les exemples cités. Les trois romans suivants offrent cependant chacun une thématisation explicite du phénomène dans le sens d'un détachement graduel du sujet narrateur de la sphère du vivant.

Dans *Le protocole compassionnel*, cet éloignement est provoqué par une substitution. Bénéficiant d'un médicament illégalement obtenu par son ami après le décès d'un danseur atteint, le narrateur confesse un fantasme d'identification de

---

75. Hervé Guibert, *À l'ami qui ne m'a pas sauvé la vie*, op. cit., p. 181.

76. *Ibid.*, p. 242.

type magique, où sa vie est doublement artificielle, soutenue par des médications et par l'opportunité de la mort d'un autre, simulacre souligné par la précision pharmaceutique :

> Ainsi je tirais mes forces d'une substance qui était destinée à un mort [...]. J'avais le même goût que lui dans la bouche, je reproduisais ses grimaces, et je finissais ses munitions. C'était parce qu'il était mort que je pouvais bénéficier de ce produit avec une semaine d'avance, un temps qui était devenu crucial par rapport à l'état où j'étais tombé – un laps de temps où le suicide devenait à chaque seconde plus évident, plus nécessaire. C'était sa mort qui me sauverait la vie[77].

> C'est le DDI du danseur mort, avec le Prozac, qui écrit mon livre, à ma place. Ce sont ces 335 milligrammes de poudre blanche fabriquée à Ickenham, Middlesex, en Angleterre, et cette gélule quotidienne de 20 milligrammes de Fluoxétine Chlorhydrate qui me redonnent la force de vivre, d'espérer ; de bander, de bander pour la vie, et d'écrire[78].

« Cadavre aux yeux ouverts »[79], « tête de mort effarée »[80] ou « squelette avec son chapeau rouge »[81], le narrateur de *L'homme au chapeau rouge* ne prétend plus à une vie qui accueillerait de nouveau espoir et créativité. Il vit en sursis, en suspens, « entre le faux et le vrai »[82], posant l'analogie entre son existence provisoire et la falsification picturale qui est un des thèmes majeurs de ce roman centré sur la question de l'authenticité artistique et situé dans le milieu de la peinture. D'un garçon qui le sert au restaurant La Coupole et pour qui il éprouve un désir peut-être partagé,

---

77. *Le protocole compassionnel, op. cit.*, p. 19.

78. *Ibid.*, p. 84.

79. Hervé Guibert, *L'homme au chapeau rouge, op. cit.*, p. 108.

80. *Ibid.*, p. 107.

81. *Ibid.*, p. 120.

82. *Ibid.*, p. 43.

il écrit : « Mais nous étions chacun pour l'autre déjà dans l'autre monde : séparés par une glace invisible qui est le passage de la vie à la mort, et qui sait de la mort à la vie. »[83] Césure qui explique sans doute la présence obsédante de la représentation picturale dans le livre et le déplacement des corps dans d'improbables voyages entre France, Grèce et Russie.

Ironie et vérité du dernier titre du cycle, *Le Paradis*, qui renvoie clairement à « l'au-delà du Seuil », selon l'expression de Guiomard, où le dérèglement de la structuration chronologique atteint son terme et où le sujet parvient en fin de parcours à cet état d'atemporalité de la mort, symbolisée par la figure de l'enfant, positivant ce que la mort comporte de négativité, et par une identité fantomatique revendiquée :

> La femme que j'aimais était un fantôme ? Allons donc ! C'est moi qui ai maintenant l'impression, à cause de ces idioties de flic, de n'avoir été qu'un fantôme aux côtés de Jayne, d'avoir été déjà mort au moment où elle m'a rencontré, et je crois aimé. Avec ma maladie j'aurais justement dû être mort peu de temps avant d'avoir fait sa connaissance[84].

Livre hanté par les identités multiples, placé sous le parrainage des écrivains maudits et fous (Nietzsche, Strindberg, Rimbaud, Roussel), tout le roman, à commencer par son titre, peut être lu sous le signe de l'*après* avec comme mode de conscience le signalant l'amnésie, glissement hors du temps et de la vie :

> Déjà une semaine que je suis rentré d'Afrique, et déjà toute une éternité. C'est peut-être cela que je suis allé chercher en Afrique : l'éternité. La couture indivisible entre la vie et la mort, la traversée de la durée, de la sensation du temps,

---

83. *Ibid.*, p. 40-41.

84. Hervé Guibert, *Le paradis, op. cit.*, p. 77.

comme on traversait le fleuve en pirogue pour aller écouter, dans le marigot, l'enfant sourd jouer de la guitare[85].

Je suis perdu. Je ne retrouve plus mon chemin. Je suis perdu. Je suis un enfant. Perdu dans la grande Afrique, sur une pirogue qui dérive[86].

Dernier avatar du corps-sida, le corps fantomatique rencontre une symbolisation qui n'a pas surgi de l'élaboration romanesque mais qu'on relève dans le discours adopté par les sidéens, notamment américains, à savoir leur autodésignation comme «*angels*». Certes, ce signifiant exprime avant tout dans l'intention des énonciateurs l'innocence de leur statut, face aux discours moralisateurs faisant du sida un mal dont les victimes sont responsables par leur orientation et leurs activités sexuelles, mais nous ne pouvons nous empêcher de constater que le corps angélique, présent et absent à la fois, simultanément ici-bas et dans l'au-delà (rappelons-nous *Les ailes du désir* de W. Wenders), partage nombre de traits, par sa nature et sa manifestation, avec le corps fantomatique, avec le corps-sida.

Le second aspect de l'esthétique du fantôme prémentionnée renvoie à l'inaccomplissement du geste romanesque, spectral en cela que le discours mythologique explique le destin du revenant par une tâche incomplétée ou une mission à terminer : «Un roman fidèle à l'idée de roman – car le sujet du roman, qui mine l'histoire apparente, est toujours celle du sujet qui est en train d'écrire le roman et qui court après son but – est un roman inachevé [...]. »[87] De Proust à Kafka, la littérature moderne illustre ce nécessaire inaccomplissement, traduction formelle de l'esthétique de l'échec dont nous traitions au début. La rapportant au domaine pictural, le narrateur de *Le protocole compassionnel*

---

85. *Ibid.*, p. 79.

86. *Ibid.*, p. 81.

87. Hervé Guibert, *La piqûre d'amour et autres textes, op. cit.*, p. 132.

confie : « Les études sont souvent plus belles que les tableaux achevés, chiadés »[88], ce à quoi, dans un bel effet métatextuel, fait écho un personnage de *L'homme au chapeau rouge* : « "Ces études sont souvent plus belles, n'est-ce pas que les tableaux finis ?" J'avais l'impression de réentendre une réflexion écrite dans mon dernier livre. »[89] Idée enfin reprise en revenant au processus d'écriture dans les toute dernières phrases du livre : « Réécrirai-je une autre fois, d'une autre manière, dans un autre livre, ce voyage en Afrique qui a été épique ? Je ne sais pas. De nouveau je pourrais appeler ce livre, comme tous les autres livres que j'ai déjà faits, *L'inachèvement*. »[90]

De cette réflexion sur la nature de son écriture, un passage du roman de Guibert offre une pertinente illustration. Il relate à la fois un épisode, les séances de pose du narrateur chez son ami peintre Yannis, et la tentative de récit de cet épisode. « Il y a des événements qui résistent à leur tentative de restitution par l'écriture. »[91] Après mention de trois essais inaboutis, la scène du portrait est cependant rapportée, baignée de souffrance et de tension érotique, pour se conclure par ces lignes : « Mais la même chose aurait pu être racontée tout à fait autrement, elle aurait pu prendre dix pages tout autant que quelques lignes lumineuses qui auraient tout raconté mais que je n'ai pas trouvées. C'est le hasard et le désespoir de l'écriture qui ont figé ainsi cet épisode, jusqu'à ce que je le déchire et le recommence, à jamais, toujours le même, jusqu'à la folie, jusqu'au silence. »[92]

Témoignage qui recoupe une observation du narrateur quant à un certain type d'écrivains dans lequel il se reconnaît :

---

88. *Le protocole compassionnel, op. cit.,* p. 109.

89. *L'homme au chapeau rouge, op. cit.,* p. 128.

90. *Ibid.,* p. 153.

91. *Ibid.,* p. 108.

92. *Ibid.,* p. 110.

« Écrivent-ils ou réécrivent-ils le même passage qui ne leur semble jamais parfait, et qu'ils dégradent chaque fois un peu plus, alors que la première version spontanée était tout à fait prometteuse ? »[93]

Le paradis, qui clôt le cycle du sida, se termine par des énoncés qui sont autant de variations sur les thèmes de l'inachèvement, de la confusion et de la perte. Aspects de l'enjeu fondamental de l'écriture, dimensions de son risque, dont l'expérience du sida devient métaphorique.

L'écriture du sida est une écriture à risques, comme on le dit de certaines populations exposées à la pandémie. Deux dangers se dégagent à nos yeux. Le premier serait pour cette écriture de perdre son urgence, de basculer dans une textualité discursivement sécuritaire, sans risques précisément : une littérature du témoignage, du pathétique, ou du narcissisme. Une rhétorique de l'(auto-)apitoiement ou de la dénonciation, voire de l'accusation. Un dit aisément interprétable, récupérable. Réduit au particularisme d'une expérience et d'une culture spécifiques. De même qu'une certaine idéologie cherche à catégoriser les victimes (homosexuels, transfusés, hétérosexuels, femmes, enfants, etc.) pour distinguer plus facilement les « victimes innocentes » (hémophiles contaminés, par exemple) de celles qui ne le sont pas, coupables donc, et veut oublier que cette maladie nous apprend que la mort – devenue affaire individuelle dans le confort d'un XXe siècle qui a pourtant su inventer les hécatombes guerrières et l'extermination en masse, – nous concerne tous et nous enseigne une « éthique de la responsabilité » (H. Jonas), de même la tentation serait grande – comme pour la littérature de la Shoah – de faire du corpus sur le sida un simple corpus, une catégorie bibliographique ou encore un genre littéraire (la typologie ne connaît pas de scrupules) qui effacerait ce en quoi consiste

---

93. *Ibid.*, p. 60.

la seule fonction de la littérature aujourd'hui : restaurer la dignité de la parole pour retrouver la dignité de l'homme. Proprement moderne en cela, écrire le sida est en même temps interroger et prouver la possibilité d'écrire[94]. Puisque des années de critique ont maintenant légitimement ruiné la croyance d'un fondement ontologique, d'une rationalité au principe de l'agir humain, en l'absence de ce centre que l'histoire elle-même a tragiquement effacé, c'est aux limites que la pensée peut s'exercer.

Le second danger porte non sur la fonction mais sur la nature de cette écriture. L'écriture du sida peut prendre deux sens. Elle peut désigner une production littéraire réunissant un certain nombre d'auteurs ayant choisi de faire le récit de la ou de leur maladie, optant pour diverses stratégies textuelles dans la transparence ou la dissimulation (réalisme clinique, froideur de la chronique, lyrisme d'une subjectivité menacée, travestissement de la fiction romancée, ces modes d'écriture pouvant coexister). Mais elle peut s'entendre à un autre niveau d'analyse : le sida n'existe pas en tant que tel et nécessite une écriture pour s'objectiver. Le signifiant « sida » n'est formé que d'initiales, et l'ensemble du vocabulaire relatif à la pandémie, sur le versant pathologique ou sur le versant thérapeutique, semble sacrifier à une obsession de la lettre (HIV, LAV, HTLV, AZT, DDI, HP25…), alphabétisation qui fonctionne comme une élémentarisation ou une minoration du phénomène, à la fois peur du mal et tentative de le maîtriser. Cette désignation « faible » (comme des signifiants sans signifiés), signalant minimalement les termes constituants, participe d'une occultation langagière analogue à celle qui survient dans le champ social. « Cette contagion de l'abréviation que subit le langage se manifeste dans une stratégie du secret. Le sigle cache l'innommable, le

---

94. Un autre aspect de cette modernité tiendrait dans le thème de « la mort de l'auteur » cher à la critique post-structuraliste qui se verrait là illustré dans la personne de l'écrivain côtoyant sa mort de son vivant. L'auteur ne serait pas exactement mort, il serait, plus adéquatement, un auteur fantôme.

nom de la mort [...]. Tout [chez Guibert] pour dire le sida sous un autre nom, pour effacer son sens premier, c'est à cette exigence que le récit répond. »[95] Mais une tel déplacement sémiotique, s'atténuant ou disparaissant d'ailleurs dans les volumes suivant le premier, traduit aussi selon nous le processus de désubjectivation, de fantômisation dont nous traitons. L'individu perd son nom en même temps que son image et compense cette entropie par le recours à des désignations affichant une garantie d'objectivité. Le sida se prouve donc d'une écriture numérique (résultats des analyses de sang, taux des T4, taux d'antigénémie) et d'une écriture corporelle (lésions, infections dermiques, squelettisation, atteintes des fonctions organiques) qui réinstaurent le sidéen dans une identité formelle, documentée, archivale. C'est bien le risque de disparition qu'un tel jeu d'écritures cherche à nier ou compenser.

Mais les deux écritures, celle de l'écrivain et celle de la maladie, tendent à se confondre et le risque se pose à nouveau. Car pour l'existence du sidéen dont le déstructuration par la maladie se marque avant tout sur le plan chronologique, l'écriture va remplir une fonction à la fois d'autovalorisation et d'ordonnance temporelle. L'écriture, consciente du risque d'extinction auquel elle est exposée, donne vie à une vie rythmée, chronologisée par une fin à tout instant présente et non future, un parcours et non un terme, le mourir et non la mort. Le récit du sida s'affirme comme une chronique et en tant que tel ne sacrifie pas à une tension téléologique. L'immanence de la fin signifie aussi son intégration dans le vécu, dans le tissu temporel, marquage que nous avons désigné du terme de *thanatométrie*[96].

Une phrase du « Journal d'hospitalisation » pourrait faire croire à une attitude désinvolte – « Écrire est aussi une

---

95. Catherine Mavrikakis, « Le sida, puisqu'il faut l'appeler par son nom... », *op. cit.*, p. 146-147.

96. *Cf.* notre article indiqué à la note 25.

façon de rythmer le temps et de le passer »[97] –, mais la minoration de la fonction d'écriture est davantage à lire comme une dénégation, à preuve en est de cette entrée dont la seule utilité est dans le geste écrivant : « Rien écrit ce soir. Trop choqué. J'essaierai demain. »[98] Le rôle réel de l'écriture est de recueillir l'ultime manifestation de l'identité du sujet sidéen dont toutes les autres fonctions se voient réduites à néant, niées par le corps désormais invalide et par la société l'enfermant dans son statut de malade condamné et isolé (comme le sont, d'ailleurs, les prisonniers passibles de la peine capitale). S'il n'existe plus en tant que sujet, du moins peut-il encore s'affirmer comme écrivain. Tragique ironie du destin réduisant Kafka à ne plus pouvoir s'exprimer, dans ses derniers jours au sanatorium de Kierling, que par écrit.

« Oui, je peux l'écrire, et c'est sans doute cela ma folie, je tiens à mon livre plus qu'à ma vie ; je ne renoncerais pas à mon livre pour conserver ma vie […]. »[99] R. de Ceccatty va jusqu'à dire à propos de son ami écrivain mourant du sida : « Son métier tout entier, j'allais, d'ailleurs, le découvrir, était, en quelque sorte, une métaphore de sa maladie. »[100] Et l'épisode tragi-comique du *Protocole compassionnel* – dans lequel le narrateur se retrouve enfermé dans sa cave pendant plusieurs heures et craint, lui le sidéen, d'y périr de faim ou de froid[101] – devient emblématique du destin de l'écrivain qui trouve dans la fatalité de sa nature sa rédemption. Car dans un dernier retournement, l'acceptation de cet

---

97. Hervé Guibert, *Cytomégalovirus. op. cit.*, p. 15.

98. *Ibid.*, p. 59.

99. Hervé Guibert. *À l'ami qui ne m'a pas sauvé la vie, op. cit.*, p. 257.

100. René de Ceccatty, *L'accompagnement*, Paris, Gallimard, 1994, p. 16.

101. « Je visionnai nettement ma mort dans cette cave, comme une vignette saugrenue incrustée par le destin à l'intérieur de cette autre vignette plus large du malheur, mais peut-être plus assurée que celle de la cave dont on allait me délivrer, qui était celle du sida, devenu le film courant de ma vie. » (*Le protocole compassionnel, op. cit.*, p. 72)

engloutissement dans l'écriture, de cette disparition dans le texte, l'écrivain se faisant happer par ses livres comme Guibert se disant contaminé ou dévoré par Thomas Bernhard, peut se révéler positif. Qui (se) perd gagne. Le gain du risque, Nietzsche, qui s'y connaissait aux jeux de va tout et savait ce que peut rapporter de miser sur la maladie, l'avait annoncé : «–A : Tu t'éloignes de plus en plus des vivants : bientôt ils t'auront rayé de leurs listes ! – B : C'est le seul moyen de partager le privilège des morts. – A : «Quel est ce privilège ? – B : Ne plus mourir.»[102]

---

102. Friedrich Nietzsche, *Le gai savoir*, Paris, Gallimard (coll. «Folio/ Essais»), 1985, p. 184.

Petite mort et mort ritualisée

Michel Maffesoli

Il y a encore quelques années, rares étaient ceux, parmi les intellectuels, qui pensaient (osaient?) s'occuper de sujets mettant en jeu la passion sociale et ses diverses conséquences. Seuls quelques précurseurs, comme Edgar Morin et Louis-Vincent Thomas, s'y risquèrent. Ce dernier en particulier sut, avec l'ampleur que l'on sait, montrer que la mort n'était pas un phénomène simplement individuel, mais bien quelque chose s'inscrivant dans la scène sociale, et plus généralement dans le vaste *theatrum mundi*.

Ce n'est d'ailleurs pas pour rien qu'à côté de ses travaux sur la mort, il était également un spécialiste reconnu de la science-fiction et du cinéma. Toutes choses que l'on peut considérer comme appartenant à ce que j'appellerais «l'érotique humaine», une autre manière de dire la passion.

C'est en ayant cela à l'esprit, et en reprenant une vieille constante anthropologique, que l'on peut, à juste titre, lier Éros et Thanatos, ou encore l'amour et la violence comme petite mort, ou mort ritualisée.

L'excès, on le sait mieux depuis Sade et Bataille, en passant par Freud et Jung, est une structure essentielle de l'humaine nature. Il n'est donc pas inutile, sous forme de piste de recherche, d'en dresser une sorte de cartographie. Elle ne sera pas superflue pour comprendre la socialité s'esquissant de nos jours. L.-V. Thomas a apporté son inestimable contribution à une telle thématique. Et l'on peut donc, à sa suite, faire ressortir l'importance du rituel sous ses diverses modulations pour négocier le risque, la violence et la part d'ombre signalant le possible de la mort.

Éros furieux

On ne saurait masquer que l'érotisme s'inscrit sur un fond de violence. Même s'il la ritualise et l'apprivoise sans cesse, celle-ci reste une constante indépassable qu'il vaut mieux envisager avec réalisme et en tant que telle. Dans cette période aseptisée et peureuse qui caractérise la fin du XXe siècle, il est de bon ton, d'une manière angélique, de dénoncer la croissance et l'accentuation de la violence, ou encore, comme force « belles âmes », de souligner ce que celle-ci a de relents barbares. Il vaudrait mieux apprécier son caractère humain et analyser comment elle a pu être très souvent ritualisée.

Il est par exemple intéressant de relever que dans le mythe dionysiaque, ce sont les femmes, dont il est de tradition de souligner la douceur, qui inaugurent la violence rituelle[1]. Les bacchanales qu'elles suscitent, aux dires d'Euripide, ne manquent pas de nous laisser rêveurs par leur cruauté et leur débridement, même lorsqu'on sait que leur paroxysme – le meurtre du roi Penthée par sa propre mère – va permettre une nouvelle vie pour la cité de Thèbes. La violence féminine, on le verra, est maintes fois affirmée dans les histoires ou les mythes que nous connaissons. Mais toujours, cette violence extériorisée, même lorsqu'elle est sanguinaire, reste maîtrisée, canalisée et doit être renvoyée en fin de compte à l'harmonie sociétale. Lorsque Platon, dans les *Lois*[2], parle des repas de femmes et des « relâchements des mœurs » qu'ils suscitent, ce n'est pas pour en montrer

---

1. Michel Maffesoli, *L'ombre de Dionysos Contribution à une sociologie de l'orgie*, « Livre de poche », 1991 (1re édition, 1982).

2. Platon, *Lois* (I 637, C ou VI 781, a).

l'aspect vicieux, mais plutôt pour en souligner la légitimité. Car que ce soit à Tarente, à Sparte, chez les Scythes ou les Thraces, les débordements festifs que ces banquets de femmes occasionnent s'inscrivent dans l'éthos de la communauté et ont certainement leur fonction et leur raison d'être. « Étranger, ne t'étonne pas, voilà quel est l'usage chez nous ; mais chez nous, à propos de ce même objet, sans doute, y en a-t-il un autre. » Voilà bien la reconnaissance, *de facto*, anthropologique pourrait-on dire, de l'effervescence féminine dans la structuration de la cité.

En Grèce antique, les historiens font souvent état de ces groupements de femmes furieuses. Lenaï à Athènes, Dunaïmaï qui hantent les sommets du Taygète, ménades à Thèbes, Thyades à Delphes, etc., on pourrait à loisir multiplier les exemples jusqu'aux survivances actuelles qui existent en Grèce du Nord. Dans l'optique que l'on a indiquée plus haut, gardiennes de « l'âme » de la communauté, les violences sacrificielles tendaient à restaurer celle-ci. Ces groupements avaient un caractère religieux et s'entouraient toujours du plus grand secret. Il n'était pas conseillé pour les hommes de se trouver sur le chemin de ces femmes rituellement en furie ; et le mythe nous raconte que toutes les avanies qui arrivèrent au brave Tirésias le furent par le fait même de femmes divines ou mortelles auxquelles il tenait trop à apporter ses lumières. Une des leçons du mythe nous le montre châtré pour avoir voulu participer à une cérémonie religieuse féminine. Cette figure du devin trop clairvoyant ou trop curieux est en quelque sorte celle du saint martyr, premier en date parmi toutes les victimes de la violence féminine. Victime symbolique, car châtrer ou rendre aveugle c'est prendre sa revanche contre l'esprit éclairé et puissant qui a oublié que d'autres valeurs que les rationnelles sont à l'œuvre dans la nature et dans la société.

Dans une autre ère culturelle, celle du Nord-Ouest de la Mélanésie, Malinowski décrit cet assaut orgiaque exécuté par les femmes, la « Yausa ». Il décrit d'une manière imagée et précise le viol des hommes qui, d'une manière imprudente, à certaines périodes de l'année, passent à portée des femmes exécutant le sarclage. « L'homme devient alors le jouet des femmes qui se livrent sur lui à des violences sexuelles, à des cruautés obscènes, le souillent d'immondices. » Après avoir provoqué par des pratiques masturbatoires l'érection du pénis, « l'une d'elles s'accroupit et introduit le pénis dans son vagin. Après la première éjaculation la victime peut être traitée de la même façon par une autre femme ». Nez, bouche, orteils, doigts, tout est utilisé pour des pratiques lascives de groupe qui s'exercent dans la violence la plus exacerbée[3]. Il est à noter que ces violences sexuelles reviennent rituellement lorsque les femmes sont soumises à un travail pénible, fastidieux et monotone. Là encore, le débridement orgiaque vient contrebalancer une imposition particulière et ainsi restaurer un équilibre global. Quoi qu'il en soit, ce qui est remarquable, c'est la constance du caractère cruel de ces manifestations. Les bacchanales grecques ou la « Yausa » mélanésienne, dans l'ivresse sexuelle qui leur est propre, y ont recours.

Dans la turbulence des passions, il est difficile de faire la part entre l'amour et la haine ; il s'agit bien là d'un combat singulier, d'un corps à corps inextricable dans lequel il est difficile de démêler les sentiments.

Il n'est pas question, d'une manière esthétique, de valoriser la violence, mais on ne peut non plus nier qu'elle est à l'œuvre dans le donné social, plus particulièrement dans la forme orgiaque. Mais si elle existe – sans vouloir la justifier – c'est qu'elle a une fonction. On peut à partir de croyances ou d'idéaux divers la regretter ou la combattre, il n'y a rien de plus légitime, mais on ne peut pas, à partir de la neutralité axiologique qui caractérise la sociologie, ne pas en analyser les effets dans la dynamique des sociétés. Je donnerai encore

---

3. Bronislav Malinowski, *La vie sexuelle des sauvages*, Paris, Payot, 1970, p. 200 et sq.

en ce sens quelques exemples de la furie féminine qui sont indiqués par Mircea Eliade. Dans la perspective des bacchanales antiques, quoique sous une forme euphémisée, ce dernier remarque que, encore au siècle dernier, dans le Schleswig, chaque nouvelle naissance donnait lieu à des attroupements de femmes débridées devant la maison de l'accouchée. Si elles rencontraient un homme sur le chemin, elles arrachaient son chapeau et le remplissaient de crottin. Ou encore, selon une pratique plus ancienne du Danemark, l'accouchement donnait lieu à la confection d'un mannequin de paille autour duquel on hurlait et dansait lascivement. Ces scènes de furie étaient l'occasion, si cela se présentait, de mettre en pièces les chars rencontrés, de libérer les chevaux, ou encore de faire bombance avec tout ce que l'on trouvait dans les maisons[4].

De même, à partir d'exemples ukrainiens du début du siècle, Eliade montre que lors des mariages « les filles et les femmes se comportent d'une manière presque orgiastique ». Les rencontres amoureuses prénuptiales sont permises et même encouragées, les normes habituelles sont transgressées et ce parce qu'elles pèsent « comme un poids mort sur les coutumes ». Ce débridement est surtout féminin. La spontanéité qui est retrouvée est impérieuse et essaie par là de renouer avec le rituel cosmique et naturel. Pour célébrer la fécondité, dont le mariage va être le médiat, la solidarité féminine outrepasse ce que l'ordre prudent et éclairé avait édicté. Se refuser dans ces situations-là, arguer d'une fidélité pour ne pas entrer dans la bacchanale, résister à la violence féminine – qui représente la légitimité de la vie cosmique – est alors une indécence, une anomie qui peut coûter cher. Faisant enfin état de rites initiatiques dans le symbolisme funéraire, Eliade montre comment ces cérémonies étaient l'occasion d'orgies fréquentes, phénomènes caractéristiques

---

4. Mircea Eliade, *Initiation, rites, sociétés secrètes*, Paris, Gallimard, (coll. « Idées »), 1959, p. 104, 106 et 107.

«d'un monde affranchi des lois»[5]. La rigueur de la mort symbolique allait de pair avec la pratique exigeante de l'orgie, dont les femmes en groupe sont les protagonistes privilégiées.

Ainsi, à ces moments forts que sont la naissance, le mariage et la mort, qui chacun à sa manière est l'expression d'une violence soit naturelle, soit sociale, la furie féminine répond à une «contre-violence», et ce pour maintenir ou rétablir l'équilibre. Dans ces exemples paroxystiques, le débridement festif féminin, dans sa plus ou moins grande cruauté, montre bien qu'il s'agit en fin de compte de ritualiser la violence ou le conflit toujours à l'œuvre dans les structurations sociales et naturelles. C'est ce qu'Empédocle appelait l'éternelle opposition de *neikos* et de *philia*. Cette rapide typologie mérite naturellement d'être nuancée, mais il est certain que l'on peut en retrouver les grandes lignes dans de multiples situations de la vie courante. Et lorsque le féminisme contemporain retrouve les accents des furies antiques, il ne fait que renouer avec une antique tradition de violence compensatoire. En ce sens, sa violence, contre un prométhéisme à la fois dominant et bien fatigué, n'est qu'une recherche quasi intentionnelle d'une globalité harmonique et hiérarchisée.

Le viol et la violence restent bien les éléments structurels de toute société, qu'ils soient le fait des femmes ou celui des hommes; cela rend compte de la part d'ombre qui est aussi à l'œuvre dans le jeu léger et grave qui est notre lot. Dans le mythe, il ne faut pas l'oublier, la déesse Harmonia est le fruit des amours clandestines de la lascive et parfois cruelle Aphrodite et du bouillant Arès. Parlant du «cycle du Fripon» des Indiens Winnebagos du Moyen-Wisconsin, l'ethnologue P. Radin n'hésite pas à l'analyser comme une modulation de cet archaïque mixte de la

---

5. *Ibid.*, p. 161.

création/destruction qui se donne précisément à voir dans l'expression des passions. Et il semble, dans ce cycle comme dans d'autres mythes reprenant cette thématique, que ce qui permet la structuration individuelle comme la structuration sociale, ce soit justement la tension qui existe entre deux pôles différents. Étant bien entendu que le pôle est surtout une « forme » (G. Simmel), un « idéal type » (M. Weber), qui n'existe pas de façon pure mais qui s'exprime en des systèmes parfois très complexes.

Quoi qu'il en soit, ce cycle du Fripon – commenté également par C.G. Jung[6] – fait bien ressortir cette « composante du caractère » de tout un chacun : « *l'ombre* ». Il me semble que cette notion, que l'on retrouve du Père de l'Église St-Irénée au marxiste E. Bloch, est applicable à l'ensemble sociétal en tant que tel. C'est cette ombre qui est à l'œuvre dans le type de fête d'inversion (*festum stultorum, tripudium hyperdiaconorum*) qui est un perpétuel pied de nez à l'ordre du pouvoir extérieur. « Symbole collectif de l'ombre » (Jung), le Fripon cristallise la violence qui est à l'œuvre au travers de ce que j'appelle l'Éros furieux. En effet, il souligne la marge de liberté ou de résistance que le corps social arrive toujours à avoir. L'esprit de friponnerie n'est jamais totalement domestiqué, et que ce soit d'une manière frontale ou d'une manière interstitielle, la liberté – qu'il ne faut pas confondre avec l'idéologie de la libération – trouve dans cet esprit sa source d'inspiration. On ne le répétera jamais assez, la violence, dont on a vu quelques manifestations exemplaires, reste en quelque sorte une donnée de base de la vie commune et plus particulièrement de la mise en commun des affects. Il n'est donc pas étonnant qu'on la trouve à l'œuvre dans la passion conjugale comme d'une manière générale dans la relation tensionnelle qui unit et sépare les âges et les sexes. On sait bien d'ailleurs que l'éros

---

6. Carl Gustave Jung, C. Kérényi, P. Radin, *Le Fripon divin*, Genève, éd. Georg, 1958, p. 177-199.

s'étiole et s'affadit quand la tension diminue ou quand l'apaisement intervient. Lorsque Proust nous parle d'Albertine, c'est pour rappeler que son désir se réveille lorsque cette dernière est menteuse, mystérieuse ou censément fautive. Lorsqu'elle est soumise, qu'elle a donné des gages de sa fidélité, parfaitement conforme, elle cesse d'être intéressante, elle n'attire plus, et le narrateur songe à la quitter, il prépare la séparation, jusqu'à ce qu'une fugue fictive ou anodine vienne relancer la dynamique de la passion. Ainsi, une trop forte clarté détruit la relation amoureuse : il faut que l'ombre y soit mêlée pour qu'elle puisse se dérouler d'une manière équilibrée et harmonieuse.

Métaphoriquement, on le verra plus loin, on peut retrouver cette dynamique en ce qui concerne l'espace civilisationnel. Il y a une dialectique de l'ombre et de la lumière qui, à l'image du cosmos, assure le bon fonctionnement du donné mondain. Si cette figure du Fripon me paraît importante, c'est qu'elle resurgit toujours et à nouveau, et parfois d'une manière menaçante, même et surtout dans les ensembles sociaux qui essaient par tous les moyens de s'en protéger. De nos jours, comme conséquence de l'asepsie de la vie sociale issue de l'hygiénisme ou du réglementarisme du XIXe siècle, il est de bon ton de dénoncer la violence, le viol, l'effervescence comme autant de reliquats barbares. Et d'une manière finalement peu paradoxale, cette attitude se retrouve particulièrement dans les mouvements qui se veulent d'« avant-garde » et qui ne sont en fait que les derniers représentants de la grande thématique de la libération qui trouve son apogée avec la Révolution française de 1789. En tirant toutes les conséquences logiques du slogan inscrit aux frontons de nos palais nationaux, « Liberté, Égalité, Fraternité », ces mouvements ne font que parfaire une société régie par le seul principe rationnel, et ce au risque bien réel de susciter un retour en force, *et alors incontrôlé*, de la violence de nature trop efficacement bridée. L'ombre en tant que symbole collectif reste une détermination nécessaire qu'il convient de savoir utiliser, ritualiser. Jung utilise à ce propos la notion « d'énantiodromie », du renversement en soi-même[7].

L'ombre acceptée et ritualisée peut être cette contre-position qui, à côté d'une tendance dominante, assure l'équilibre en se diffusant comme valeur alternative. C'est dans cette perspective qu'il convient d'apprécier l'orgiasme sociétal sous des formes multiples et variées, il reste le conservatoire de la violence alternative. Que ce soit dans la banalité de la petite orgie domestique ou dans l'effervescence de l'explosion collective, il ritualise et rend humaine cette force irrépressible et quelque peu « paniquante » par laquelle Pan, le fripon divin, se plaît à submerger quelquefois les simples mortels. Une telle image mythologique ne doit pas faire oublier que la « panique » a pu prendre dans le cours des histoires humaines des formes oh combien exacerbées, et qu'à tout prendre, la sagesse dionysiaque, même dans ce qu'elle peut avoir de choquant, reste un moindre mal.

Le besoin de fusion

Un de ces moindres maux est le tribalisme qui, sous ses aspects plus ou moins reluisants, est en train d'imprégner de plus en plus les modes de vie. J'aurais tendance à dire qu'il devient une fin en soi, c'est-à-dire que par bandes, clans ou gangs interposés, il rappelle l'importance de l'affect dans la vie sociale. Ainsi le remarque avec pertinence une recherche sur les « groupes secondaires », les mères célibataires, le mouvement des femmes ou des homosexuels, les groupes de « socialité cannabique » (M. Xiberras) ne cherchent pas un « aménagement ponctuel de situations individuelles » : c'est plutôt une « reconsidération d'ensemble des règles de solidarité » qui est en cause. Le bénéfice est second, et il n'est même pas certain que le succès soit souhaité, ce qui risquerait de désamorcer l'aspect chaleureux de l'être-ensemble. Ce qui

---

7. *Ibid.*, p. 192.

vient d'être dit des mouvements organisés en question est encore plus vrai en ce qui concerne la multiplicité des groupes éclatés pour lesquels le seul objectif est de se tenir chaud. Il se trouve qu'un tel objectif de proche en proche ne manque pas de rejaillir sur l'ensemble social et sur la masse. Cette liaison n'a pas la rigidité des modes d'organisation que nous connaissons, elle renvoie davantage à une ambiance, à un état d'esprit, et elle s'exprime de préférence au travers des styles de vie qui vont privilégier l'apparence et la forme[8]. Il s'agit en quelque sorte d'un *inconscient* (ou *non-conscient collectif*) qui sert de matrice à la multiplicité des expériences, des situations, des actions ou déambulations groupales. À cet égard, il est frappant d'observer que les rites de masse contemporains sont le fait de microgroupes qui d'une part sont bien distincts, et d'autre part forment un ensemble indistinct et quelque peu confusionnel – ce à quoi nous renvoie la métaphore orgiastique et l'outrepassement de l'identité individuelle.

Poursuivons le paradoxe : ces rites de masse tribaux (rites de masse et rites tribaux) sont perceptibles dans les divers rassemblements sportifs qui, par le biais du processus médiatique, prennent l'importance que l'on sait. On les retrouve dans la furie consommatoire (consumatoire?) des grands magasins, des hypermarchés, des centres commerciaux qui bien sûr vendent des produits, mais sécrètent davantage du symbolisme, c'est-à-dire l'impression de participer à une espèce commune. On peut également le remarquer dans ces dérives sans but précis que l'on peut observer dans les avenues de nos grandes villes. Quand on l'observe avec attention, ce coude à coude indistinct, qui ressemble à des pérégrinations animales, est en fait constitué d'une multitude de petites cellules qui entrent en inter-action ; il est également ponctué de toute une série de reconnaissances, de gens et de lieux, qui font de ce bouillon de culture un ensemble bien ordonné. Bien sûr, il faut que

---

8. Michel Maffesoli, *Au creux des apparences*, Paris, Plon, 1990.

notre œil sache s'habituer à ce flux incessant; mais si, telle une caméra invisible, il sait à la fois prendre en compte une globalité et se focaliser sur des détails, il ne manquera pas d'être attentif à la puissance architectonique qui structure ces déambulations.

Enfin, dans le même ordre d'idées, ces rituels d'évasion que sont les vacances estivales offrent le spectacle de plages encombrées, ce qui n'est pas sans chagriner nombre d'observateurs déplorant la promiscuité et la gêne suscitées par cet entassement. Là encore, il faut rappeler que celui-ci d'une part, permet de *vivre une forme de communion euphémisée*, et, comme l'indique G. Dorfles, «d'abolir tout intervalle entre soi et les autres, de construire un amalgame unique»[9]. D'autre part, un tel entassement est subtilement différencié, et les goûts vestimentaires ou sexuels, les sports, les bandes, les régions même ne manquent pas de se partager le territoire côtier, recréant ainsi un ensemble communautaire aux fonctions diversifiées et complémentaires. Ce que l'on peut retenir de ces quelques anecdotes, c'est qu'il y a un constant mouvement de va-et-vient entre les tribus et la masse, qui s'inscrit dans un ensemble ayant peur du vide. Cette *horror vacui* qui se manifeste par exemple dans la *musique non stop* sur les plages, dans les magasins, dans nombre de rues piétonnes est une ambiance qui n'est peut-être pas sans rappeler le bruit permanent et l'agitation désordonnée des villes méditerranéennes et orientales. Quoi qu'il en soit, aucun domaine n'est épargné par cette ambiance, et si l'on s'accorde, pour résumer et pour conclure sur le fait que le théâtre est un bon miroir pour apprécier l'état d'une société donnée, il suffit de rappeler d'une part ce que l'agitation de nos villes doit aux spectacles de rue, et, d'autre part, le développement du «théâtre barbare» et le (re)surgissement des divers cultes de possession d'origine africaine, brésilienne ou hindoue. Il n'est pas question

---

9. G. Dorfles, *L'intervalle perdu*, Paris, Méridien/Klincsieck, 1984, p. 30.

d'analyser ici ces phénomènes ; je veux simplement indiquer qu'ils reposent tous sur une logique tribale, qui elle-même ne peut exister qu'en s'insérant, par la concaténation du réseau, dans la masse[10].

Toutes choses qui contreviennent à l'esprit de sérieux, à l'individualisme et à la « séparation » (dans le sens hégélien du terme) qui caractérisent le productivisme et le bourgeoisisme modernes. Ceux-ci ont tout fait pour contrôler ou pour aseptiser les danses de possession et autres formes d'effervescence populaire. Or, peut-être faut-il y voir la juste vengeance des valeurs du Sud sur celles du Nord. Les « épidémies chorégraphiques » (E. de Martino) ont tendance à se développer. Il faut rappeler qu'elles avaient une fonction agrégative. Le fait de se lamenter et de se réjouir en groupe avait pour résultat à la fois de soigner et de réintégrer dans la communauté le membre malade. Ces phénomènes propres au pourtour méditerranéen (ménadisme, tarentisme, bacchanales diverses), à l'Inde (tantrisme) ou à l'espace africain ou latino-africain (Candomblé, Shango) sont du plus haut intérêt pour comprendre les thérapies de groupe, les réseaux de médecine parallèles, les diverses manifestations de ce que Schutz nommait « *making music together* », ou encore le développement sectaire, toutes choses qui sont les modulations contemporaines de l'« épidémie chorégraphique ».

En fait, ce ne sont pas tels ou tels styles de vie qui peuvent être considérés comme prophétiques ; c'est leur embrouillamini même qui est tel. En effet, s'il est impossible de dire ce qui va se dégager pour former une nouvelle culture, on peut par contre affirmer que celle-ci sera structurellement plurielle, contradictorielle.

---

10. E. de Martino, *La Terre des Remords*, Paris, Gallimard, 1966.

La ritualisation postmoderne

Ainsi, la reconnaissance de la diversité et la ritualisation de la gêne que cela suscite aboutissent à un ajustement spécifique qui en quelque sorte utilise le désagrément et la tension comme autant de facteurs d'équilibre utiles à la cité. On retrouve ici la *logique contradictorielle* maintes fois analysée (Lupasco, Beigbeder, Durand), et qui refuse les structures binaires ou la procédure dialectique, par trop mécaniques ou réductrices. Les diverses tribus urbaines « font ville » parce qu'elles sont différentes et parfois même opposées. Toute effervescence est structurellement fondatrice. Il s'agit là d'une règle sociologique de base qui n'avait bien sûr pas échappé à Durkheim ; le tout est de savoir comment utiliser l'effervescence de cet « Éros furieux », comment la ritualiser. Un bon moyen, dans la logique de ce qui vient d'être exposé, est de laisser chaque tribu être soi-même, l'ajustement qui en résulte étant plus naturel. Je l'ai déjà expliqué ailleurs, la coenesthésie du corps social est à comparer à celle du corps humain : en général le fonctionnement et le dysfonctionnement se complètent et se contrebalancent. Il s'agit de faire servir le « mal » particulier au « bien » global. Charles Fournier avait posé cette procédure homéopathique à la base de son phalanstère. Ainsi se proposait-il d'utiliser ce qu'il appelait les « petites hordes » ou les « petites bandes » au mieux de leurs compétences, celles-ci fussent-elles atomiques. Ma théorie se borne à utiliser les passions (réprouvées) telles que la nature les donne, sans rien y changer. C'est là tout le grimoire, tout le secret du calcul de « l'Attraction passionnée. »[11]

Il est possible que son calcul minutieux et quelque peu utopique en son temps soit en passe de se réaliser de nos jours. L'hétérogénéisation étant de règle, le pluriculturalisme

---

11. Charles Fournier, *Œuvres complètes*, Paris, Anthropos, tome V, 1968, p. 157.

et le polyracialisme caractérisant au mieux les grandes villes contemporaines, on peut penser que *le consensus soit davantage le fait d'un ajustement « affectuel » a posteriori que d'une régulation rationnelle apriori*. En ce sens, une grande attention à ce que, d'une manière trop commode, nous appelons la marginalité est nécessaire. Celle-ci est certainement le laboratoire des modes de vie à venir. Le (re)nouveau des rites d'initiation des groupes dont il a été question ne fait que prendre la place des anciens rites (que l'on n'osait plus appeler ainsi), vides de sens à force d'être uniformisés. La condamnation hâtive ne suffit pas, la condescendance non plus. Il faut comprendre que ces rites mériteraient une analyse spécifique. Leur vivacité traduit bien le fait qu'une nouvelle forme d'agrégation sociale est en train d'émerger ; il est peut-être difficile de la conceptualiser, mais avec l'aide d'anciennes figures il est certainement possible d'en dessiner les contours. D'où les métaphores de tribu et de tribalisme proposées ici. Tels que je les présente, ces phénomènes ne sont ni à positiver ni à condamner.

Il se trouve que ces métaphores traduisent bien l'aspect émotionnel, le sentiment d'appartenance et l'ambiance conflictuelle induite par ce sentiment. En même temps, elles permettent de faire ressortir, au-delà de ce conflit structurel, *la recherche d'une vie quotidienne plus hédoniste*, c'est-à-dire moins finalisée, moins déterminée par le « devoir-être » et le travail. Toutes choses que les ethnographes de l'École de Chicago avaient bien repérées il y a quelques décennies, et qui maintenant prennent une ampleur des plus instables Cette « Conquête du Présent » se manifeste d'une manière informelle dans ces petits groupes qui passent « le plus clair de leur temps à errer et à explorer leur monde »[12]. Ce qui naturellement les amène à expérimenter de nouvelles manières d'être où la « virée », le cinéma, le sport, la « petite bouffe » commune tiennent une place de choix.

---

12. U. Hannerz, *Explorer la ville*, Paris, Minuit, 1983, p. 59.

Il est d'ailleurs intéressant de noter que, l'âge et le temps aidant, ces petites hordes se stabilisent ; ce seront les clubs (sportifs, culturels), ou encore la « société secrète » à forte composante émotionnelle. C'est ce passage d'une forme à l'autre qui plaide en faveur de l'aspect prospectif des tribus. Bien sûr, tous ces groupes ne survivent pas, mais il reste que certains d'entre eux assument les diverses étapes de la socialisation, ce qui en fait une « forme » sociale d'organisation souple, quelque peu cahotante, mais qui répond bien, *concreto modo*, aux diverses contraintes de l'environnement social et de cet environnement naturel spécifique qu'est la ville postmoderne. De ce point de vue, la tribu peut nous amener à poser une nouvelle logique sociale qui risque de bousculer nombre de nos sécurisantes analyses sociologiques. Ainsi, ce qui semblait « marginal » il y a peu ne peut plus être qualifié comme tel.

Avant l'École de Chicago, M. Weber avait remarqué l'existence de ce que j'appellerai ici un « romantisme tribal » valorisant la vie affectuelle et l'expérience vécue. Avec nuance d'ailleurs, il s'emploie à séparer le bon grain de l'ivraie. Cependant, à l'encontre de certains commentateurs, il me semble que l'analyse des petits groupes mystiques contient, *in nuce*, nombre d'éléments pour pouvoir apprécier ce que nous observons de nos jours. Au-delà de réserves propres à son temps, la description de ce qui échappe à la rationalisation du monde est en parfaite congruence avec le non-rationnel qui meut en profondeur les tribus urbaines[13]. Il faut insister sur ce terme : le non-rationnel n'est pas de l'irrationnel, il ne se situe pas par rapport au rationnel ; il met en œuvre une autre logique que celle qui a prévalu depuis les Lumières. Il est maintenant de plus en plus admis que la rationalité des XVIIIe et XIXe siècles n'est qu'un des

---

13. Max Weber, *Économie et société*, Paris, Plon, 1965, p. 478 et 565. Sur la conjonction de la mort et de l'esthétique, *cf.* Louis-Vincent Thomas, *Fantasmes au quotidien*, Paris, Méridien/Kleincsieck, 1989, *Civilisation et divagations*, Paris, Payot, 1979, et *Rites de mort*, Paris, Fayard, 1985.

modèles possibles de la raison à l'œuvre dans la vie sociale. Des paramètres tels que l'affectuel ou le symbolique peuvent avoir leur rationalité propre. De même que le non-logique n'est pas l'illogique, on peut s'accorder sur le fait que la recherche d'expériences partagées, le rassemblement autour de héros éponymes, la communication non verbale, le gestuel corporel reposent sur une rationalité qui ne laisse pas d'être efficace, et qui par bien des aspects est plus large, et, dans le sens simple du terme, plus généreuse. Ce qui en appelle à la générosité d'esprit de l'observateur social. Celle-ci ne peut que nous rendre attentifs à la multiplication des tribus qui ne se situent pas en marge, mais qui sont comme autant d'inscriptions ponctuelles d'une nébuleuse qui n'a plus de centre précis.

Il me semble que, par là, s'élabore une nouvelle érotique – pas uniquement sexuelle – délimitant bien la socialité en train de naître. Ainsi se trouvent unis d'une manière organique ces divers éléments que sont la mort, la violence et la sexualité, jusqu'alors séparés, et qui servent de fondement à une logique sociale, tragique par bien des aspects, mais avant tout esthétique.

Du danger des plaisirs

Joseph Lévy et Jonathan Vidal

Avec l'épidémie du sida, les activités érotiques se voient placées directement sous le signe du risque et de la mort, réactivant un ensemble de discours visant au contrôle, à la régulation et à la surveillance des conduites sexuelles. Ces liens entre la sexualité, les risques et la mort rejoignent certains des thèmes dominants de la littérature médicale et sexologique qui, comme l'ont montré plusieurs travaux[1, 2, 3, 4], s'est attachée à prescrire les conditions de l'exercice de l'érotisme les plus adéquates pour la santé des individus en formulant les conséquences physiques, mentales et sociales qui peuvent accompagner une expression sexuelle mal disciplinée.

Les critères de définition de l'excès et de la modération sexuels, ainsi que leurs répercussions sur le bien-être occupent à cet égard une place importante dans les idéologies sexuelles. Nous tenterons de voir, à partir d'exemples culturels et historiques, comment ont été conçus les dangers et les risques des plaisirs érotiques, avant de dégager certaines des conceptions contemporaines à ce sujet.

1. Michel Foucault, *L'usage des plaisirs*, Paris, Gallimard, 1984a.

2. Michel Foucault, *Le souci de soi*, Paris, Gallimard, 1984b.

3. Michel Foucault, *La volonté de savoir. Histoire de la sexualité*, tome I. Paris, Gallimard, 1979.

4. Bryan S. Turner, *The Body and Society*, Oxford, Basil Blackwell, 1984.

Excès et modération

Malgré les spécificités culturelles et historiques, une perspective fondamentale semble récurrente : l'excès sexuel est source de risques pour l'organisme et il provoque des maladies physiques et mentales qui peuvent affecter les individus, leurs partenaires tout comme, nous le verrons plus loin, la progéniture. Les réflexions sur les questions complémentaires de l'excès et de la modération sexuelle ont donné lieu à la mise en place d'hypothèses, de conseils, d'interdits, de régimes et de remèdes qui tentent d'assurer le contrôle médical sur les conduites sexuelles et leur conformité au modèle dominant proposé par les médecins ou les autres praticiens.

La définition de l'excès sexuel s'articule en particulier sur l'importance du sperme dans l'économie générale de l'organisme. Dans la conception entropique qui domine dans ces modèles, le corps possède une quantité finie d'énergie, concentrée en particulier dans le sperme. Afin de conserver la santé et prolonger la vie, il est essentiel de moduler la dépense spermatique selon un régime complexe. Dans le cas de la médecine ayurvédique[5], le sperme, substance produite à la suite d'un processus complexe débutant avec la digestion des aliments et de l'eau, constitue le fondement énergétique du corps et sa protection majeure contre les maladies. Il est donc essentiel de limiter, sinon de s'abstenir complètement de relations sexuelles afin de maintenir son intégrité mais aussi de gagner, par la concentration et la transformation du sperme, une libération spirituelle.

Cette conception n'est pas sans se rapprocher de celle que l'on retrouve dans la médecine sexuelle chinoise

---

5. Akhileshwar Jha, *Sexual Designs in Indian Culture*, New Delhi, Vikas Publishing House PVT Ltd, 1979.

d'inspiration taoïste[6]. Dans ce paradigme, le corps humain, microcosme de l'univers, est parcouru par des énergies fondamentales, le yin et le yang, forces à la fois opposées et complémentaires dont l'harmonie est nécessaire pour le maintien du bien-être et de la longévité. Force vitale liée à l'énergie masculine, le yang est source de santé ; le sperme se doit donc d'être conservé, d'où l'importance de la maîtrise de l'éjaculation, l'un des objectifs majeurs de l'érotique chinoise. Grâce à ces pratiques, il est possible en retour de profiter de l'absorption, lors des relations sexuelles, de l'énergie yin provenant des sécrétions féminines, renforçant ainsi la puissance de la liqueur spermatique, ce qui, ainsi que le suggère l'un des textes de l'érotique chinoise, provoque de multiples bienfaits :

> Si un homme se livre une fois à l'acte sans émettre de semence, alors son essence vitale sera vigoureuse. S'il le fait deux fois, son ouïe sera fine, sa vue sera perçante. S'il le fait trois fois, toutes les maladies disparaîtront. Quatre fois et son âme sera en paix. Cinq fois et la circulation de son sang sera améliorée. Six fois et ses reins se feront robustes. Sept fois et ses fesses et ses cuisses gagneront en puissance. Huit fois et son corps deviendra luisant. Neuf fois et il atteindra la longévité. Dix fois et il sera comme un immortel[7].

La modération sexuelle apparaît alors comme le moyen de maintenir à un niveau optimal l'énergie de l'organisme, comme le souligne la métaphore suivante : « Un homme ne doit pas s'abandonner sans contrainte à sa passion, car elle le dépouillera de son essence vitale. Chaque fois qu'un homme se restreint, c'est comme si l'on ajoutait de l'huile nouvelle à une lampe sur le point de s'éteindre. »[8]

---

6. Robert Van Gulik, *La vie sexuelle dans la Chine ancienne*, Paris, Gallimard, 1971.

7. *Ibid.*, p. 189.

8. *Ibid.*, p. 249.

La régulation de l'activité sexuelle nécessite aussi la prise en considération de la position de l'individu dans le cycle de vie. La fréquence optimale des rapports sexuels valorisée est en effet déterminée en fonction de son âge et de sa constitution physique. Plus l'âge augmente, plus la fréquence doit diminuer, mais cette relation doit tenir compte des facteurs comme la corpulence et l'énergie. Le yin et le yang obéissant à des distributions variées, il est nécessaire de tenir compte, dans la modulation de la vie sexuelle, des facteurs écologiques comme les saisons, des températures, des jours fastes et néfastes et des moments de la journée. Il est aussi conseillé d'éviter les fluctuations météorologiques intenses (vent, pluies, éclipses, orages), nuisibles à la vie sexuelle et pouvant entraîner l'apparition de maladies ou même la mort. Comme le souligne Foucault grâce à ces stratégies « [...] une activité sexuelle bien menée, non seulement exclut tout danger, mais peut prendre l'effet d'un renforcement d'existence et d'une procédure de rajeunissement. [...] Dans cet "art érotique" [...] le temps – celui qui achève l'acte, vieillit le corps et porte la mort – se trouve conjuré ».[9]

Dans le contexte grec[10, 11], les inquiétudes portent sur « la violence de l'acte, la dépense et la mort » mais certains de ces éléments recoupent la perspective chinoise. L'effort s'oriente cependant moins sur les principes d'une maîtrise de la réponse sexuelle que sur une « technique de vie » permettant de gouverner sa conduite sexuelle et de la moduler en fonction d'un régime qui se rapprocherait le plus des lois naturelles. Le sperme, principe de vie, est, selon les conceptions médicales, une substance d'origine cérébrale, produite par le corps tout entier, ou bien un élément résiduel des processus de nutrition, et il possède des qualités humorales particulières qui maintiennent la santé, d'où l'importance d'en

9. Michel Foucault, *L'usage des plaisirs, op. cit.*, p. 154.

10. *Idem.*

11. Michel Foucault, *Le souci de soi, op. cit.*

moduler la dépense. La tempérance apparaît alors comme une stratégie essentielle dans le régime des *aphrodisia* et de nombreux textes s'attacheront à en définir les modalités en tenant compte des critères d'âge, des saisons et des moments de la journée pour maintenir un fonctionnement optimal du corps. Cette régulation n'obéit pas à une quantification précise mais elle indique la recherche d'un équilibre entre les contraintes internes et externes à l'organisme. Inspiré par les sources bibliques, talmudiques et grecques, Maïmonide décourage aussi l'excès sexuel : «*Along with the semen vital juices cannot help escaping from the body, so that its chief organs dry up and cool gradually.*»[12] De même, comme le souligne *Le Jardin parfumé*, l'un des traités les plus connus de la sexologie musulmane[13], le liquide spermatique est une eau de vie qu'il ne faut émettre qu'avec beaucoup de précautions.

Ce thème n'est pas étranger au discours religieux, philosophique et médical dans l'histoire de l'Occident chrétien. Dans la pensée du Moyen Âge, les théories d'inspiration grecque et arabe quant à l'origine du sperme se retrouvent en compétition et les médecins privilégient l'hypothèse qui en fait «un résidu de la nourriture à son dernier degré d'élaboration [...] le plus pur sang de l'homme»[14], un élément vital pour l'équilibre du corps, conception que l'on retrouve aussi à l'âge baroque[15]. La relation coïtale, tout en étant jugée essentielle par certains auteurs, nécessite une réglementation afin d'éviter le dessèchement de l'organisme qui affecte le fonctionnement du cerveau et des sens, d'où la mise en place d'une continence périodique

---

12. Fred Rosner, *Sex Ethics in the Writings of Moses Maimonides*, New York, Bloch Publishing Company, 1974, p. 55.

13. Cheik Nefzaoui, *The Perfumed Garden*, Éd. Neville Spearman, 1963.

14. Danielle Jacquart et Claude Thomasset, *Sexualité et savoir médical au Moyen Âge*, Paris, Presses Universitaires de France, 1985, p. 76-84.

15. Pierre Darmon, *Le mythe de la procréation à l'âge baroque*, Paris, éditions du Seuil, 1981.

scandée par le calendrier liturgique[16]. La périodisation rituelle et l'orientation de l'activité sexuelle vers des objectifs procréatifs permettent de contourner le péché et la mort et c'est, selon Foucault[17], cette troisième stratégie qui est prévalante dans le monde occidental. À l'âge baroque, les écrits insistent sur la modération qu'il convient de maintenir dans le déroulement de la vie sexuelle et leurs auteurs ont recours dans certains cas, à des considérations liturgiques pour prôner la continence :

> Les rapports sexuels sont à proscrire les jours de fête religieuse. Les médecins n'hésitent pas, en l'occurrence, à se faire les interprètes de l'Église. Ces jours-là, selon Liébault "on doit employer son esprit et corps à la contemplation des choses divines et à bonnes œuvres, non aux actions voluptueuses et charnelles[18].

Cette perspective se prolonge au XVIIIe siècle où les moralistes, les médecins et les éducateurs mettent au centre de leurs réflexions la fonction essentielle de la modération dans le maintien de l'équilibre du corps et l'apprentissage du contrôle des passions au profit de la raison. Les pulsions sexuelles demeurent une dimension naturelle du fonctionnement de l'organisme et l'activité sexuelle, un moyen essentiel de conserver la santé ou même de guérir de certaines maladies, comme, par exemple, la mélancolie. Il est aussi important, pour aider au bien-être, de ne pas maintenir des résidus spermatiques en trop grande quantité dans le corps. Il s'agit donc de trouver un équilibre entre l'abstinence et une dépense désordonnée, toutes deux source de dangers et de maladies.

---

16. Jean-Louis Flandrin, *Un temps pour embrasser. Aux origines de la morale sexuelle occidentale (VIe-XIe siècle)*, Paris, Éditions du Seuil, 1983.

17. Michel Foucault, *L'usage des plaisirs, op. cit.*

18. Pierre Darmon, *op. cit.*, p. 125-126.

19. Georges Bataille, *L'érotisme*, Paris, collection 10/18, 1957, p. 188.

L'opposition entre l'excès, la raison et le travail soulignée par Bataille[19] qui note que «par rapport à des calculs où l'utilité et la dépense de l'énergie entrent en considération, même si l'activité voluptueuse est tenue pour utile, elle est *excessive* en essence», semble devenir alors, à partir de cette période, une dominante dans les discours sociosexuels. Cette articulation s'expliquerait par la mise en place du système capitaliste dont les objectifs nécessitent une nouvelle organisation du travail, ce qui exige l'économie des forces non productives. Ceci se reflète dans les théories de l'époque qui insistent sur une perspective mécaniste du fonctionnement du corps. L'œuvre de Boerhaave, un médecin néerlandais, constitue à cet égard une étape majeure dans la médicalisation de la sexualité[20, 21] en privilégiant la centralité du sperme dans le fonctionnement harmonieux de l'organisme, une perspective reprise dans les écrits médicaux de l'époque:

> [...] *medical writings of the eighteenth and nineteenth century viewed men as having a limited amount of bodily energy; excessive discharge of their energy through sexual release [...] would deplete the supply available for other purposes and would thus lead to enervation and lethargy, if not more dire consequences*[22].

L'excitation trop intense du système nerveux liée, entre autres, à des relations sexuelles trop répétées devient aussi source de maladies, comme le soulignent par exemple les médecins Stahl, Brown et De Bordeu[23]. On préconise une

---

20. Vern. L. Bullough, «Sexual deviance as a Disease», *in The Cambridge World History of Human Disease*, (sous la direction de Kenneth F. Kiple), Cambridge University Press, 1993, p. 85-90.

21. Vern. L. Bullough, *Sex, Society and History*, New York, Science History publication, 1976.

22. David F. Greenberg, *The Construction of Homosexuality*, Chicago, University of Chicago Press, 1988, p. 362.

23. Vern. L. Bullough, *Sexual Variance in Society and History*, New York, John Willey and Sons, 1976.

modulation saisonnière et journalière de l'activité sexuelle[24], tout comme le report du début des activités sexuelles et leur usage parcimonieux dans le cadre du mariage :

> Advice about the ideal quantity of sexual activity was based on the Aristotelecian principle of moderation in all things. Early marriage was therefore unwise since adolescent husbands may become so enfeebled and weakened that all their vital moisture was exhausted. Even in adulthood to eject immoderatly weakens a man and wastes his spirit[25].

Ces perspectives, tout en se maintenant quant à leurs fondements liés à l'économie spermatique, se transforment au XIXe siècle lorsque la médecine déplace son centre d'intérêt vers la définition des désordres psychiatriques découlant des conséquences de la dépense. La théorie hématique, bien que contestée dans certains cercles scientifiques, maintient que le sperme est un produit essentiel du sang extrait dans les testicules. Puisque sa production exige une énergie considérable, toute dépense inconsidérée affaiblit l'organisme, alors qu'au contraire, sa rétention permet la réabsorption sanguine qui renforce le corps.

Ces préoccupations se répandent tant en Angleterre, sous l'influence du médecin Acton, qu'aux États-Unis avec Rush et Graham[26], influençant les modèles de conduites sociales[27]. Ces médecins insistent également sur la modération, l'un des principes de base qui sous-tendrait les lois de la nature et qui contribue à maintenir la santé et la longévité. La cultiver apparaît alors comme une règle cardinale dans la littérature médicale et les conseils se multiplient quant à

---

24. Nicolas Venette, *La génération de l'homme ou tableau de l'amour conjugal considéré dans l'état de mariage*, Tome II, 1764.

25. Lawrence Stone, *The Family, Sex and Marriage in England, 1500-1800*, Londres, Penguin Books, 1979, p. 311.

26. Vern. L. Bullough, *Sexual Variance in Society and History, op. cit.*

27. Peter Gay, *The Bourgeois Experience. Victoria to Freud. Education of the Senses*, New York, Oxford University Press, 1984.

la fréquence des relations sexuelles, même s'il est malaisé de définir des règles applicables à tous, tant les tempéraments et les personnalités diffèrent :

> *It is exceedingly difficult to lay down any rule in the matter which will be applicable for all men; indeed the task would be insuperable, for all men are not alike, and what would be an excess for one would be moderation for another [...] twice a week is certainly excess for the majority of men, and will certainly lead to earlier than normal extinction of the sexual powers*[28].

Pour en moduler la fréquence, des médecins n'hésitent pas à donner les conseils les plus farfelus[29] comme, par exemple, de réduire les relations pendant les mois d'hiver et tous les mois où la lettre « r » n'apparaît pas. D'autres insistent sur des jours et des moments particuliers, ce qui éviterait une fatigue nerveuse[30]. Certains des manuels sexuels du XIXe et du début du XXe siècle[31] fixent la fréquence à environ quatre fois par mois, alors que d'autres sont plus généreux et préconisent une plus grande activité sexuelle entrecoupée de longues périodes de continence.

La notion d'excès sexuel tend aussi à partir de cette période à inclure la sexualité féminine. Alors qu'au XVIIIe siècle, les références concernant les effets de l'activité sexuelle chez les femmes et leurs pathologies sexuelles[32]

---

28. Anita Clair Fellman et Michael Fellman, « The Rule of Moderation in Late Nineteenth-Century American Sexual Identity », *The Journal of Sex Research*, vol. 17, no 3, 1981, p. 238-255.

29. Peter Gay, *op. cit.*

30. Graham J. Barker-Benfield, « The Spermatic Economy : A Nineteenth-Century View of Sexuality, *in Procreation or Pleasure ? Sexual Attitudes in American History* (sous la direction de T.L. Altherr), Malabar, Robert E. Krieger Publishing Company, 1983, p. 47-70.

31. Alan Rusbridger, *A concise history of the sex manual : 1886-1986*, London, Éditions Faber et Faber, 1986.

32. Robert Porter, « Love, Sex, and Madness », *Social Research*, vol. 33, no 2, 1986, p. 211-242.

sont plutôt rares – même si pour Bienville[33], la fureur utérine ou nymphomanie provoque la folie et même la mort – les discours psychiatriques, à la suite de la définition de la nymphomanie[34] vont étendre aussi leur diagnostic, à partir de cette période aux excès supposés de la sexualité féminine. L'excès devient donc lui-même une pathologie, ce qui marque un déplacement de cette problématique. De facteur étiologique, il se transforme en catégorie médicale comme le suggère aussi le concept d'hyperesthésie développé par Kraff-Ebbing[35] dans son ouvrage *Psychopathia Sexualis* pour désigner toute conduite sexuelle excessive[36].

Les dangers et les risques

Tomber dans les excès sexuels, c'est assurément courir de nombreux dangers et affronter des risques qui sont d'ordre physique, mental et moral ou même la mort. Cette liste varie selon les traités et les époques. On peut noter tout d'abord les préoccupations face à la transmission des maladies vénériennes. Sur le continent européen, l'épidémie de la syphilis qui, selon Erasme « réunit à elle seule tout ce qu'il y a d'effroyable dans les autres contagions : douleurs, infection, danger de mort, traitement pénible et répugnant, qui pourtant, n'amène pas une guérison radicale »[37] sera ainsi attribuée à l'intempérance qui faciliterait la contagion.

---

33. Nicolas Bienville, *De la nymphomanie*, Paris, Éditions le Sycomore, (1775), 1980.

34. Carol Groneman, « Nymphomania : The Historical Construction of Female sexuality », *Signs, Journal of women in Culture and Society*, vol. 19, n⁰ 2, 1994, p. 337-367.

35. Richard Von Krafft-Ebbing, *Psychopathia sexualis*, Éditions Castelnau-le-Lez : climats, 1990.

36. Carol Groneman, *op. cit.*

37. Claude Quétel, *Le mal de Naples : histoire de la syphilis*, Paris, Éditions Pierre Seghers, 1986, p. 67.

Punition divine, elle est le signe des débordements sexuels, un raisonnement qui, comme nous le verrons, sera repris dans le contexte du sida.

Les répercussions des pertes spermatiques sont aussi souvent relevées. Que ce soit dans la médecine ayurvédique ou chinoise, l'émission inconsidérée de sperme est source de maladies passagères ou chroniques. Elle provoquerait, entre autres, l'obstruction des organes, la lassitude, des problèmes de vision et la diminution de la longévité. Dans le modèle grec, le coït peut certes aider certains tempéraments à régulariser leur production humorale, mais plus généralement la déperdition spermatique affecte l'organisme tout entier et, malgré le plaisir retiré lors des relations sexuelles, l'individu s'affaiblit. Un vieillissement précoce et une féminisation de l'organisme peuvent s'ensuivre, tout comme l'apparition de maladies diverses, menant en cas d'excès intenses à la mort :

> Les maladies nées d'une mauvaise distribution de l'activité sexuelle sont beaucoup plus souvent des maladies de l'excès. Telle cette fameuse « phtisie dorsale » [...] une maladie qui « attaque surtout les jeunes mariés » et « les gens portés sur les relations sexuelles » (*philolagnoi*) ; elle a pour point d'origine la moelle [...] elle donne la sensation d'un fourmillement qui descend tout le long de la colonne vertébrale ; le sperme s'écoule spontanément pendant le sommeil, dans les urines et les selles ; le sujet devient stérile. Lorsque le mal s'accompagne de difficultés respiratoires et de maux de tête, on peut en mourir[38].

Les traités médicaux notent aussi la possibilité d'une excitation chronique (priapisme ou satyriasis) accompagnée de convulsions et de crises de type épileptique qui peuvent affecter les conduites motrices et verbales et la santé. Maïmonide insiste aussi sur les effets dangereux des abus sexuels qui s'accompagnent de problèmes de mémoire, de

---

38. Michel Foucault, *L'usage des plaisirs, op. cit.*, p. 135.

déficience mentale, de troubles de la digestion et de la vision. Le corps, dans ces conditions, perd ses forces et se consume, réduisant la durée de la vie. *Le Jardin parfumé* reprend en partie cette nomenclature pour y ajouter l'impuissance, la perte de la force physique, la goutte et la sciatique. Au XVIIIe siècle, Venette, pour qui «[...] l'amour déréglé est la peste la plus pernicieuse qui puisse jamais affliger les hommes»[39] dresse un tableau clinique catastrophique des effets de ces excès – entre autres, l'épuisement, la pâleur, l'appauvrissement du sang, la manie, le vieillissement précoce, l'apoplexie, la phtisie et la cécité –, le corps étant alors soumis «à un délabrement plus ou moins rapide, qui peut conduire à la mort et qui le laisse en proie à toutes sortes de maladies chroniques»[40]. Les relations sexuelles trop répétées peuvent entraîner un épuisement de l'excitabilité nerveuse ou un déséquilibre de la distribution de l'énergie vitale qui se circule dans le système musculaire et lymphatique.

Tout comme leurs prédécesseurs, les médecins au XIXe siècle associent à une activité sexuelle excessive des pathologies graves de type physique, mais ils y ajoutent des désordres mentaux qui reflètent l'émergence de la clinique psychiatrique :

> [...] *melancholy, hypochondria, hysterics [...] weakness of the brain, loss of memory, epilepsy, insanity, apoplexy [...] morbid predispositions*[41].

Les rapports lors des menstruations, une autre forme d'excès sexuel, constituent une autre source de dangers à la fois pour les individus et leur progéniture, un autre thème

---

39. Nicolas Venette, *op. cit.*, p. 16.

40. Laslo Tarczylo, *Le sexe à l'ère des lumières*, Paris, Éditions Presse de la Renaissance, 1983, p. 76-77.

41. Vern. L. Bullough, *Sex, Society and History, op. cit.*, p. 164.

important dans le discours médical chinois, mais surtout juif. Dans ce dernier cas, les interdits qui entourent cette période sont particulièrement élaborés[42] et ils auraient pour objectif, selon certains commentateurs, de régulariser la vie sexuelle en la situant dans une perspective qui vise à éviter à fois l'excès et l'habitude. La perception du danger menstruel prend par la suite un tour plus directement médical. Au Moyen-Âge, la transmission de la lèpre et d'autres maladies sont attribuées aux rapports sexuels lors de ces périodes. De même, au XIXe siècle, la transmission de la gonnorhée est une des conséquences des relations avec des femmes menstruées dont le sang, considéré comme nocif à cause de la corruption et de la violence qui le caractérisent, peut blesser le pénis ou provoquer des maladies. Ces idées sur l'infection sont reprises au début du XXe siècle où certains médecins avancent l'hypothèse que les urétrites pourraient provenir de relations sexuelles lors des menstruations.

Les dangers d'une sexualité excessive sont aussi relevés dans le cas de la progéniture, censée pâtir des conduites des parents. Autant dans les conceptions médicales chinoise que juive, l'excès fait peser une menace sur le développement du fœtus, son tempérament et sa personnalité. Cette préoccupation se retrouve dans les discours grecs[43, 44] qui insistent sur les modalités de l'activité sexuelle. Si celle-ci est menée de façon imprudente ou en état d'ivresse, les conséquences peuvent en être désastreuses car ces désordres laisseront leur marque non seulement sur l'âme mais aussi sur le corps de l'enfant. Une attention particulière doit donc être portée au contexte et au déroulement de la relation sexuelle. Au Moyen-Âge, les risques phénotypiques et tératologiques sur l'enfant lors de la relation sexuelle pendant les menstruations sont

---

42. Janice Delaney, Mary Jane Lupton et Emily Toth, *The Curse. A Cultural History of Menstruation*, Urbana et Chicago, Urbana University Press, 1988.

43. Michel Foucault, *L'usage des plaisirs, op. cit.*

44. Michel Foucault, *Le souci de soi, op. cit.*

soulignés. Elles entraîneraient la naissance d'enfants roux[45] et de monstres : « Les femmes souillées de sang menstruel engendreront des monstres [...] C'est chose sale et bestiale d'avoir affaire à une femme pendant qu'elle se purge. »[46] À l'âge baroque, les médecins et les moralistes considèrent que l'excès sexuel provoque la stérilité en affectant la production et la qualité du sperme. Les relations lors des menstruations, signe d'une sexualité désordonnée, sont susceptibles de provoquer des difformités chez les enfants :

> Ils seront non seulement pestiférés, mais encore chétifs, moribonds, sujets à une infinité de maladies fœtides, sordides et puantes [...]. Aux maladies du corps et de l'esprit s'ajoute l'éventail varié des difformités et des monstruosités en tous genres. Les enfants prodigieux, monstrueux, difformes, bossus, boiteux, mutilés sont également le fruit d'une copulation infestée par le sang menstruel[47].

Pour les médecins anglais[48], les caractéristiques sociodémographiques de l'enfant sont déterminées par la condition des parents lors de la conception : s'ils sont épuisés par les excès, ils produiront des enfants dont l'espérance de vie sera d'autant limitée. Ces conceptions restent prégnantes aux XVIIIe siècle où les relations sexuelles pendant la grossesse sont tout aussi découragées, l'orgasme féminin pouvant provoquer une fausse-couche :

> Moins raisonnables dans ce cas que les animaux, beaucoup d'hommes ne tiennent aucun compte de l'état de grossesse

---

45. Claude Thomasset, « De la nature féminine », *in Histoire des femmes. Le Moyen Âge*, (sous la direction de G. Duby et M. Perrot), Paris, Plon, 1991, p. 55-81.

46. Sylvie Epelboin, « Histoire d'ours. Légendes autour sang féminin et réalité clinique », *in Sexualité, mythes et culture*, (sous la direction de A. Durendeau et C. Vasseur-Fauconnet) Paris, L'Harmattan, 1990, p. 30.

47. Pierre Darmon, *op. cit.*, p. 127.

48. Lawrence Stone, *op. cit.*

de leur femme ; au contraire, tel qui y mettait auparavant une certaine réserve, dans le dessein d'éviter les occasions de grossesse, voyant que celle-ci est arrivée dans un moment d'oubli, et sans qu'il sache bien comment, se livre alors sans ménagement à ses appétits charnels, à ses goûts de débauche, n'ayant plus rien à risquer. L'utérus ébranlé par de pareils excès, est fort exposé à être troublé dans son travail de gestation : le sang y afflue en trop grande abondance ; de là, des coliques, des hémorragies, et, en dernier lieu, une part prématurée[49].

Au XIXe siècle des idées semblables continuent de circuler[50], les relations lors des grossesses pouvant provoquer des défauts physiques (bec de lièvre ou déformations du palais) ou mentaux (déficience intellectuelle, idiotie et dépravation morale).

Les pratiques autoérotiques sont aussi source de dangers extrêmes. Dans la perspective chinoise, cette pratique est interdite car elle entraîne une perte inutile de yang, sauf dans le cas où un homme est privé d'exutoire sexuel, ce qui peut, à cause de la présence d'une « semence dévitalisée », débilitant sévèrement l'organisme. La perspective médicale grecque insiste aussi sur les effets négatifs de la masturbation (qui provoque maladies et folies) alors que dans la pensée juive, elle est considérée comme un crime qui va à l'encontre de l'injonction de la reproduction.

En Occident[51], cette question a suscité un ensemble d'écrits moralisateurs tout au long du Moyen Âge. Sans être un péché majeur au départ, la masturbation tend par la suite à se problématiser et à s'accompagner de sanctions plus

---

49. Henri-Claude Reymond, *Physiologie et évolution de l'amour sexuel*, Paris, Librairie des publications artistiques, 1903, p. 211-212.

50. Alan Rusbridger, *op. cit.*

51. Jean-Louis Flandrin, *Le sexe et l'occident. Évolution des attitudes et des comportements*, Paris, Éditions du Seuil, 1981.

sévères de la part des théologiens. Au XVIIe siècle, les théories présentent des points de vue ambivalents à ce sujet. Ainsi, en Angleterre, la théorie médicale[52] semble indirectement favoriser cette pratique si elle est utilisée avec modération afin d'équilibrer les humeurs du corps. Pour les moralistes, par contre[53], elle est sanctionnée négativement à cause de la perte du contrôle de soi qu'elle signifie. Au XVIIIe siècle, elle apparaît comme un facteur essentiel dans le développement de maladies, mais cette hypothèse ne fait pas l'unanimité. À partir de cette période, la pensée médicale s'oriente vers une véritable campagne liée à la lutte contre ces pratiques. Cette activité est alors perçue comme une activité préjudiciable à l'organisme au plan nerveux[54], provoquant un ensemble d'affections par son effet sur l'équilibre des humeurs du corps et l'énergie vitale, entre autres, l'arrêt de la croissance, le phimosis, le priapisme, les syncopes, l'épilepsie, l'impuissance, l'hystérie et la détérioration de la moelle épinière. La condamnation de la masturbation se généralise et les ouvrages sur ce sujet se succèdent. D'Angleterre, le message se transmet en Allemagne, puis en France. D'abord disséminé par les milieux médicaux, il est ensuite transmis par les pédagogues et les théologiens[55]. Pour Tissot[56], l'un des théoriciens majeurs sur cette question, la masturbation provoquerait une augmentation de la circulation sanguine cérébrale, ce qui affecterait les nerfs et les endommagerait, d'où la possibilité de folie, surtout chez les individus qui n'ont pas atteint la puberté:

---

52. Lawrence Stone, *op. cit.*

53. Pierre Hurteau, « Catholic Moral Discourse on Male Sodomy in the Seventeenth and Eighteenth century », *Journal of the History of Sexuality*, vol. 4, n° 1, 1993, p. 1-26.

54. Vern. L. Bullough, « Sexual deviance as a Disease », *op. cit.*

55. Laslo Tarczylo, *op. cit.*

56. Dr. Tissot, *L'onanisme, ou dissertation physique sur les maladies produites par la masturbation*, 1760.

Such waste of semen would lead (1) to cloudiness of ideas and sometimes even madness; (2) a decay of bodily powers, resulting in coughs, fever and consumption; (3) acute pains in the head, rheumatic pains, and an aching numbness; (4) pimples of the face, suppurating blisters on the nose, breast, and thighs, and painful itchings; (5) eventual weakness of the power of generation, as indicated by impotence, premature ejaculation, gonorrhea, priapism, and tumors in the bladder; and (6) disordering of the intestines, resulting in constipation, hemmorhoids and so forth[57].

Les femmes sont aussi atteintes par les effets de ces pratiques qui peuvent provoquer, entre autres, des problèmes utérins, une activité sexuelle débordante, en particulier quand la masturbation est réciproque, ainsi que des épisodes d'hystérie et même la folie. Ces perspectives s'amplifient au XIXe siècle où les campagnes se multiplient, visant en particulier les jeunes adolescents que ces habitudes peuvent orienter vers la débauche, la prostitution et l'obsession sexuelle, avec, comme conséquences la maladie et la mort:

The prime danger of self-abuse usually was perceived as the establishment of a habit of dangerous indulgence in sensual pleasure, eroding self-discipline and leading into a career of self-gratification likely to involve fornication with harlots, ending in a venereal disease[58].

Sur la base d'observations erronées, une fausse relation sera ainsi établie entre la maladie, la folie et la masturbation, surtout juvénile, et des diagnostics effrayants sont accolés à la masturbation:

Palpitations, diminution de la vue, maux de tête, vertige, tremblement, crampes douloureuses, mouvements convulsifs,

---

57. Vern. L. Bullough, *Sexual Variance in Society and History, op. cit.*, p. 498.

58. Lesley A. Hall, « Forbidden by God, Despised by Men: Masturbation, Medical Warnings, Moral Panic and Manhood in Great Britain, 1850-1950 », *in Forbidden History. The State, Society, and the Regulation of Sexuality in Modern Europe* (sous la direction de J. C. Fout), 1992, Chicago, University of Chicago Press, p. 302.

comme épileptiques et même assez souvent l'épilepsie véritable; douleurs générales dans les membres ou fixées derrière la tête, à l'épine dorsale, la poitrine, le ventre; grande faiblesse dans les reins, quelques fois un engourdissement presque universel[59].

Ces diagnostics se retrouvent aussi aux États-Unis[60] et en Angleterre[61], où les médecins insistent sur le repli social, une agressivité et une affirmation de soi diminuées, tout comme sur le désintérêt pour la sexualité maritale que provoque la masturbation, une des conséquences la montée de l'individualisme[62] liée aux phènomènes de l'industrialisation et de l'urbanisation. Ils soulignent aussi ses conséquences sur la diminution de l'espérance de vie, la présence d'une morbidité plus grande parmi les personnes non mariées et ses associations à la folie et à la mort chez les femmes[63].

C'est aussi à cette époque que l'homosexualité se médicalise en s'articulant sur la masturbation qui entraînerait des manières efféminées et des attachements morbides envers des personnes du même sexe, en même temps qu'une perte d'énergie improductive. À partir de cette perspective, la figure de l'homosexuel en viendra à être associée à des conduites perverses, déviantes ou pathologiques. Si d'autres théoriciens épousent une idéologie moins terroriste, plusieurs continuent à considérer ces pratiques comme une mauvaise habitude dont les conséquences psychologiques, sexuelles et nerveuses sont surtout liées à leur usage excessif:

---

59. Roger-Henri Guerrand, *Mœurs citadines: histoire de la culture urbaine: XIXe siècle et XXe siècle*, Paris, Éditions Quai Voltaire, 1991, p. 301.

60. Peter Gay, *op. cit.*

61. Lesley A. Hall, *op. cit..*

62. Arthur N. Gilbert et Michael Barkun, « Disaster and Sexuality », *The Journal of Sex Research*, vol. 17, no 3, 1981, p. 288-299.

63. Andrew Scull et Diane Favreau, (1986). « The Clitoridectomy Craze », *Social Research*, vol. 33, no 2, 1986, p. 243-260.

Nous voyons donc que la masturbation modérée est sans effet grave chez les individus sains [...]. Tout excès dans la masturbation peut atteindre la peau, la digestion et la circulation, produire des maux de tête et des névralgies, et de même que les excès sexuels normaux ou les rêves sexuels trop fréquents, elle peut entraîner un affaissement nerveux général[64].

Une perspective minoritaire semblable continue de subsister dans les milieux médicaux, même à la période contemporaine, comme le suggèrent des articles sur l'onanisme parus dans une encyclopédie médicale populaire à la fin des années[65]. Celle-ci énumère les conséquences tant physiques (anémie chronique, troubles digestifs, troubles urinaires et circulatoires) que nerveuses (dépressions nerveuses avec réactions psychasthéniques ou physiques et morales) de la masturbation.

Ces discours tentent d'orienter les pratiques sexuelles et d'en contrôler l'expression par la formulation des dangers et des risques – pour la plupart imaginaires – en insistant en particulier sur l'excès sexuel dont les connotations morales s'effacent au profit des aspects médicaux et psychiatriques. Ces notions de sexualité dangereuse et d'excès se retrouvent-elles dans les discours modernes ? Quelles sont les continuités et les ruptures que l'on peut discerner à ce sujet ?

Les dangers et les risques dans la société contemporaine

Le monde contemporain a connu de profondes transformations dans le champ socioérotique. Dans les années 60 et 70,

---

64. Ellis, 1897, cité par Jean Stengers et Anne Van Neck, *Histoire d'une grande peur*, Bruxelles, Éditions Université de Bruxelles, 1984, p.147.

65. Georges Akoka et *al.*, *Le savoir médical. Guide illustré complet de médecine moderne pour tous*, Paris, S.O.D.E.M, 1969.

les modèles sociosexuels de type récréationnel ou relationnel qui permettaient un plus grand registre d'expression érotique ont concurrencé le modèle dominant basé sur la centralité des aspects reproductifs, d'où une dépathologisation relative des activités sexuelles qui s'éloignaient de cet objectif. La réflexion médicale a écarté certaines des fausses conceptions qui entourent l'activité sexuelle mais, avec la diffusion des maladies transmises sexuellement (herpès, hépatite B, chlamydia, etc.) et surtout du VIH aux conséquences le plus souvent léthales, la question des limites de la libéralisation sexuelle ont donné lieux à de multiples débats[66, 67]. Par ses associations avec la mort, le sexe et la maladie et le sang, le sida réintroduit dans la conscience contemporaine, en renouvelant la problématique, les préoccupations face aux humeurs corporelles, que ce soit le sperme ou les menstruations et introduit un registre d'inquiétudes dans la vie sexuelle qui réactualisent des affects comme la peur, l'anxiété, la culpabilité ou le soupçon.

Ces tendances ont réactivé les préoccupations face à l'évaluation de la vie sexuelle et des comportements sexuels qui s'éloignent de la norme sexomédicale. Le contrôle du registre des comportements sexuels et l'inculcation de l'autorestriction sexuelle[68], susceptible de freiner la diffusion du virus à partir des mots d'ordre du *safe sex*, ou de l'abstinence sont ainsi prônés avec la mise en place d'une hiérarchisation des comportements sexuels en fonction de leur contribution potentielle à la transmission du VIH, les relations anales ou vaginales sans préservatifs étant évaluées comme les plus à risques.

66. Louis-Vincent Thomas, *La mort en question. Traces de mort, mort des traces*, Paris, L'Harmattan, 1991.

67. *Cf* à ce sujet, Nadine Job-Spira et *al.* (sous la direction de) *Santé publique et maladies à transmission sexuelle*, Paris, Éditions médicales et John Libbey, 1990.

68. Mark S. Kaplan, « AIDS and the psycho-Social disciplines : The Social Control of « Dangerous » Behavior ». *The Journal of Mind Behavior*, vol. 11, no 3-4, 1990, p. 337-351.

Les discours sur les notions de sexualité dangereuse et des risques qui lui sont associées ont été ainsi réactivés, avec une insistance sur les messages de prudence ou de prévention[69] encore peu entendus. Plusieurs hypothèses ont été proposées pour expliquer cette résistance. Pour certains, les rapports complexes entre la mort et la sexualité qui interviendraient dans le refus du préservatif. Ainsi, le déni de la mort et de la maladie constituerait un premier facteur mais « l'ordalie de l'amour »[70] qui rejoint les perspectives de Le Breton[71] ne serait pas étranger à la prise de risque. Celle-ci permettrait au sujet de prouver la valeur de son existence en affrontant le virus potentiel et démontrer qu'il est plus fort que la mort. Ce faisant « le risque devient paradoxalement un objet de réassurance, une automédication contre l'angoisse de mort[72] ».

Une seconde hypothèse complémentaire inscrirait le jeu du hasard et de la mort que constituerait la prise de risques face au sida dans le mouvement essentiel de la surmodernité[73] lié, entre autres, à la figure de l'excès d'individualité, de singularisation qui marque le monde contemporain. Ce contexte socioculturel pourrait aussi favoriser les types de personnalité chez qui la quête de sensations est essentielle[74]. Celle-ci renvoie à un besoin d'expériences et de sensations variées, nouvelles et complexes, dans le but de maintenir un niveau optimum d'activation. La recherche de partenaires

---

69. Donald Kilby, *Pour une sexualité prudente*, Laval, Éditions Laval, 1986.

70. André Ciavaldini, « L'impossible monsieur Condom ou les avatars du préservatif » *in Psychologie du sida*, (sous la direction de A. Ruffiot), Paris, Pierre Mardaga, 1989, p. 251-264.

71. David Le Breton, *Passion du risque*, Paris, Métaillé, 1991.

72. André Ciavaldini, *op. cit.*, p. 258.

73. Marc Augé, *Non lieux. Introduction à une anthropologie de la surmodernité*, Paris, Éditions du Seuil, 1992.

74. Marvin Zuckerman, *Sensation seeking*, New York, Lawrence Erlbaum, 1979.

multiples, des pratiques sexuelles sans protection et l'emploi des drogues ou d'alcool ferait partie de cette configuration, amplifiant les risques de transmission du virus et des MTS. De plus, pour certains chercheurs, les formes de promiscuité interviendraient sur l'apparition de la maladie elle-même, en affectant le système immunitaire selon des mécanismes mal connus[75]. Dans cette perspective, les homosexuels sont considérés comme plus enclins à la promiscuité et c'est ce style de vie qui expliquerait la progression de la maladie dans ce groupe. L'homosexuel représenterait alors la figure même d'une sexualité excessive et dangereuse, menant à la mort et menaçant l'ordre social :

> His essence is that of a hyper-sexual human type. [...] Promiscuity manifests the lustful, amoral nature of the homosexual. Homosexual desire symbolizes pure sexual lust or unrestrained desire subject only to the quantitative limitations of physical exhaustion. It is this compulsive, hyperactive, insatiable desire that compels homosexuals to eroticize the forbidden and to transgress all moral boundaries, rendering them dangerous[76].

Les thèmes de la prudence et de l'excès sont aussi apparents dans les discussions entourant la notion d'assuétude ou de compulsion sexuelle[77,78] qui s'ajoute à une longue liste de termes déjà en usage :

> Casanova type, compulsive promiscuity, compulsive sexuality, Don Juanism [...] erotomania, hyperaesthesia, hypereroticism,

---

75. Mark S. Kaplan, op. cit.

76. Steven Seidman, « Transfiguring sexual identity. AIDS and the Contemporary Construction of Homosexuality », in Homosexuality and Medicine, Health and Science, vol. IX (sous la direction de W.R. Dynes et S. Donaldson), New York, Garland, 1992, p. 187-205.

77. Jim Orford, Excessive Appetites : a Psychological View of Addictions, New York, John Wiley and Sons, 1985.

78. Martin P. Levine et Richard R. Troiden, « The Myth of Sexual Compulsivity ». The Journal of Sex Research, vol. 25, no 3, 1988, p. 347-363.

hyperlibido, hypersensuality, hypersexuality, [...] nymphomania, oversexuality, pansexual promiscuity, pathological multipartnerism, pathological promiscuity, satyariasis, sexual hyperversion, and urethromania[79].

Cette hypersexualité sous-tendue par la quête constante d'une excitation érotique souvent dans des conditions illicites ou dangereuses, n'est pas sans avoir des conséquences physiques et psychologiques jugées destructives sur la vie familiale et professionnelle, tout comme sur l'acteur lui-même[80].

Ces comportements sexuels répétitifs et fréquents sont expliqués de façon différente selon les écoles théoriques. Ainsi, dans une perspective psychanalytique, l'assuétude sexuelle est une conséquence des failles dans le sentiment de l'identité sexuelle[81], alors que dans les modèles socio-psychologiques, elle est redevable d'un ensemble de facteurs complexes liés à la physiologie, et à la personnalité, mais aussi aux variables sociales et écologiques[82] qui empêche-raient un autocontrôle suffisant sur les pulsions sexuelles, phénomène qui toucherait plus les hommes que les femmes. Les individus atteints nécessiteraient alors un traitement de type thérapeutique aversif, psychanalytique ou cognitivo-behavioral, l'usage d'antiandrogènes ou de tranquillisants, de séances thérapeutiques de groupe, dans le but de remplacer ces conduites considérées comme autodestructrices par des relations intimes plus adéquates.

---

79. Jim Orford, *op. cit.*, p. 93.

80. Martin F. Schwartz et William S. Brasted, (1985). «Sexual Addiction», *Medical Aspects of Human Sexuality*, vol, 19, nº 10, 1985, p. 103-107.

81. Joyce McDougall, «L'addiction à l'autre: réflexions sur les néos-sexualités et la sexualité addictive», *in Les Troubles de la sexualité* (sous la direction de A. Fine, A. Le Guen et A. Oppenheimer), Paris, Presses Universitaires de France, 1993, p. 139-158.

82. Jim Orford, *op. cit.*

Ces concepts ont fait l'objet de critiques épistémologiques visant à dégager leurs soubassements idéologiques et scientifiques. L'arbitraire dans la définition des lignes de clivage entre le comportement sexuel normal et anormal, l'imprécision et l'ambiguïté dans la conceptualisation de la notion de perte de contrôle, l'hétérogénéité des conduites subsumées sous l'étiquette de sexualité excessive, les variations dans les conceptions de l'activité sexuelle selon les sous-cultures tendent à diminuer leur valeur heuristique.

Comme le soulignent en effet les critiques[83], il s'agit là de construits thérapeutiques qui ne possèdent pas de critères cliniques solides mais sont le reflet d'une perspective moralisante inquiète des conduites sexuelles qui s'éloignent des standards culturels dominants. En ce sens, ils sont les avatars les plus récents des tentatives d'imposition d'un contrôle médicosexuel basé sur la dissuasion de tout comportement sexuel jugé inapproprié selon le jugement imprécis et lui-même excessif des évaluateurs.

Ces discours renforcent donc les inquiétudes qui entourent l'expression sexuelle et contribuent à problématiser le contrôle social des conduites érotiques qui marque l'histoire de la sexualité

*

Les discours médicaux et moraux sur l'excès – signe de danger et de mort à travers les maladies et l'affaiblissement de l'organisme qui l'accompagneraient – et la modération semblent donc, d'un point de vue transculturel et historique, constituer l'un des axes importants dans la définition du contrôle de la sexualité et sa canalisation, prenant ainsi le contre-pied des modèles plus libertaires. Comme l'a montré

---

83. Martin P. Levine et Richard R. Troiden, *op. cit.*

Bataille[84, 85], les conduites sexuelles, à l'instar de la guerre, de la fête et de l'art, s'inscrivent dans les figures de l'excès et de la dépense, s'ouvrant, à travers la transgression, sur le désordre et la mort. En faisant sauter les limites du désir et en désorientant, d'une part, la finalité de l'expression érotique essentiellement conçue comme rattachée à la reproduction et, d'autre part, en extirpant les individus du contexte social et productif, l'excès fait obstacle aux référents utilitaires, introduisant de ce fait une faille dans un contrôle social qui se voudrait plus total. Les théories médicosexologiques, en opposant sexualité et mort, en inventant des diagnostics pathologiques et mortifères qui accompagneraient l'exercice de la sexualité semblent vouloir dompter le processus érotique qui est quête de l'excès et de la jouissance, le dépassement de l'individualité et la dépense. Comme le suggèrent Arnaud et Excoffon-Lafarge, à la suite de l'analyse de la pensée de Bataille :

> Vivre l'excès c'est paradoxalement désirer jusqu'au renoncement. Renoncement qui [...] est suprême *insouciance*. Insouciance de qui ne veut rien garder, rien conserver, rien sauver [...] le travail, la morale, la raison, sont au plus haut point refus de l'excès, contrainte, limite, ordonnance en vue d'un bien futur, d'un gain, d'une réserve ou d'une valeur[86].

En d'autres termes, refus de la liberté et du risque, y compris celui de la mort. Les discours médicaux sur la sexualité tels que nous les avons dégagés semblent vérifier empiriquement ces hypothèses.

---

84. Georges Bataille, *La part maudite*, Paris, Éditions De Minuit, 1967.

85. Georges Bataille, *L'érotisme, op. cit.*

86. Alain Arnaud et Gisèle Excoffon-Lafarge, *Bataille*. Paris, Éditions du Seuil, 1978, p. 72-73.

Funérailles à risques, paroles du sida et prévention au Burkina

Michèle Cros

Si ma mémoire est bonne, il y avait dans son bureau orange de l'avenue Saint-Mandé un nombre impressionnant de dessins d'enfants. Sur l'un d'eux, le grand professeur de la Sorbonne était représenté en squelette hilare. À ses côtés : de petits vers ravis de s'en être si copieusement délectés.

« Œuvre de l'un de mes petits-fils » me fut-il précisé non sans malice. Puis il me demanda :
« Il dessine très bien, n'est-ce pas ? »
Et riant de ma mine déconfite il ajouta :
« Mais petite, c'est la vie qui l'emporte, toujours ! »

Hier, au Burkina, en pays lobi, nul ne connaissait « *kpéré ki* » (« maigrir-mourir » ou le sida en *lobiri*) : cette étrange maladie qui vous vide de votre sang. Étudiante en anthropologie à la Sorbonne, je pus mener dans les années quatre-vingt, une thèse sur les représentations du sang chez les Lobi, sous la direction chaleureuse de L.-V. Thomas, sans y faire, ou presque, la moindre allusion. Aujourd'hui, souligne ce jeune Lobi, « le nom du sida est comme l'air qu'on respire, on ne peut pas faire deux jours sans entendre le nom du sida, exemple au cabaret ». Maigrir-mourir frappe tant et plus, ici ou là, et tout particulièrement les migrants à leur triste retour de Côte-d'Ivoire. Le non-sens absolu. L'aventure avortée de la pire manière. On prend peur. Il serait même « risqué » d'aller à leurs funérailles…

Et pourtant, n'est-ce point là le lieu central de la maîtrise du désordre de la mort? L'œuvre de L.-V. Thomas consacrée à cette anthropologie de la mort, et tout particulièrement aux cérémonies d'enterrement, le montre et le démontre. «Les rites de mort», ou l'art de bien congédier les défunts, s'assurent ou doit assurer avant tout «la paix des vivants»[1]. Le «recours à la positivité» et la mobilisation d'un «imaginaire de la salvation»[2] en constituent deux des principaux rouages. Ici nous les verrons mobilisés par ceux qui pourraient aussi périr un jour du même mal, de par leur classe d'âge. Aux jeunes du Lobi d'accorder leurs balafons (instrument à percussion) pour que résonne, haut et clair, une «parole du sida» (selon l'expression de Pooda Sié Tioléné) aux accents préventifs, et ce justement lors des funérailles des victimes du *kpéré ki*.

Partir en migration et en «revenir cadavre»

Pour témoigner de cette réalité présente, il fut demandé, au cours de deux missions réalisées en 1992-1993 et en 1993-1994 dans le cadre de l'action incitative «Sciences sociales et sida» de l'ORSTOM, aux jeunes de Gbangbankora notre village d'adoption en pays lobi et – aux collégiens de la ville voisine de Kampti de raconter le «maigrir-mourir» qui pollue également l'air burkinabè. Ils le firent avec candeur, enthousiasme et réalisme. Leurs narrations graphiques (préludes bien souvent à une reprise orale sous forme de commentaires plus personnels) dépeignent le quotidien que voici.

---

1. Louis-Vincent Thomas, *Rites de mort*, Paris, Fayard, 1985.

2. Louis-Vincent Thomas, *Anthropologie de la mort*, Paris, Payot, 1975; aussi du même auteur, *La mort africaine.Idéologie funéraire en Afrique noire*. Paris, Payot, 1982; «Leçon pour l'occident: ritualité du chagrin et du deuil en Afrique Noire». *Nouvelle Revue d'Ethnopsychiatrie*, n° 10, 1988, p. 11-44.

Dessin 1.
Dessin de Pooda Sié Tioléné : « *La migration de Nimaté* ».

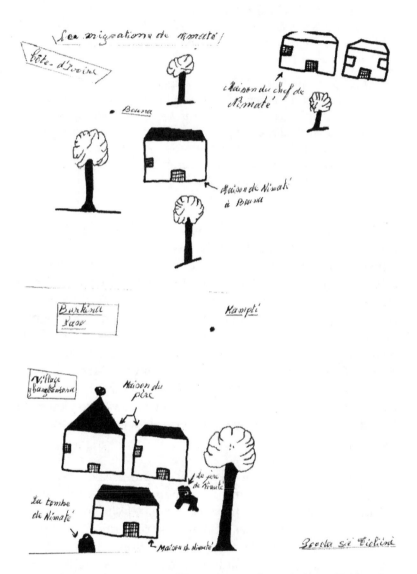

« *Ils ont fait 2 ans et l'homme a eu la maladie* » : Rédaction de Pooda Sié Tioléné

Un jour l'homme et sa femme, ses enfants se lèvent pour aller en Côte-d'Ivoire dans un coin de village qui s'appelle Bouna. Ils se logent là-bas. Ils ont fait deux ans et l'homme a eu la maladie qui s'appelle sida. Comme il a travaillé un peu, il a eu l'argent ; sa femme et ses enfants l'amènent ici au Burkina chez son père. Mais quand ils sont arrivés, son père pense dans son cœur que son fils ne va pas rester au monde.

Mais forcément, il doit chercher des médicaments pour lui. Il l'amène chez le féticheur Denguélé. Denguélé lui donne des médicaments à faire. Arrivé à la maison, il a fait les médicaments durant trois jours et la maladie commence à être très grave. Le quatrième jour il est décédé. Tout le monde pleure. Sa mère casse des canaris. Elle jette beaucoup de mil, riz, pois de terre, arachides. Son père tire beaucoup de coups de fusils. Et le lendemain matin, l'enterrement de Nimaté est fini.

De Nimaté l'infortuné, nous ne voyons et ne verrons rien, sinon la tombe. Reste le père, assis, seul. Pourquoi Nimaté est-il parti ? Sa maison de Bouna était si proche de celle qu'il avait au village ? « Partir-revenir », ou prendre le chemin de la migration : la plupart des jeunes du Lobi en rêvent, ou plus prosaïquement semblent y être contraints, pénurie oblige, et cela depuis tant d'années déjà[3]. Pour beaucoup, il ne s'agit ici que de migrations saisonnières, en basse Côte-d'Ivoire. Ils trouvent à s'employer dans quelque plantation de café et reviendront dès qu'ils seront « visibles », c'est-à-dire fringants, avec un vélo et une valise pleine de beaux effets et de cadeaux peut-être. L'aventure ne devrait durer que quelques mois.

Mais il arrive que les années passent et point de nouvelles. Parfois, comme pour Nimaté, la femme et les enfants sont du voyage. Le plus souvent, le migrant entame seul son périple. Pour les célibataires, ce serait aussi l'occasion de réunir des fonds pour les prestations matrimoniales. Pour les autres, une seconde ou troisième épouse peut être

---

3. M. Fieloux, *Biwanté. Récit autobiographique d'un Lobi du Burkina Faso*, Paris, Karthala, 1993.

envisagée. Une fois de retour, il devrait être facile d'en trouver une restée au village. Mais encore faut-il que le migrant revienne en bonne santé. L'histoire de Nimaté est exemplaire dans sa désolation. Elle illustre ce quotidien sidaïsé des campagnes africaines d'aujourd'hui.

Chacun est en mesure d'en témoigner. Pour ce guérisseur connu de longue date par l'ethnologue : « Ça a tué mon fils ; il est venu de Bobo, il a fait quatre jours au village et il est mort. » Il en est de même pour son neveu : « Il est venu de la Côte, a passé deux jours ici et il est mort. » Comme il le souligne sans ambages : « Le sida, ça a gâté la vie carrément ! » Un autre guérisseur : Palé Sipouté, après m'avoir énuméré, pour la seule année 1993, une sombre liste de sept personnes défuntes, toutes revenues de Côte-d'Ivoire ou de Bobo-Dioulasso, en conclut : « Les jeunes partent et après, ce sont des cadavres qui reviennent. » À l'aide d'une narration graphique, la petite Pooda Roseline illustre à sa façon ce retour au village du migrant.

Voir le dessin 2.

La honte, le double et la peur

Dans les narrations graphiques des adolescents lobi, comme dans la vie, il arrive que le sidéen en phase terminale passe par l'hôpital. Il y serait souvent très seul. « Ne m'abandonnez pas », implore-t-il. Cette exigence de solidarité, récemment dépeinte dans un calendrier burkinabè, est reprise dans nombre de dessins. Ceux-ci témoignent du dénuement du sidéen, de sa détresse mais aussi de la perception angoissée du caractère « collant » du mal qui l'affecte. En effet, le sida entre pour les Lobi dans la catégorie des « *ko manani* », c'est-à-dire des « maladies qui collent », tout à la fois transmissibles et contagieuses (y compris sans contact direct). Cette perception erronée d'une extrême contagion rend compte tant de la peur de l'exclusion qui hanterait le

Dessin 2.
Dessin de Pooda Roseline : « *Le retour au village* ».

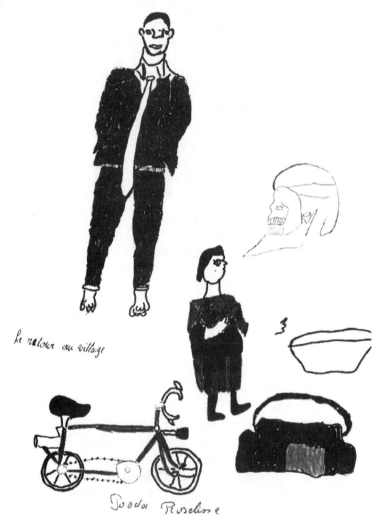

Le retour au village

Pooda Roseline

« *Et le voilà squelette* » : Fragments du commentaire de Pooda Roseline

Il a réussi à ramener un vélo et une cravate mais il n'a pas de chaussures [...] Il était en bonne santé, il est tombé malade et le voilà squelette.

sidéen que de la peur de la contamination pouvant être éprouvée par ceux qui l'entourent.

Dessin 3.
Dessin de Pooda Dématé : « *Ne m'abandonnez pas* ».

« *Les gens ont peur* » : Fragments du commentaire de Pooda Dématé

> *Comme il a le sida, on peut pas le toucher, les gens ont peur. Il vient de la Côte. Il a duré des années. Il profite de son retour au pays natal pour qu'on le soigne. Mais on ne peut pas le traiter vraiment, juste un peu. Car il a duré en Côte, trop même. [...]*

> *Un gars qui vient de la Côte, il n'a pas de vélo, il n'a pas d'habits, il n'a que le sida : on joue ça au balafon.*

> *Il est arrivé à l'hôpital. Les infirmiers le soignent comme cela. Il pense, il pense, il sait qu'en tout cas il sera cadavre. Il pense trop même. Le sidéen se cache. Il a la honte.*

Cette honte serait partagée par tous ceux qui reviennent de Côte-d'Ivoire. «Ils sont honteux donc ils se cachent [...]

Ils peuvent pas se redresser correctement : ils ont la honte. »
Tout se passe comme si le simple fait de revenir de la Côte-
d'Ivoire avait valeur de stigmate. Les Ivoiriens (c'est-à-dire
les Burkinabè qui reviennent de Côte-d'Ivoire) n'iraient pas
aux funérailles. « Ils ont la honte. » La honte et la peur
rivalisent. « Les gens disent que la maladie n'est pas bonne.
Elle joue pas. Il reste les os… » C'est pourquoi « on n'aime
pas toucher le sidéen ». À noter, cet autre nom lobi donné
au sida. On l'appelle « *ko natuva* » : « maladie avec os »,
c'est-à-dire « la maladie qui ne laisse que les os ! » L'extrême
visibilité de cette maigreur sidéenne est donnée à voir avec
plus d'intensité encore dans la narration graphique suivante.

Voir le dessin 4.

La description est de facture quasi clinique. Les détails
vrais et les métaphores explicites rendent compte, plus que
de longs discours, de son état de cachexie. Son double (en
tant que constituant de la personne[4]) a peut-être déjà délaissé
son enveloppe corporelle pour entamer son périple qui le
conduira au pays des morts. Dans les conceptions lobi, en
cas de maladies mortelles, le double « meurt » ou plutôt
change d'état en premier, puis le corps dépérit. Dans le
dessin de Dématé qui précède, le double du sidéen est
représenté. Le pronostic est donc sombre. Le malade mourra.

Voir un infortuné dans un tel état n'est pas anodin. S'il
se meurt, victime d'une « maladie qui colle », alors le risque
de l'attraper à son tour ne serait pas vain, si la peur étreint
votre propre double face à une telle vision. Le jeune Nufé
Dakité en rend compte dans la narration graphique suivante.

Voir le dessin 5.

---

4. M. Cros, *Anthropologie du sang en Afrique. Essai d'hématologie symbolique
chez les Lobi du Burkina Faso et de Côte d'Ivoire*, préface de Jean Bernard,
Paris, L'Harmattan, 1990.

Dessin 4.
Dessin de Pooda Ollo Augustin : « *Un jeune homme devenu rabougri* ».

« *Comme un arbre sans feuilles* » : Narration de Pooda Ollo Augustin

C'est l'histoire d'un pauvre « paysan qui travaillait beaucoup dans son champ ». Puis il ne voulut plus s'exténuer de la sorte. Il migre pour gagner de l'argent, en trouve et le dépense tant et plus avec « les filles qu'il aime beaucoup, et c'est par là que ce jeune homme est contaminé avec la maladie qui s'appelle sida. Ce jeune homme est devenu rabougri, très maigre, les cheveux déformés en forme de boules comme des petits cailloux, les joues gonflées de même.

Ce jeune homme avec une daba [houe] sur l'épaule est attaqué par la maladie qui s'appelle sida et il va devenir plus tard comme un arbre sans feuilles mais qui a des brindilles et non pas des branches. Le chien le suit parce qu'il sent beaucoup. Le chien va le mordre. Et voilà pourquoi les mouches le suivent aussi tout le temps. Plus tard cet homme deviendra un fantôme puisqu'il est comme un squelette. Il ne ressemble pas à une personne.

Dessin 5.
Dessin de Nufé Dakité : « *Double peureux avec maladie qui colle* ».

thu mamaa na kho na nani

nufe depikhuthe

« *C'est le double d'abord qui gagne la maladie* » : Commentaires de Nufé Dakité

Lui, l'homme à gauche, a vu un malade et il a eu peur, et son foie a sauté. Donc son double a eu peur et il est parti. C'est la rougeole qui a attrapé son double. Il avait vu un malade qui avait la rougeole.

Son double est noir avec des boutons, car c'est le double d'abord qui gagne la maladie. Le double meurt avant le corps.

*

La contamination s'opère ici par la peur. La rougeole est aussi une « *ko manani* », comme le sida d'aujourd'hui pour les Lobi. « Mais si beaucoup d'enfants meurent de la rougeole, certains arrivent à en réchapper. Au centre médical, il existerait même un vaccin pour cette maladie qui colle. Rien de semblable pour le sida. Même les Blancs s'avouent impuissants », explique-t-on en substance à l'ethnologue. Dans le cas d'une maladie pour laquelle aucun médicament n'a été trouvé, le symptôme « foie qui saute » a donc un parfum entêtant de létalité. La maigreur du sidéen est telle que le « voir à l'œil », selon l'expression habituelle, s'avère risquant pour celui dont le double ne se sentirait pas assuré, bien arrimé au corps. Que dire alors du cadavre du sidéen, exposé aux yeux de tous, lors de ses funérailles ?

Des funérailles à risques ?

Le cadavre, souligne L.-V. Thomas ; « c'est la mort présente, la mort agissante. »[5] Dès lors son traitement fait toujours l'objet de soins avisés afin notamment de « se protéger de la contamination de la mort »[6]. Plus précisément,

---

5. Louis-Vincent Thomas, *Le cadavre. De la biologie à l'anthropologie*, Bruxelles, éditions Complexe, 1980.

6. *Idem.*

« dans le cas de mauvaise mort, la contagion est jugée si dangereuse que le seul fait de voir ou de toucher le cadavre serait fatal »[7]. Si tout décès suite à une maladie qui colle, chez les Lobi, ne vous range pas pour autant dans la catégorie des « mauvais morts », il marque cependant la dépouille d'un sceau accru de dangerosité pour autrui. Les funérailles d'un tel défunt seraient à risques plus ou moins prononcés. Ainsi, par exemple, on ne saurait aller à l'enterrement d'une victime de la rougeole si on n'a pas déjà été frappé par cette maladie.

Dans le cas du sida, la situation est encore plus épineuse. D'une part on ne saurait en réchapper. Nul ne peut se targuer d'en avoir été victime et d'en avoir guéri. D'autre part, la vision du cadavre du sidéen aurait un caractère particulièrement éprouvant[8]. Dès lors on ne s'étonnera pas de la peur de certains à l'idée de participer à de telles funérailles où comme la coutume l'exige, depuis des temps immémoriaux, le cadavre est interrogé.

Voir le dessin 6.

Cet interrogatoire se pratique dans nombre de populations africaines. Analysant cette coutume funéraire, à l'aide notamment de l'exemple lobi, L.-V. Thomas en explicite le sens : « connaître les causes du décès, manifester de l'intérêt au défunt, lui faciliter son voyage dans l'au-delà, remettre éventuellement de l'ordre dans la société si la mort est due à une faute commise par le défunt ou un membre du lignage. »[9] Dans le cas présent, le guérisseur Hyen Tyolaré souligne : « Quand on interroge le cadavre, on ne dit pas qu'il

---

7. Louis-Vincent Thomas, 1982, p. 232.

8. B. Paillard, « Le sida ou la mort repoussante », *Communications*, no 57 (Peurs), 1993, p. 87-99.

9. Louis-Vincent Thomas, « Une coutume africaine : l'interrogatoire du cadavre », *Société de thanatologie*, 6e année, bulletin no 1, juin 1972, p. 24.

Dessin 6.
Détail d'un dessin de Pooda Sansan Gauthier : «*Aux funérailles* ».

Détail d'un dessin où figurent, outre le mort interrogé par trois personnes, un homme qui pleure et une femme qui chasse les mouches autour du cadavre.

est mort de sida. On ne demande pas cela. On lui demande ce qu'il a fait pour que le *thil* [esprit protecteur dont l'abandon peut être fatal à celui qui n'en respecte pas les interdits] le tue, même si on sait que c'est le sida. [...] Dans l'interrogatoire du cadavre on enlève même la notion de maladie, on enlève le nom de la maladie. Si le sida a attrapé la personne, c'est que son double a commis une erreur et il a été abandonné par son propre *hira* [le *thil* qui le protège tout particulièrement].» Après avoir été interrogé en bonne et due forme, le cadavre est exposé sous un arbre avant d'être inhumé.

Dessin 7.
Dessin de Nufé Dakité : «*Le sidéen* [malade du sida] *est mort*».

À cette vision éprouvante, viendrait s'ajouter une perception olfactive non moins pathogène. Cela avait déjà été entr'aperçu dans la narration de Pooda Augustin. Le guérisseur Pooda Dinguélé précise : «Ceux qui ont le double peureux ne tardent pas à être contaminés; quand tu sens l'odeur et que tu as peur, tu te contamines. » Cette contamination serait plus ou moins directe, elle serait fonction tant de la force du double du bien portant que de l'état d'avancée perceptible du mal de la victime. Hyen Konlimité ajoute : « Si tu vois un cadavre de sidéen et que tu penses, ton double ne reste pas et tu peux faire une erreur, et te contaminer. » Exemple d'erreur : « chercher une femme au hasard. » Mais après réflexion, il spécifie : « Même si la femme n'est pas malade, une fois que tu penses trop, ça va t'attraper. »

Dans ces conditions, on comprend pourquoi, fin 1992, certains me confiaient leur appréhension à ce sujet. Ils ne voulaient pas aller à de telles funérailles à risques. Début 1994 : le situation évolue. L'expérience de la mort sidéenne serait-elle en voie de banalisation de par, hélas, sa fréquence ? « Les gens vont quand même aux funérailles, ce n'est pas tout le monde qui a peur », souligne Hyen Konlimité. Un autre guérisseur explique : « Pour le sida, on peut aller aux funérailles. Certains ont peur mais c'est pour zéro, lui-même a été à plus de dix funérailles. » N'a-t-il pas été obligé d'assister à celles de sa propre fille, emportée par *Kpéré Ki*, alors qu'elle était partie accompagner son mari en migration de travail en Côte-d'Ivoire.

Désormais on irait donc aux cérémonies d'enterrement des sidéens. Celles-ci n'auraient plus ce caractère hâtif ou clandestin caractéristique de celles qui sont réservées à certaines catégories de « mauvais morts »[10]. La complainte de ce collégien de Kampti ne serait peut-être plus d'actualité. Fin 1993, il m'expliquait comment la plupart de ceux qui assistaient aux funérailles des victimes du *kpéré ki* étaient des jeunes. Et ces derniers y venaient et y viendraient encore avant tout « pour les chansons du sida » !

---

10. Louis-Vincent Thomas, *op. cit.*, 1988, p. 14.

« Jouer les chansons du sida » au balafon

Ainsi, lorsqu'au village on entendrait dire qu'un migrant s'en revient de la Côte avec la maladie, « les balafonistes réparent leurs balafons ». Ils se tiennent prêts pour l'enterrement afin de « partir y jouer les vraies chansons du sida ».

Voir le dessin 8.

Le jeune Pooda Dématé nous l'avait déjà fait remarquer : « Il n'a pas de vélo, ni d'habits : il n'a que le sida. On joue ça au balafon. » Dans le dessin de Nufé Dakité, le xylophoniste prenait également place non loin du cadavre exposé. De fait, il n'y a pas de cérémonie d'enterrement sans balafons. Et dans le cas présent, le sida se chante avec d'autant plus de conviction que les balafonistes en assurent l'accompagnement musical. Reste à explorer l'éventuel impact de ces chansons dans un tel cadre. Pour Nufé Boniré, dont l'un des frères est xylophoniste et de plus auteur de l'une des chansons du sida les plus populaires, ce *kpéré ki* joué et chanté se voir crédité de multiples effets.

Le chant rend compte de l'impact mortifère de cette nouvelle maladie tout en le transcendant : « Si quelque chose de mauvais arrive au village, le balafoniste essaie de lui donner un chant, exemple : le chant de la famine. » Le mal est reconnu, y répondre passerait par le média de brousse le plus populaire. Les balafonistes jouent le sida comme ils le firent et le font encore pour d'autres maux. Les balafonistes jouent le sida et tentent d'en jouer au nom d'une prévention sauvage en paroles et en musique, née d'elle-même en l'absence de toute politique savante de santé[11]. Ces

---

11. Pour une version urbaine de cette réponse en chansons (*cf.* P.-A. Krol, « *Avoir vingt ans en Afrique* », Paris, L'Harmattan, 1994, p. 217) avec une reprise de ce moyen de sensibilisation à un niveau plus officiel en Côte-d'Ivoire, *cf.* F. Deniaud, « "Chaussez capote" : des chansons sur les préservatifs pour les jeunes Africains », *Sociétés d'Afrique et sida* , n⁰ 1,

Dessin 8.
Dessin de Nufé Boniré : « *Le balafoniste qui joue les chansons du sida* »

« *Bien les chanter, sans peur et sans pitié* » : Rédaction de Nufé Boniré

> *Le sida est une maladie qui fréquente vraiment nos localités mais comme c'est une maladie inguérissable, nos chanteurs, en même temps balafonistes,ont créé de nouvelles chansons pour le sida. Ils aiment jouer les chansons du sida lors du décès d'un malade sidéen. Les propriétaires du décédé n'ont rien à dire car ce sont les chansons préférées du sida. Donc on doit bien les chanter, sans peur et sans pitié, car le sida est dans tous les continents. Donc les hommes, femmes et enfants n'ont plus peur de cette maladie contagieuse. Les balafonistes ont toujours raison dans leurs chansons car tous les Burkinabè qui sont en Côte-d'Ivoire, ils viennent avec cette maladie. Le jour qu'ils meurent, quand ils sont dans la natte* [au moment de l'interrogatoire afin de leur demander] *la cause de leurs décès : les cadavres flattent les chefs pour dénoncer que c'est autre chose que les parents ou bien leurs femmes ont fait, c'est pourquoi ils meurent.*

*

xylophonistes, dont nombre ne sont guère plus âgés que nos collégiens, refusent la dé-réalisation du sida, y compris et d'abord lors de ces funérailles.

Ils jouent haut et fort ce que la honte et la peur conduisent généralement à occulter. Ils savent qu'un « consensus s'est forgé autour de leur fonction, faisant d'eux la voix autorisée à clamer tout haut les entorses à la vie sociale que les fautifs

---

juillet 1993, p. 6). On trouvera par ailleurs un exposé de la politique de santé menée par les autorités sanitaires du Burkina en matière de sida *in* M. Cros « Araignée-sida et politique de santé en pays Lobi Burkinabè », communication au colloque *1983-1993 : dix ans de changements politiques et sociaux au Burkina Faso*, Centre d'étude d'Afrique noire, Bordeaux, juillet 1994 (à paraître).

voudraient étouffer »[12]. De par la maîtrise de cet art musical que beaucoup auraient acquis auprès des puissances sur-naturelles[13], ils jouissent en effet d'une sorte d'immunité sociale dont ils usent et abusent avec brio, dans le cadre de ces rites funéraires, car ici, plus qu'en tout autre lieu : « dire est encore ivresse de vie. »[14]

De fait, on ne meurt pas de sida aujourd'hui en pays lobi, sinon à terme ou au futur dans les chansons des bala-fonistes. « Ivoiriens » et migrants adoptent une position de repli nominal, à l'instar du premier d'entre eux : le cadavre obligé de « flatter » ceux qui l'interrogent. Serait-ce parce que mot sida n'a pas sa place dans le cadre de cet interrogatoire ou plutôt en raison de son effet stigmatisant sur la famille ? La maladie qui colle épargne-t-elle l'entourage de celui qui en meurt ? Dans l'éventualité d'une réponse négative – comme le donne à voir la narration graphique suivante (illustration supplémentaire de cette perception erronée d'une extrême contagion) – ceci pourrait expliquer la réticence des « propriétaires du décédé » face aux chants du sida que les xylophonistes entonnent justement aux funérailles de celui dont tout laisse à penser qu'il est bel et bien une victime du *kpéré ki*.

---

12. J.-M. Kambou-Ferrand et N. Kambou, « Nani Palé : chanteur-compositeur-balafoniste et poète lobi, 1925-1985 », *in Images d'Afrique et sciences sociales. Les pays lobi, birifor et dagara*, (sous la direction de M. Fiéloux. J. Lombard et J.-M. Kambou-Ferrand), Paris, KARTHALA-ORSTOM, 1993, p. 474.

13. D. Branger, « Le xylophone à résonateurs multiples des Lobi ». *Idem*, p. 460-469.

14. S. Camara, *Grain de vision. Afrique noire, drame et liturgie*, Institut d'études politiques – Université de Bordeaux I – « Travaux et documents », n° 42, 1994, p. 38.

Dessin 9.
Dessin de Pooda Sié Tioléné: «*Une maladie contagieuse: le sida*».

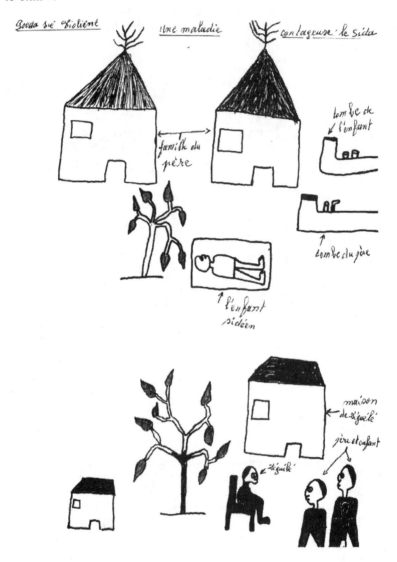

«*Ensuite son père est décédé*»: Rédaction de Pooda Sié Tioléné (extraits)

> *J'ai dessiné une maladie contagieuse à Gbangbankora. Cette maladie s'appelle sida. Il y avait un homme qui était venu de Côte d'Ivoire et il avait une maladie sida. Arrivé au marché de Kampti, tout le monde dit en cœur que cet homme a la maladie sida tellement qu'il est maigre.* » On tente de le soigner. « *Un mois, ça ne guérit pas. À partir du quatrième mois, il est décédé. Tout le monde pleure. On tape le balafon accompagné du tam-tam. On donne des coups de fusil en l'air. On jette du mil, des haricots. Ensuite son père est décédé parce que la maladie sida est une maladie contagieuse. Et que c'est son père qui se promène avec lui, c'est pour cela qu'il est décédé.*

Autre effet du *kpéré ki* joué et chanté : c'est en rendant public ce retour du refoulé (amnésie étiologique à valeur cependant prophylactique en matière de stigmatisation), c'est-à-dire en imposant la présence du nom de la maladie en la circonstance, que les balafonistes, relayés par cette population de jeunes, manifestent de la sorte leur solidarité posthume à l'égard de celui qui est ainsi parti. Solidarité bien comprise et non dénuée d'intérêt, puisque «la plupart des défunts sidéens sont des jeunes. À leurs funérailles les jeunes viennent nombreux. Comme cela dans leurs propres funérailles, les jeunes seront aussi nombreux» me fut-il expliqué. En effet : une assistance réduite à l'enterrement, «ça fait pitié».

Enfin, souligne Nufé Boniré, «dans nos localités, les grands vont aux funérailles pour écouter, les petits c'est pour danser. Au décès d'un sidéen, garçons et filles viennent nombreux. Ils aiment trop les chansons du sida». En ce lieu, le message délivré par ces chansons, semble acquérir une force plus grande. Le fait de «les chanter, sans peur et sans pitié», paraît ici jouer un rôle clé. La honte n'a plus de place et la peur serait évacuée par la force du chant... Or nous le savons, la peur est considérée, dans le cas d'une maladie qui colle, comme apte à amoindrir les résistances de l'enveloppe corporelle en induisant le départ du double protecteur[15]. La contamination en serait d'autant plus facile. Mais dans ces conditions précises et par le canal du chant, tout se passe comme si le double gagnait de la force tous ensemble, avec les autres jeunes qui dansent et chantent au son du balafon, il s'avérerait alors possible d'assister sans risques à ces funérailles. La valence énergétique du chant correspondrait ici à une sorte d'anti-peur proche de cet optimisme interventionniste caractéristique des anticontagionistes qui, lors des épidémies d'autrefois en Occident, évoquaient la peur « comme un agent de propagation du mal »[16] et tentaient de l'enrayer à l'aide de moyens similaires.

Rites de mort pour la prévention des vivants

Que disent les chansons du sida, reprises également au son du balafon dans le cadre des danses du *Bir* (un culte de fécondité qui permet notamment à la jeunesse de se retrouver pour danser en période d'hivernage) ? Ces paroles enregistrées au cours d'un *Bir* en décembre 1992, et retranscrites avec l'aide de Pooda Féssité, témoignent de l'impact de la prise de conscience du caractère au moins sexuellement transmissible du *kpéré ki* :

> *Les garçons de l'indépendance*
> *C'est comme cela qu'ils vont faire*
> *Et le sida va les attraper.*
>
> *Si vous cherchez les femmes, là*
> *Si vous faites pas attention,*
> *Les jeunes vont attraper le sida.*

---

15. T. Nathan, « Angoisse ou frayeur. Un problème épistémologique de la psychanalyse ».*Nouvelle Revue d'ethnopsychiatrie*, n° 15 (Frayeur), 1990, p. 21-38.

16. G. Fabre, « La notion de contagion au regard du sida, ou comment interfèrent logiques sociales et catégories médicales», *Sciences sociales et santé*, 1993, XI, 1, p. 17, et S. Fainzang, « L'alcoolisme, une maladie contagieuse ? Réflexion anthropologique sur l'idée de contagion », *Ethnologie française*, XXIV, 4, 1994, p. 825-834.

Le contenu en est clair : il s'agit de « faire attention », « de se méfier » ou selon l'image de nombreux collégiens utilisée dans leurs rédactions : « de ne pas être bordels ». Mais si les jeunes restés au Burkina sont peut-être en mesure de résister – « double » assuré par le contenant du chant (face au défunt notamment) et corps averti par son contenu (en présence par exemple d'un partenaire « trouvé au hasard ») –, il n'en va pas de même ou cela ne fut pas aussi aisé pour le migrant aujourd'hui enterré. Dans le cadre de ces funérailles, « la parole du sida », après s'être camouflée lors de l'interrogatoire du cadavre, se joue en mélopées sentencieuses par les balafonistes, se chante et se danse par les jeunes, tout en se faisant encore entendre sous le mode de la complainte par les parents directs du défunt, moyennant ici également l'accompagnement du xylophone.

« *Je t'avais dit de ne pas aller en Côte-d'Ivoire* » : Fragment du commentaire d'un dessin de Nufé Dakité[17]

> Il est mort la nuit, à zéro heure. Le cadavre est sous l'arbre. On tape le balafon. La maman pleure : je t'avais dit de ne pas aller en Côte-d'Ivoire et tu as refusé.

Même atmosphère et mots semblables de désolation dans la narration graphique de Pooda Iguin :

Voir le dessin 10.

Retour à la case départ de cet écrit. Partir en migration et en « revenir cadavre ». Cette sombre équation du temps sidéen est rappelée une fois de plus dans le cadre de ces cérémonies d'enterrement. À chacun son mode d'expression : à distance, sans peur et sans pitié pour les uns ; dans la douleur et l'accusation pour les autres, et toujours non loin du balafon qui se charge de véhiculer cette « parole du sida » aux accents tout à la fois préventifs et punitifs. Force est de

---

17. Le dessin correspondant a été reproduit plus haut. C'est celui de l'exposition du cadavre intitulé *Le sidéen est mort*.

Dessin 10.
Dessin de Pooda Iguin : « *La mort d'un sidéen dans le village lobi* ».

Pooda Iguin

Sa mort d'un sidéen dans le village lobi

Narration de Pooda Iguin (extraits) : « *Il a laissé partir son fils et...* »

> *Le sidéen est mort. On l'a mis sous l'arbre. Les femmes ont des feuilles au derrière. Des coups de fusil sortent des deux côtés. On jette des cauris devant le balafon. À côté du balafoniste, le père se lève pour expliquer comment il a laissé partir son fils, et aujourd'hui c'est le cadavre qu'on lui envoie...*

*

rappeler le lieu et le mode probable de la contamination, tout en soulignant du même coup son caractère évitable.

Ces funérailles à risques du sidéen doivent marquer et instruire. Boniré l'a dit : « Les grands vont aux funérailles pour écouter, les petits c'est pour danser. » Dans le cas présent, les jeunes dansent et chantent tandis que les anciens parlent et écoutent. Tous en fait s'instruisent les uns des autres. Ainsi en est-il de façon émouvante dans la narration graphique de Pooda Iguin, qui fait suite directement à celle où « le père a laissé partir son fils »[18].

Dessin 11.
Dessin de Pooda Iguin : « *Sié frappe son enfant dans sa cour* ».

« *C'est aux funérailles qu'il a vu que...* » : Commentaire de Pooda Iguin

Le vieux a vu que partir la nuit, chercher des femmes, ça pouvait donner le sida. Et son fils sort chaque nuit, il va en ville et il

18. Pour le premier élément de ce triptyque graphique, *cf*. M. Cros, « Participer autrement : de l'ethnographie en temps de pandémie », *in Actes de l'atelier Les sciences sociales face au sida. Cas africains autour de l'exemple ivoirien*, Abidjan/Petit-Bassam, (sous la direction de J.-P. Dozon et C. Vidal) GIDIS-CI/ORSTOM, 1993, p. 325-345, où Pooda Iguin raconte alors le retour de Côte-d'Ivoire du fils aîné que le père à laissé partir, suivi de « La mort d'un sidéen dans le village Lobi ». Dans cet article on trouvera encore la première version du dessin de Nufé ou Pooda Dakité et plusieurs autres chansons et devinettes du sida.

revient le matin de bonne heure. Ses femmes sont en train de piler le maïs, l'enfant est venu et le père l'attendait avec un bâton, et il l'a fouetté et il lui a dit que ce n'est pas bon de passer la nuit avec les filles. Le fils a dans les dix-huit ans. C'était après les funérailles. C'est aux funérailles qu'il a vu que si on laisse sortir les fils la nuit, on peut pas les guérir. Donc tout le monde veut suivre les fils de près.

En fait, me précisa Pooda Iguin : « le sidéen (dont il a dessiné l'histoire) n'avait pas de femme. Il est parti en migration avant que son père ne lui en donne une. Il a donc dû chercher des Ghanéennes et des filles de rue. Ils ont vu cela quand le frère cadet, resté au village, est parti en Côte (afin de ramener le migrant mourant ; voir le premier dessin du triptyque), et là-bas, on lui a expliqué comment il avait été saisi par cette maladie : c'était par les filles... » Ainsi donc on s'instruit aux funérailles. La généalogie étiologique du mal est retrouvée ou recomposée. Les parents y prendraient notamment conscience des dangers que courent leurs enfants quand ils « sortent » en ville. La migration n'est plus seule en cause. Le fils de Sié ne passe pas la frontière. Kampti fait déjà figure de ville lorsqu'on habite à quatre kilomètres de là, au sein du petit village de Gbangbankora. En ce pays lobi, aux mœurs sexuelles traditionnellement assez libérales, l'inquiétude commencerait-elle à gagner les uns et les autres, et ce *via* cette « parole du sida » qui va et vient lors de ces funérailles à risques ? Comme un groupe de femmes me l'expliqua, à l'occasion d'un entretien collectif sur la prévention du sida : « Quand elles regardent les cadavres, c'est comme cela qu'elles ont des informations ! »

*

En conclusion, la reprise d'une des idées maîtresses de L.-V. Thomas s'impose. De fait, le rituel funéraire se compose de tout un ensemble de conduites « organisées pour maîtriser le désordre de la mort, pour le contourner et le convertir en promesse de vie. C'est en effet beaucoup moins l'intérêt de la personne du mort qui motive le traitement de son cadavre et le règlement de son devenir, que l'intérêt de la communauté, mise à mal par la perte de l'un de ses membres. »[19]

Et dans le cas présent, c'est bel et bien face au désordre absolu que représente la mort d'un jeune migrant – bien souvent sans descendance, et par là même venant contrecarrer la continuité de la lignée de son propre père, sans oublier le risque de contamination ascendante ici mis en image – qu'il faut inverser la tendance. La scène des funérailles est à investir en tout premier lieu. La « parole du sida » y serait tout particulièrement entendue *via* son amplificateur instrumental : le balafon dont la propre « parole primitive est douée d'une énergie offensive et défensive. »[20] Ainsi devient-il possible de « recourir à la positivité » évoquée par L.-V. Thomas, grâce notamment à ces chansons qui vous donnent la force et le courage de lutter, ne serait-ce qu'en étant présent en la circonstance, moyennant le secours de cet « imaginaire de la salvation ». Les vieux en usent pareillement pour communiquer à tous leurs doléances et leurs regrets tout en mettant en garde leurs propres jeunes aventureux. Et ces derniers reprennent la leçon de la prévention avec ardeur, mais sur un mode plus ludique, afin que toujours *la vie l'emporte*.

---

19. W. H. Sangree, « Grand-parenté et statut des vieux à Tiriki (Kenya) », *in Vieillir en Afrique* (sous la direction de C. Attias-Donfut, C. et L. Rosenmayr) Paris, PUF, 1994, p. 213-244 (p. 226).

20. Selon l'expression de Sory Camara. Communication personnelle, Bordeaux, février 1995.

Le risque thérapeutique ou les limites de l'intervention médicale de type curatif

Jocelyne Saint-Arnaud

Au début du siècle, un malade gravement atteint qui consultait un médecin avait peu de chances d'y trouver un avantage. Depuis les années quarante, les choses ont changé; même si les victoires sur la mort ne sont pas uniquement dues aux progrès médicaux[1], il faut reconnaître que la découverte des antibiotiques et des vaccins, l'utilisation des techniques de réanimation et de soins intensifs, la possibilité de transplantations d'organes, les progrès de la radiothérapie et de la chimiothérapie, le perfectionnement de l'alimentation parentérale prolongent la vie de manière significative.

Trois grands axes de développement expliqueraient les progrès médicaux du XXe siècle[2]. Ce sont l'institutionnalisation des soins de santé, le développement de la spécialisation médicale et la prédominance de l'approche scientifique et technologique. Le développement des hôpitaux, particulièrement des hôpitaux universitaires, a encouragé l'institutionnalisation des soins dans le sens de la spécialisation médicale. Il faut mentionner les progrès réalisés en bactériologie, en pathologie et en physiologie. Désormais les diagnostics et les traitements s'appuient sur des

---

1. L'incidence de la tuberculose avait diminué de beaucoup à New York entre 1812 et 1945, donc avant le début de la chimiothérapie par antibiotiques. Lire à ce sujet : Jean-Pierre Dupuy et Serge Karsenty, *L'invasion pharmaceutique*, Paris, Seuil, 1974, p. 31.

2. « Medical Ethics, History of : Contemporary Period in Europe and the Americas », *Encyclopedia of Bioethics*, (sous la direction de W.T. Reich), New York/London, The Free Press/ Macmillan, 1978, vol. 2, p. 992-1003.

connaissances scientifiques générées en laboratoire, testées en clinique et vérifiées par les statistiques. La nouvelle médecine est intimement liée à la nouvelle biologie ; ces liens sont évidents dans le domaine des nouvelles technologies de la reproduction et du génie génétique. La médecine scientifique a fait son entrée sur la scène, avec les avantages et les inconvénients que cela comporte.

De manière générale, l'espérance de vie à la naissance s'est nettement accrue dans les pays industrialisés. Ainsi, au Québec, l'accroissement a été de 14,9 ans chez les hommes et de 21,6 ans chez les femmes entre 1931 et 1980[3]. Cependant, une plus grande espérance de vie ne signifie pas une baisse du taux de morbidité. En effet, alors que l'espérance de vie à 65 ans était de 13,9 ans pour les hommes et de 18,5 ans pour les femmes en 1980, l'espérance de vie en bonne santé à 65 ans n'était plus que de 7,9 ans chez les hommes et de 8,5 ans chez les femmes en 1980[4]. Il y aurait là une indication à l'effet que les femmes vivent plus longtemps que les hommes, mais pas nécessairement en meilleure santé. Quoi qu'il en soit, les traitements actuels et les technologies qui les supportent prolongent la vie, mais pas nécessairement une bonne qualité de vie.

La médecine scientifique traite un organe plutôt que la totalité de la personne[5]. Dans ces conditions, les risques

---

3. L'espérance de vie à la naissance était de 56,19 ans pour les hommes et de 57,80 ans pour les femmes en 1931 elle était de 70,31 ans pour les hommes et de 78,23 ans pour les femmes en 1980. Lire S. Dillard, *Durée ou qualité de vie*, Québec, Conseil des affaires sociales et de la famille, 1983, p. 36.

4. *Ibid.*, p. 34.

5. Il est intéressant de constater que, dans des situations limites, une approche multidisciplinaire, voire interdisciplinaire, est mise en place pour répondre à la multidimensionnalité de la maladie. Cette pratique est le fait de certaines équipes de soins palliatifs et de transplantation. Considérant l'ensemble de la pratique médicale hospitalière, ces approches sont cependant exceptionnelles.

de déshumanisation des soins sont d'autant plus grands que les restrictions budgétaires dans les institutions de santé occasionnent de plus en plus de coupures de personnel[6]. Les traitements de pointe associés à chacune des spécialisations s'avèrent très coûteux en terme d'investissements financiers et humains pour les malades et pour les professionnels impliqués.

Dans ce chapitre, la question du rationnement des ressources dans le domaine des soins de santé ne sera pas abordée, bien que des risques thérapeutiques importants y soient associés. Ne sera pas abordée non plus toute la question de l'expérimentation, même si, dans les hôpitaux universitaires, les essais expérimentaux sont pratiquement inclus dans les protocoles de soins. C'est particulièrement le cas des maladies pour lesquelles il n'existe pas de traitement efficace ; l'exemple du sida illustre parfaitement bien cette perspective.

Les risques thérapeutiques seront analysés ici en fonction des enjeux éthiques qui sont soulevés par l'utilisation des traitements de maintien en vie (tout traitement dont le retrait entraîne la mort) et des techniques médicales de pointe dans le domaine de la médecine de soins intensifs. À cet effet, seront analysés l'impératif technologique, les conséquences de son application en regard de la théorie et de la pratique médicales, l'épistémologie sous-jacente et enfin les principes moraux en cause.

L'impératif technologique

D'un point de vue éthique, le risque thérapeutique majeur consiste à absolutiser une technique, à nous laisser

---

6. Cet aspect de la question a été analysé pour la France par Jean Sabatini et Jean-Louis Besnard dans «Allocation des ressources et questions éthiques sous-jacentes en France», in *Contribution à la réflexion bioéthique*, (sous la direction de G. Durand et C. Perrotin,) Montréal, Fides, 1991, p. 299-310.

conduire par ses impératifs dans les décisions qu'elle suscite. C'est ce qui se passe quand une technologie est utilisée simplement du fait qu'elle existe, sans que la pertinence de l'intervention ne soit examinée. Deux exemples suffiront à illustrer ce point. Le premier se situe dans le domaine du diagnostic prénatal où l'échographie de routine est pratiquée ; au Québec, deux échographies de routine sont effectuées pour chaque grossesse, alors que la pertinence d'une telle méthode diagnostique, et surtout la manière dont elle est pratiquée, sont contestées[7]. Pour ce qui concerne l'accès à l'amniocentèse, des catégories de futures mères sont établies à partir de critères médicaux ; mais si la personne n'est pas en faveur de l'avortement, à quoi sert une connaissance qui ne fait bien souvent que créer de l'anxiété ? Ces conditions psychologiquement difficiles se retrouvent aussi dans le dépistage des maladies génétiques pour lesquelles aucune intervention préventive ou thérapeutique n'est disponible. La nouvelle médecine favorise l'acharnement diagnostique.

Par ailleurs, la réanimation constitue une pratique de routine qui implique la prolongation de la vie par une intervention effractive (*invasive*). Dans les milieux hospitaliers nord-américains, tout malade qui fait un arrêt cardiorespiratoire est réanimé si le médecin traitant n'a pas inscrit à son dossier une prescription de non-réanimation. Cette pratique fait en sorte qu'un grand nombre de malades sont réanimés sans jamais avoir été consultés à cet effet. Pourtant des études[8] démontrent que 78 % des patients âgés, informés et consultés à propos d'une réanimation éventuelle, refusent le traitement. Les droits des malades sont ici en

---

7. Commission royale sur les nouvelles techniques de reproduction, *Un virage à prendre en douceur : rapport final*, ministère des Services gouvernementaux, Ottawa, 1993, vol. 2, p. 919-924.

8. Donald J. Murphy, David Burrows, Sara Santili *et al.*, « The Influence of the Probability of Survival on Patients' Preference Regarding Cardiopulmonary Resuscitation », *The New England Journal of Medicine*, vol. 330, n⁰ 8, 1994, p. 545-549.

cause ; mais indépendamment du respect des volontés de la personne sur des questions de vie et de mort, se pose, du point de vue du praticien, la question de l'inutilité d'un traitement face aux objectifs médicaux poursuivis.

Quand la technologie est absolutisée, l'intervention n'est pas faite en fonction des buts médicaux poursuivis mais en fonction des moyens qui sont disponibles. Les moyens technologiques deviennent alors des fins en soi. En termes kantiens, ils perdent leur caractère hypothétique : leur utilisation se présente faussement comme un devoir moral en s'appropriant les caractéristiques d'un impératif catégorique (apodicticité et nécessité) sans en avoir rempli les conditions au niveau de l'universalisation de la maxime[9].

Dans l'interventionnisme le plus complet, le recours à tous les moyens possibles se présente comme un devoir moral incontournable parce que les buts médicaux poursuivis sont éclipsés au profit de l'outil technologique.

Les buts médicaux

Selon Jonsen, Siegler et Winslade[10], les buts médicaux poursuivis par tout traitement sont :

— la restauration de la santé ;
— le soulagement des symptômes (incluant les douleurs physiques et psychologiques) ;

---

9. Pour comprendre la distinction entre impératifs catégorique et hypothétique, lire, Kant, *Fondements de la métaphysique des mœurs*, trad. par J. Muglione, Paris, Bordas, 1988, p. 19-22.

10. Albert R. Jonsen, Mark Siegler et William Winslade, *Clinical Ethics : A Clinical Approach to Ethical Decisions in Clinical Medicine*, New York, Macmillan, 1986, p. 14.

— la restauration d'une fonction ou le maintien d'une fonction compromise ;

— sauver et prolonger la vie ;

— l'information et le counseling auprès de patients quant à leur condition et à leur pronostic ;

— éviter de causer des torts au patient en cours de traitement.

Ces auteurs présentent comme un but médical à poursuivre le fait de ne pas causer de torts au malade en cours de traitement. Selon nous, il ne s'agit pas ici d'un but médical en soi, mais d'une condition éthique à remplir dans la poursuite de tout traitement. Évidemment, il s'agit de l'application du principe *primum non nocere*, dont la première version connue remonte à ce qu'il est convenu d'appeler le serment d'Hippocrate[11]. Nous retirons donc des buts médicaux définis par Jonsen et ses collègues la référence au principe de non-malfaisance.

Les autres buts définissent clairement les fins de la pratique médicale. Ils sont tous atteints dans le traitement efficace des maladies aiguës, mortelles et curables qui ont été correctement et rapidement diagnostiquées. C'est le cas des maladies infectieuses qui ont constitué, depuis l'avènement de l'antibiothérapie, le modèle du traitement médical réussi[12]. En l'absence d'un traitement efficace, ces maladies étaient la cause la plus fréquente de mort. Les épidémies décimaient les populations, avant que ne se manifestent les maladies de société qui nous emportent aujourd'hui.

---

11. Lire Ludwig Edelstein, « The Hippocratic Oath : Text, Translation, and Interpretation », *in Cross Cultural Perspectives in Medical Ethics* (sous la direction de R.M. Veatch), Boston, Jones and Bartlett, 1989, p. 6-24.

12. Lire au sujet des maladies infectieuses comme modèle des maladies : Jean-Louis Funck-Brentano, *Le grand chambardement de la médecine*, Paris, Éditions Odile Jacob, 1990, p. 20-22.

Dans le traitement des autres types de maladies, maladies aiguës incurables ou maladies chroniques dégénérescentes, les buts médicaux ne sont pas tous atteints. Le plus souvent le traitement consistera à soulager les symptômes et à retarder la progression de la maladie.

Dans la mesure où les buts médicaux rencontrés par le traitement sont de moins en moins nombreux ou ne peuvent plus être identifiés clairement (par exemple en phase terminale de maladie), se pose la question de la pertinence d'une cessation ou d'une abstention de traitement, tels le retrait du respirateur, la non-réanimation, le non-recours à l'antibiothérapie, etc.

Dans le traitement réussi d'une maladie aiguë, tous les buts médicaux sont atteints. Si aucun but médical n'était atteint, aucun traitement ne serait justifié. Cependant, entre ces deux extrêmes, se profilent des cas pour lesquels tous les efforts thérapeutiques ne sont pas justifiés. C'est le cas des malades atteints de maladies terminales ou de maladies chroniques dégénérescentes incurables, qui vivent dans une condition gravement compromise, et ce de manière irréversible et progressive.

Dans ce contexte, certains traitements deviennent inutiles, ce qui signifie que l'intervention médicale de type curatif (ayant pour modèle le traitement réussi d'une maladie aiguë, mortelle et curable) a atteint ses limites, parce qu'elle ne rencontre plus – ou de manière suffisante –, les buts médicaux poursuivis. Elle doit alors faire place à une intervention de type palliatif. C'est dans ce passage d'une intervention de type curatif à une intervention de type palliatif que se situe le problème de l'acharnement thérapeutique. En ce sens, prolonger la vie d'une personne dont les capacités sont réduites à leur plus faible expression par des techniques de maintien en vie constitue de l'acharnement thérapeutique. Toutes ces questions sont à la fois médicales et éthiques. Cependant, dans la mesure où les buts médicaux ne sont plus atteints, les valeurs de chacun, malades et intervenants, entrent davantage en ligne de compte.

Si l'on considère la pratique médicale de pointe, les questions pertinentes à poser seraient les suivantes : dans quelle mesure les buts médicaux poursuivis doivent-ils être atteints pour justifier la mise en œuvre d'un traitement effractif (*invasive*) ? Ce dernier est-il considéré comme médicalement adéquat, s'il maintient une vie dont les capacités sont réduites à leur minimum ? Si un seul but est atteint et de manière minimale, – le maintien d'une vie végétative par exemple – , l'acte médical est-il justifié ?

Un bon nombre de comas végétatifs sont d'origine iatrogénique, au sens où ils ont été induits par une réanimation qui a techniquement bien réussi, mais qui, pratiquée trop tardivement, a laissé des séquelles importantes au cerveau. La technique de réanimation a alors permis de rétablir le rythme cardiaque chez une personne dont les fonctions cérébrales étaient irrémédiablement atteintes. Ces échecs des thérapies de réanimation fabriquent des morts-vivants, selon l'expression de Jean-Roger Le Gall[13], neurologue à l'hôpital Saint-Louis de Paris. Ces personnes n'auraient évidemment pas survécu avant l'avènement des techniques de réanimation durant les années soixante.

Il y a donc des effets pervers qui sont reliés à l'utilisation des technologies de pointe. À ce propos, l'interventionnisme – dont la philosophie de base s'appuie sur les principes à l'œuvre dans le traitement réussi d'une maladie aiguë[14] – est souvent qualifié d'acharnement thérapeutique par des non-médecins, surtout s'il s'agit de traitements de fin de vie et, dans certains cas, de maintien en vie (*life-sustaining treatments*). Dans un tel contexte, l'acharnement thérapeutique

---

13. Jean-Roger Le Gall, « Problèmes éthiques en réanimation », *Éthique médicale et droits de l'homme*, Paris, Actes Sud, 1988, p. 210.

14. Jean-Louis Funck-Brentano, *op. cit.*, p. 20-22.

désignerait « l'attitude des médecins qui utilisent systématiquement tous les moyens médicaux pour garder en vie une personne [...] au stade terminal, sans réel espoir d'améliorer son état »[15]. Sous-jacente à cette définition, se pose la question de l'inutilité du traitement et de la pertinence de ce critère pour cesser ou ne pas entreprendre un traitement.

Le traitement inutile

L'inutilité d'un traitement ne se vérifierait-elle qu'après coup? Les praticiens posent clairement la question. En fait, le concept d'inutilité est souvent fuyant et il cache plusieurs ambiguïtés qui proviennent des significations variées accordées au terme par les médecins, des mauvaises interprétations statistiques et des désaccords sur les buts de la thérapie[16]. Cependant, il est important de définir ce terme puisque déjà en 1991 trois associations médicales américaines l'avaient reconnu comme critère de non-initiation ou de cessation de traitement[17].

Selon une analyse des écrits scientifiques parus entre 1989 et 1994[18], un traitement peut être jugé inutile en fonction de l'effet local recherché ou en fonction du bénéfice global retiré par le malade.

15. Yvon Kennis, « Acharnement thérapeutique », in *Les mots de la bioéthique*, (sous la direction de G. Hottois et M.-H. Parizeau), Montréal, Erpi/Science, 1993, p. 19.

16. John D. Lantos, Peter A. Singer, Robert M. Walker *et al.*, « The Illusion of Futility in Clinical Practice », *The American Journal of Medicine*, vol. 87, 1989, p. 83.

17. Ce sont l'*American College of Chest Physicians*, la *Society of Critical Care Medicine* et l'*American Thoracic Society*. Lire à ce sujet: John H. Hansen-Flaschen, « When Life Support Is Futile », *Chest*, vol. 100, nº 5, 1991, p. 19.

18. Jocelyne Saint-Arnaud, « Les coûts de l'acharnement thérapeutique », *Rapport du président du Comité de réflexion sur les coûts socio-économiques des deuils non résolus et de l'acharnement thérapeutique*, Conseil médical québécois, janvier 1995, p. 57-88.

L'effet local d'un traitement

Selon une première approche, une intervention est inutile si elle n'atteint pas l'effet voulu, et ce même si elle était maintenue ou répétée[19]. L'effet recherché est habituellement considéré d'un point de vue strictement physiologique. En ce sens, le traitement inutile est celui qui ne réussit jamais, – une réanimation qui ne pourrait rétablir le rythme cardiaque en serait un exemple[20]. Le problème avec cette définition du traitement inutile n'est pas tant de reconnaître l'inutilité d'un traitement pour lequel il y a une certitude de non-réussite; à la limite, prodiguer un tel traitement serait de la mauvaise pratique médicale. La difficulté vient plutôt de l'interprétation des chances de réussite et de la décision à prendre quant à l'initiation ou à la cessation d'un traitement dont le succès n'est pas assuré. Selon Crimmins[21], des médecins considèrent inutile un traitement dont le taux de succès varie de 0,15 % à 10 %, et certains mentionnent même des taux allant jusqu'à 13 % et 14 %. Ces statistiques sont établies à partir d'essais expérimentaux. Il est évident qu'il y a désaccord sur le pourcentage qui servirait de critère à une non-initiation de traitement. Cependant, cette façon de recourir aux statistiques s'inscrit dans une pratique médicale courante, quoique de plus en plus dénoncée.

---

19. John H. Hansen-Flaschen, *op. cit.*, p. 1192, et Lawrence J. Schneiderman, Nancy S. Jecker, Albert R. Jonsen, «Medical Futility: Its Meaning and Ethical Implications», *Annals of Internal Medicine*, vol. 112, nº 12 ,1990, p. 950.

20. Selon Françoise Baylis, la réanimation cardio-respiratoire n'est pas appropriée dans les cas de grave rupture du myocarde, d'artère pulmonaire bouchée à la suite d'une embolie, d'anévrisme de l'aorte abdominale ou thoracique, *Journal de l'Association médicale canadienne*, vol. 141, nº 10, 1989, p. 1043.

21. Timothy J. Crimmins, «Ethical Issues in Adult Resuscitation», *Annals of Emergency Medicine*, vol. 22, 1993, p. 496, et Lawrence Schneiderman, *op. cit.*, p. 950.

Selon Lantos et ses collègues[22], les statistiques ne sont pas fiables parce que les résultats de recherches empiriques peuvent être faussés par des vices de procédure. D'autre part, les moyennes ne nous donnent pas d'indications sur la réalité du cas particulier; de ce fait, les statistiques ne devraient pas être déterminantes dans la décision d'entreprendre ou non un traitement parce qu'elles ne considèrent que des moyennes. À cet égard, Funck-Brentano[23] remarque comment les pronostics établis de manière statistique ne sont pas valides dans la décision clinique qui doit s'appliquer à chaque cas particulier : « Rien ne démontre a priori qu'on doive abandonner chez un malade donné le traitement commencé avec le médicament A, fort de ce que le médicament B a des résultats statistiques meilleurs. Ce malade particulier peut se situer dans la zone d'efficacité du médicament A et dans les 30 % de malades pour lesquels le médicament B s'avère inefficace. »[24]

Dans ces conditions, l'expérience clinique est un meilleur indicateur que les statistiques.

Notons cependant que les praticiens qui utilisent comme unique critère de référence, pour juger de l'inutilité d'un traitement, l'impossibilité de la réussite (0 % de chance de réussite) sont habituellement les plus interventionnistes. Ils ne considèrent la réussite du traitement qu'en terme d'efficacité locale.

Mais l'interventionnisme n'est pas le fait que de certains praticiens. Des malades et des familles demandent l'utilisation de tous les moyens curatifs possibles, alors qu'il n'y a aucun espoir d'amélioration dans la condition précaire du malade. Dans le cas Wanglie, par exemple, le mari

---

22. John Lantos *et al.*, *op. cit.*, p. 82.

23. Jean-Louis Funck-Brentano, *op. cit.*, p. 271.

24. *Ibid.*

refuse que le respirateur soit retiré, même si les médecins considèrent irréversible l'état végétatif dans lequel cette dame de 86 ans est plongée. Selon Truog, Brett et Frader[25], des traitements inutiles sont demandés par le patient ou par sa famille sur la base d'un raisonnement fautif, d'attentes irréalistes et de facteurs psychologiques comme le déni ou la culpabilité.

Déni et culpabilité face à la mort existent aussi chez les médecins qui, en cessant un traitement ou en ne recourant pas à un traitement existant, craignent de causer la mort du malade et s'en culpabilisent. Tout le débat sur la cessation de traitement exprimée en terme d'euthanasie passive est empreint de ce sentiment de culpabilité. Pourtant, sans l'utilisation des technologies de pointe pour prolonger la vie, ces malades seraient morts depuis longtemps.

Sous l'interventionnisme le plus complet, se cache un refus des limites de l'intervention curative. Dans les décisions touchant les traitements de la fin de la vie, il s'agit souvent d'un refus de la mort associé à tort ou à raison à un sentiment de culpabilité d'origine professionnelle, dans le cas des intervenants, ou personnelle, dans le cas des familles. Celui qui veut que tout soit tenté vit souvent la perte d'un patient ou d'un proche comme une remise en question de son intervention ou de son action face à des devoirs de bienfaisance qui n'auraient pas été remplis.

Le bénéfice global d'un traitement

Il semblerait que les cas où se vérifie l'inutilité du traitement sur une base physiologique sont peu nombreux[26] et

---

25. Robert D. Truog, Allan S. Brett et Joel Frader, « The Problem with Futility », *The New England Journal of Medicine*, vol. 326, nᵒ 23, 1992, p. 1562.

26. *Ibid.*, p. 1561.

que l'inutilité d'un traitement ferait plutôt référence à des conflits de valeurs concernant le but médical à poursuivre par le traitement. Tomlinson et Brody[27] soulignent avec raison que même le jugement médical basé sur l'effet physiologique n'est pas exempt de jugements de valeurs, notamment dans le choix de critères empiriques comme les pourcentages de réussite.

Mais il est important de distinguer l'effet local du traitement du bénéfice global apporté au malade considéré comme une personne et non comme un ensemble d'organes[28]. Ainsi, le traitement qui ne procure pas de bénéfices – au sens où il n'améliore pas l'état de santé de la personne atteinte gravement et de manière irréversible – serait inutile même si un tel traitement atteignait localement un effet mesurable. Le but des traitements de maintien en vie est-il de prolonger la vie biologique de quelques heures ou de quelques jours, ou d'introduire une survie significative[29] ? Une réanimation peut correspondre à une réussite temporaire, mais à moins de changements tout à fait inattendus dans le déroulement de la maladie sous-jacente, un nouvel arrêt cardiaque se produira, imposant des considérations sur les effets à long terme d'une intervention médicale[30].

Selon certains auteurs[31], les traitements de maintien en vie sont inutiles pour les patients qui sont inconscients de manière irréversible et qui ne pourront jamais quitter l'unité des soins intensifs. D'autres auteurs[32] soutiennent que

---

27. Tom Tomlinson et Howard Brody, « Futility and the Ethics of Resuscitation », *JAMA*, vol. 2643, no 10, 1990, p. 1278.

28. Lawrence J. Schneiderman *et al.*, *op. cit.*, p. 948.

29. John H. Hansen-Flaschen, *op. cit.*, p. 1191.

30. Albert A. Jonsen, Mark Siegler et William J. Winslade, *op. cit.*, p. 33.

31. Lawrence J. Schneiderman *et al.*, *op. cit.*, p. 952.

32. Albert R. Jonsen, Mark Siegler et William J. Windslade, *op. cit.*, p. 28.

la prolongation de la vie ne constitue pas un but en soi quand il y a détérioration importante et progressive des systèmes majeurs conduisant à la mort à plus ou moins brève échéance. De même, l'apport nutritionnel peut effectivement préserver le système organique d'un patient qui est en état végétatif persistant, mais il ne peut lui redonner la conscience[33]. Un traitement peut être utile à prolonger la vie, mais inutile à améliorer la condition du patient gravement atteint et de manière irréversible.

Les buts poursuivis par les traitements de maintien en vie ne font pas l'unanimité chez les médecins. Pour certains, le maintien d'une vie strictement biologique est un but médical digne d'être poursuivi ; pour d'autres non. Ces derniers considéreront non seulement la quantité de la survie en termes d'heures ou de jours ajoutés, mais aussi la qualité de la survie. Ceux qui considèrent la qualité de vie tiendront compte du fardeau imposé par le traitement et jugeront de la pertinence d'un traitement par rapport à une évaluation des bénéfices et des fardeaux générés par le traitement[34]. Dans cette évaluation entrent en ligne de compte le pronostic, en terme de durée et de qualité de la survie, et les coûts du traitement.

Toutes ces questions autour de la prolongation, par des moyens artificiels (*life-sustaining treatments*), d'une vie dont les capacités sont extrêmement réduites posent le problème de la définition de l'être humain. Un être qui n'aura plus jamais l'usage de ses facultés intellectuelles est-il toujours un être humain ?

---

33. Lawrence Schneiderman, *op. cit.*, p. 950.

34. Robert J. Walker, « Medical Futility », Letter to the Editor, *Annals of Internal Medicine*, vol. 114, n° 2, 1991, p. 169.

Qui décide de l'inutilité des traitements ?

Parce que les jugements concernant les buts à poursuivre ou la proportionnalité des traitements impliquent des jugements de valeur, certains auteurs[35] sont d'avis que c'est au patient de décider de l'utilité ou de l'inutilité d'un traitement de maintien en vie. Ces auteurs proposent donc un respect des volontés de la personne ou de son représentant en cette matière, notamment parce que le critère d'inutilité serait hautement subjectif[36]. Il exprimerait les désirs du patient en matière de cessation ou d'abstention de traitement.

Cette position a été encouragée par la Commission présidentielle américaine dans son document intitulé *Deciding to Forego Life-Sustaining Treatment*, où il est stipulé qu'un médecin ne peut s'exempter de faire une réanimation qu'il juge inutile sans avoir obtenu le consentement de son patient[37]. Les lignes directrices en bioéthique insistent aussi sur le consentement du patient lucide – ou de son représentant si le patient n'est pas lucide –, dans la cessation des traitements de maintien en vie. Les craintes de poursuites judiciaires influencent aussi la pratique médicale dans le sens d'une consultation du patient[38]. Aux États-Unis comme au Canada, la loi n'est pas claire quant à la cessation des

---

35. John H. Hansen-Flaschen, *op. cit.*, p. 1191 ; Schneiderman *et al.*, *op. cit.*, p. 949-954 ; Robert D. Truog *et al.*, *op. cit.*, p. 1560-1564.

36. Robert D. Truog *et al.*, *op. cit.*, p. 1563.

37. President's Commission for the Study of Ethical Problems in Medicine and Biomedical and Behavioral Research, *Deciding to Forego Life-Sustaining Treatment*, 1983, cité *in* Thomas A. Mappes et Jane S. Zembaty, *Biomedical Ethics*, New York, McGraw-Hill, 1986, p. 370-377.

38. Selon Stéphane Corbeil dans «Les poursuites médicales : au-delà des craintes», *L'Omnipraticien*, 6 avril 1994, il y avait un médecin sur 250 qui était poursuivi en 1976 ; en 1994, il y en a un sur 25. 45 % des médecins du Québec prennent maintenant plus de temps pour discuter avec leur patient des risques et des bénéfices d'un traitement.

traitements de maintien en vie, notamment pour les malades qui sont en état végétatif chronique et qui n'auraient pas clairement manifesté leur volonté dans des directives anticipées[39].

Par ailleurs, plusieurs médecins[40] soutiennent que l'inutilité d'un traitement est un critère acceptable pour ne pas offrir ce traitement et qu'ils n'ont pas à discuter avec leurs patients de traitements qu'ils jugent inutiles. Le consentement du patient n'a jamais été requis pour ne pas entreprendre une chirurgie ou une chimiothérapie ; il ne devrait pas être requis pour ne pas entreprendre des traitements de maintien en vie[41]. Selon Younger[42] et Pearlman[43], les médecins n'ont aucune obligation d'offrir des traitements qui sont inutiles du point de vue physiologique. Cependant, Tomlinson et Brody[44] vont plus loin. Ils soutiennent que non seulement le jugement portant sur l'inutilité des traitements n'est pas tiré des faits empiriques, mais qu'il constitue un jugement de valeur que le médecin est justifié de porter. À l'encontre du respect absolu des volontés du patient ou de son représentant, Tomlinson s'appuie sur le principe de bienfaisance en fonction duquel un médecin est tenu d'agir pour le bien-être de son patient. Les actions qui ne visent

---

39. Alan Meisel, « The Legal Consensus about Forgoing Life-Sustaining Treatment : Its Status and Its Prospects », *Kennedy Institute of Ethics Journal*, vol. 2, n⁰ 4, déc. 1992, p. 309-345.

40. Jack P. Freer, « Futility as a Criterion in Limiting Treatment », Letter to the Editor, *New England Journal of Medicine*, vol. 327, n⁰ 17, 1992, p. 1240. Robert A. Pearlman, Steven H. Miles et Robert M. Arnold, « Contributions of Empirical Research to Medical Ethics », *Theoretical Medicine*, vol. 14, n⁰ 3, 1993, p. 199. S.J. Younger, « Who Defines Futility », *JAMA*, vol. 260, 1988, p. 2495. N.R. Smith, « Futile Medical Treatment and Patient Consent », *Cleveland Clinic Journal of Medicine*, vol. 60, n⁰ 2, 1993, p. 151.

41. John H. Hansen-Flashen, *op. cit.*, p. 1192.

42. S.J. Younger, *op. cit.*, p. 2495.

43. Robert A. Pearlman *et al.*, *op. cit.*, p. 199.

44. Tom Tomlinson et Howard Brody, *op. cit.*, p. 1278.

pas cette fin ne sont pas moralement requises. Le médecin décidera donc en fonction du but thérapeutique à atteindre, mais aussi en fonction de la proportionnalité du traitement. Si le médecin ne peut porter de tels jugements, sa compétence, en tant que médecin, est niée.

Par ailleurs, de nombreux auteurs pensent que les médecins doivent discuter avec leurs patients ou leurs représentants des buts médicaux poursuivis par le traitement et tenir compte du point de vue du patient ou de son représentant dans le processus décisionnel qui conduit à la cessation ou à l'abstention de traitement. Il est à remarquer que cette démarche d'information et de discussion ne diminue pas les prérogatives médicales quant aux traitements à offrir[45]. Dans la décision clinique impliquant des mourants, écrit Slomka[46], les médecins, les patients et les familles apportent des perceptions et des interprétations différentes de la situation. Celles-ci doivent faire l'objet d'une discussion ouverte. Cette discussion a pour but de définir le sens de la situation et de l'utilisation des différentes techniques. Les discussions autour de la réanimation ou non du malade servent souvent d'introduction pour une discussion portant sur l'abstention ou la cessation des autres traitements[47].

En fait, la recherche doit se poursuivre sur l'inutilité en matière de traitement de maintien en vie; cependant, il est clair que cette notion comporte une incidence sociale importante[48]. En ce sens, certains auteurs[49] pressent les

---

45. Robert Walker, *op. cit.*, p. 169.

46. Jacquelyn Slomka, « The Negotiation of Death : Clinical Decision Making at the End of Life », *Social Science and Medicine*, vol. 35, n° 3, 1992, p. 251.

47. *Ibid.*, p. 253.

48. E.H. Loewy et R.A. Carlson, « Futility and Its Wider Implications : A Concept in Need of Further Examination », *Archives of Internal Medicine*, vol. 133, 1993, p. 430.

49. *Idem.*

médecins et la communauté de participer à la rédaction de lignes directrices en matière de cessation de traitement par l'intermédiaire des hôpitaux, des conseils et des comités d'éthique, et des autres corps représentatifs de la communauté.

Au Québec, peu d'hôpitaux ont rédigé des lignes directrices en matière de cessation ou de non-initiation de traitement. En 1989, 28 hôpitaux sur les 170 qui avaient répondu à l'enquête[50] avaient une politique écrite de cessation de traitement, et celle-ci avait été rédigée, dans la plupart des cas, après 1984, date à laquelle est parue la *Déclaration conjointe concernant les malades en phase terminale.* Cette déclaration, entérinée par l'Association médicale canadienne, par l'association des infirmiers et infirmières du Canada et par l'association des hôpitaux canadiens reconnaissait qu'il y a des circonstances où il est déontologiquement acceptable de ne pas réanimer une personne qui est en arrêt cardio-respiratoire, notamment quand une réanimation ne fait que prolonger l'agonie[51]. Depuis 1989, les choses n'ont pas changé de manière significative[52]. En général, les lignes directrices établissent quelles sont les valeurs éthiques en cause et comment elles peuvent

---

50. Guy Durand et Jocelyne Saint-Arnaud, *La réanimation cardio-respiratoire au Québec : statistiques, protocoles et repères éthiques*, Montréal, Fides, 1990, p. 61.

51. Cette déclaration est reproduite dans : Guy Durand et Jocelyne Saint-Arnaud, *La réanimation cardio-respiratoire au Québec : statistiques, protocoles et repères éthiques*, Annexe 3, p. 161-165.

52. Iris Rasoly, James V. Lavery, Sara Urovitz *et al.*, « Hospital Policies on Life-Sustaining Treatment and Advance Directives in Canada », *Canadian Medical Association Journal*, vol. 150, no 8, 1994, p. 1265-1294, écrivent que seize hôpitaux québécois sur les quatre-vingt-onze qui ont répondu à l'enquête (116 ont été consultés) avaient une politique de non-réanimation. Par contre, en Ontario, cent trente-neuf hôpitaux sur les cent quatre-vingt-neuf qui ont répondu à l'enquête (202 ont été consultés) avaient une telle politique.

idéalement être hiérarchisées pour servir de guide dans un processus décisionnel en matière de cessation de traitement. Face aux codes de déontologie qui, comme leur nom l'indique, présentent leurs règles comme des devoirs, les lignes directrices suggèrent une hiérarchisation des valeurs qui est plus axiologique que déontologique.

Les principales valeurs morales qui sont en cause dans tout traitement et dans la cessation de traitement sont le bien-être du patient, le respect de l'autonomie de la personne et l'équité dans la distribution des ressources. Ces valeurs peuvent être hiérarchisées différemment selon les théories éthiques en cause, selon la loi en vigueur et les circonstances propres à chacun de ces cas.

Les principes éthiques en cause

Dans l'analyse phénoménologique du risque thérapeutique que nous avons effectuée et que nous avons limitée à l'usage des soins intensifs et plus spécifiquement aux traitements de maintien en vie, deux principes éthiques sont sous-jacents : le principe de bienfaisance, qui inclut le principe de non-malfaisance, et le principe du respect de l'autonomie de la personne.

Le principe de bienfaisance

L'obligation de promouvoir le bien-être du patient est fondamentale dans la relation qui existe entre le professionnel de la santé et le malade[53]. Depuis Hippocrate, le bon médecin est un praticien intègre et compétent qui applique

---

53. The Hastings Center, *Guidelines on the Termination of Life-Sustaining Treatment and the Care of the Dying*, Bloomington/Indianapolis, Indiana University Press, 1987, p. 19.

les règles de sa science et de son art[54]. Les buts médicaux visent tous au bien-être du malade, même s'ils sont interprétés différemment selon les connaissances et les pratiques médicales admises à une époque donnée.

Dans le contexte des soins et des traitements de fin de vie où les buts médicaux ne peuvent pas tous être atteints, l'analyse des référents épistémologiques du concept d'inutilité a montré que le bien-être du patient pouvait être envisagé soit par rapport à un effet local mesurable, soit par rapport au bénéfice global à court et à long termes apporté par le traitement.

Les interventionnistes considèrent le bien-être en terme d'effet local mesurable. Ils sont prêts à tout tenter, même s'il n'existe qu'une chance infime de réussite. Ils perçoivent généralement la science médicale comme étant neutre et sont les dignes représentants d'une médecine positiviste qui, sur le modèle scientifique inspiré de Francis Bacon, a l'ambition de dominer et de contrôler la nature[55]. Dans ce contexte, les moyens technologiques constituent un outil puissant puisqu'ils maintiennent des fonctions physiologiques spécifiques qui ne seraient plus assurées naturellement par l'organisme. À la limite, l'usage de ces technologies pour elles-mêmes chosifie l'être humain qui en dépend. Ce dernier devient un simple prolongement de la machine.

Par ailleurs, le bien-être conçu globalement inspire une médecine plus consciente de ses limites. L'effet local défini en terme de probabilité de réussite est alors évalué sous l'angle du bénéfice global apporté au malade conçu comme

---

54. Edmund D. Pelligrino, « Toward an Expanded Medical Ethics: The Hippocratic Ethic Revisited », *in Cross Cultural Perspectives in Medical Ethics: Readings*, (sous la direction de R.M. Veatch), Boston, Jones and Bartlett, 1989, p. 27.

55. Nancy S. Jecker, « Knowing When to Stop: The Limits of Medicine », *Hastings Center Report*, vol. 21, n⁰ 3, 1991, p. 7.

une personne, un sujet, et non comme un objet de recherche ou de connaissance. De ce point de vue, les effets à court et à long termes sont évalués par rapport à l'état de santé général du malade, à ses diagnostics et pronostics définis sous les angles quantitatif et qualitatif. Dans cette perspective, la médecine contemporaine peut s'inspirer de la méthode hippocratique qui, avec des moyens très restreints, prônait une approche globale du malade et de la maladie. La médecine hippocratique visait, en effet, à rétablir l'équilibre rompu par la maladie, entre la personne atteinte et son milieu[56], d'une part, et entre les différents composants du corps humain[57], d'autre part. À cet égard, le médecin devait agir au bon moment et avec un minimum de violence : « être utile ou de moins ne pas nuire. »[58] Plus, il devait savoir s'abstenir d'intervenir quand l'état du malade était sans espoir[59]. Le pronostic constituait même, pour certains des médecins hippocratiques, un diagnostic déguisé[60].

Il est intéressant de constater que traditionnellement les historiens de la médecine reconnaissent deux manières de concevoir la maladie[61]. L'une, attribuée à l'école hippocratique de Cos, favorisait une vision globale en considérant le malade dans son corps et dans sa personnalité ; l'autre, attribuée à l'école rivale de Cnide, s'intéressait davantage à la nosologie, c'est-à-dire aux maladies et à leurs manifestations

---

56. Hippocrate, « Des airs, des eaux et des lieux », *De l'art médical*, Paris, Librairie générale française, 1994, p. 97-124.

57. Hippocrate, « De la nature de l'homme », *op. cit.*, p. 143-156, « Du régime salutaire », *op. cit.*, p. 157-162, et « Des vents », *op. cit.*, p. 573-585.

58. Hippocrate, « Les épidémies » (I, 5, 637), *op. cit.*, p. 367.

59. Danielle Gourevitch, « Hippocrate au cours des siècles », Introduction à *Hippocrate, op. cit.*, p. 70.

60. Mirko D. Grmek, « La pratique médicale », Introduction à *Hippocrate, op. cit.*, p. 53.

61. *Ibid.*, p. 48.

dans différentes parties du corps, donc aux phénomènes locaux.

En fait, ces deux approches sont complémentaires et il est malheureux que les succès remportés sur différentes maladies infectieuses au XXe siècle aient mis en veilleuse l'approche globale nécessaire pour répondre à la multi-dimensionnalité des différentes pathologies.

Le principe du respect de l'autonomie de la personne

Particulière à cette fin de XXe siècle, apparaît l'exigence du respect de l'autonomie de la personne. Traditionnellement, la médecine a toujours défini elle-même le bien-être et le meilleur intérêt du malade, et le médecin imposait par sa compétence professionnelle la solution qui lui apparaissait la meilleure pour chaque cas particulier. Cependant, plusieurs problèmes liés à la relation patient/médecin – dont la dictature technologique et les effets pervers qui y sont associés, notamment les risques de l'acharnement thérapeutique – imposent un retour au respect du malade en tant que sujet du traitement. Le corps, objet d'investigation et de recherche, est indissociable du corps sujet, bénéficiaire de la thérapie. Sujet et objet n'ont de sens qu'ensemble[62], l'un ne se comprenant pas sans l'autre. En ce sens, la définition de l'inutilité du traitement sous ces aspects descriptifs, telle que définie par une approche médicale positiviste, doit être complétée par une information et une consultation du malade, s'il est lucide, ou de ses proches, s'il ne l'est pas, particulièrement quand il s'agit du prolongement de la vie par des technologies. Selon Jean Hamburger : « Le médecin n'a pas à imposer autoritairement ses propres vues ; les désirs profonds du malade comptent autant que les impératifs techniques pour la stratégie du traitement. Si par

---

62. France Quéré, « L'homme objet et sujet de sa connaissance », *Éthique médicale et droits de l'homme*, Arles, Actes Sud/Inserm, 1988, p. 197-201.

exemple une intervention dangereuse dans l'immédiat peut protéger contre de sérieuses menaces à long terme, la décision d'opérer ou de ne pas opérer dépend du malade autant que du médecin. Le médecin ne peut qu'expliquer, avertir, informer ; certains malades accepteront sans hésiter un risque mortel immédiat, dans l'espoir d'une guérison totale ; d'autres s'y refuseront. »[63]

Ces remarques sont encore plus appropriées à la fin de la vie, notamment quand les buts médicaux ne sont pas ou plus suffisamment atteints.

D'un point de vue bioéthique, les critères d'un consentement libre et éclairé doivent pouvoir s'appliquer de manière à ce que la décision prise soit consensuelle, tenant compte à la fois des avis médicaux et des volontés du patient s'il est lucide, ou de sa famille ou de son représentant s'il n'est pas lucide[64]. Cette démarche a l'appui d'un large consensus, qui s'exprime notamment dans les lignes directrices et les protocoles au Canada et aux États-Unis.

Ces procédures modifient la relation patient/médecin, et le modèle proposé, en cette fin de XXe siècle, est beaucoup plus égalitaire que le modèle dit traditionnel fondé sur la seule compétence médicale. Dans cette optique, le malade doit participer à l'évaluation de la proportionnalité des traitements. Ce qui semble un trop lourd fardeau pour lui, proportionnellement aux avantages qu'il en retire ou en retirera, peut être éthiquement et moralement refusé. Là-dessus, la Déclaration sur l'euthanasie[65] et l'Encyclique Evangelium

---

63. Jean Hamburger, *Le miel et la ciguë*, Paris, Seuil, 1986, p. 123.

64. Jean-Louis Baudouin et Marie-Hélène Parizeau, « Réflexions juridiques et éthiques sur le consentement au traitement médical », *Médecine/Science*, vol. 13, no 1, 1987, p. 8-12.

65. Congrégation pour la doctrine de la foi, « Déclaration sur l'euthanasie », *La Documentation catholique*, no 1790, 20 juillet 1980, p. 697-699.

vitae[66] proposées par l'Église catholique sont claires. Lorsque la mort est imminente et inévitable, le refus d'un traitement disproportionné, même si un tel refus hâte la mort, est moralement acceptable[67]. Il n'est pas l'équivalent moral d'un acte de suicide pour la personne en cause, ou d'un acte d'euthanasie pour les intervenants.

Toutes ces analyses, y compris le retour à la méthode hippocratique prôné par certains auteurs[68], tendent à démontrer que les décisions de traitement, particulièrement les décisions relatives aux traitements de fin de vie, ne peuvent se contenter d'évaluer le bénéfice médical en fonction de l'effet local produit par un traitement. Cette dernière approche est sans doute plus objective parce que mesurable, mais elle encourage l'interventionnisme parce qu'il existe toujours une chance de réussite, sauf pour les traitements qui ne seraient pas reconnus comme médicalement appropriés et qui constitueraient de la mauvaise pratique médicale. Par contre, elle ne tient compte ni du bénéfice global, ni du point de vue du malade qui devrait être inclus dans l'évaluation du bénéfice global. À cet effet, il ne s'agit pas de faire du respect de l'autonomie de la personne un point de référence absolu, au sens où un malade pourrait aller jusqu'à demander des traitements inutiles du point de vue de l'effet local et du bénéfice global envisagés. Cependant, il existe, pour le médecin, une obligation morale

---

66. Jean-Paul II, *L'évangile de vie. Lettre encyclique Evangelium vitae*, Montréal, Mediaspaul, 1995, p. 123-124.

67. Le principe du double effet peut être invoqué à l'appui de cette position. Lire: Jocelyne Saint-Arnaud, «Trois discours de Pie XII sur l'euthanasie», *Laval théologique et philosophique*, vol. 50, no 3, 1994, p. 551-552.

68. Nancy S. Jecker, *op. cit.*, et Charles Lichtenthaeler, *La médecine hippocratique*, tome I, Méthode expérimentale et méthode hippocratique. Étude comparée préliminaire, Lausanne, Les frères Gonin, 1948, p. 55-103, et tome II, De l'utilité actuelle d'un retour à Hippocrate, Lausanne, À la Baconnière, 1957, p. 15-56.

à consulter son patient et à tenir compte de son évaluation de la proportionnalité des traitements. Cette obligation morale est d'autant plus grande que les traitements comportent un taux d'effractivité plus élevé sans rencontrer de buts médicaux à court ou à long termes. Quant à la cessation de traitement pour les malades en comas végétatifs chroniques, la question à poser est: s'agit-il d'une vie humaine, ou plutôt du simple maintien de fonctions physiologiques qui en elles-mêmes n'ont rien de proprement humain en l'absence d'un espoir d'amélioration future?

Menace de mort et religion

Denis Jeffrey

*La modernité inquiète et fascine. Elle n'est
pas intelligible si ses apparences ne sont pas
percées ; le présent est toujours ce qui se regarde
difficilement, et elle accuse cette difficulté. La crise
qui lui est imputée est d'abord une crise de
l'interprétation, les systèmes théoriques disponibles
(les « grands récits », a-t-on dit) sont usés ou
récusés, la rhétorique moderniste farde l'ignorance ou l'incapacité et contribue peu à peu au
décryptage. Il faut tracer d'autres itinéraires,
entreprendre l'exploration du « continent modernité » et inventer la cartographie résultant de
cette (re)connaissance.*

Georges Balandier, *Le détour.*

*Malgré les progrès du savoir scientifique et de la
technique, la mort implique toujours quelque
chose de terrifiant et de mystérieux ; cela explique
sans doute que certains tabous et rites subsistent
encore, les traitements modernes de la mort ne
purgeant pas toutes nos angoisses.*

Louis-Vincent Thomas, *Mort et pouvoir.*

Aucun être humain ne peut se sentir absolument
protégé contre la violence de la mort. Cette mort qui
sans cesse menace ma vie comme celle d'autrui est
toujours probable et inacceptable. Il est même insupportable
de mourir sans raisons. C'est pourquoi de tout temps les

hommes ont élaboré des opérations religieuses pour se protéger de la menace de mort, et donner un sens à la mortalité humaine. Le sens que l'on accorde à la vie et à la mort évoque le vaste champ des croyances, des mythes et des rituels religieux. La religion, dans une signification limitée par les institutions cléricales, ou dans un sens plus vaste impliquant la pluralité des expériences du sacré, suppose un ensemble de croyances et de rituels ayant pour but premier la négociation des émotions exaltantes suscitées par un événement marquant. La crainte, la terreur, la peur comme l'émerveillement, la fascination et l'étonnement sont des émotions exaltantes, c'est-à-dire qui portent hors de soi, qui forcent à une plus grande maîtrise de soi-même. À l'évidence, l'événement possible de la mort, ce que nous nommons ici la « menace de mort », provoque des émotions qui ne sont pas faciles à dominer. Le fait de croire et de pratiquer à l'occasion des rituels, implicitement ou explicitement religieux, ne permet non seulement de discipliner l'émotion vive, mais irrigue de sens la mortalité humaine et délivre une sagesse, un art d'exister qui se propose, en dernier ressort, d'enchanter la vie de tous les jours.

Le fait de croire en un grand récit ou en un ensemble de croyances personnelles est foncièrement lié à la condition de mortel de l'être humain. La croyance ajoute au présent une perspective de continuité permettant de rendre acceptable la mortalité. Il ne faut pas s'étonner que la croyance entretienne un rapport à la temporalité. Le déploiement du présent vers l'avenir et le passé ensemence du sens. De plus, la croyance solidarise et féconde les relations avec soi, autrui et le milieu de vie. En réalité, la croyance est signifiante dans la mesure où elle témoigne d'un désir de lénifier un événement qui est facteur d'angoisse et de souffrance.

Le rituel introduit chaque personne singulière dans le destin commun de tous les êtres humains. Nous sommes tous égaux devant la mort mais chacun est seul devant sa mort. Si, comme le disait Platon dans *Le banquet*, le désir porte vers l'éternité, c'est bien parce que l'homme est limité par le manque essentiel que représente sa mortalité. Le rapport à la mortalité, dans ses diverses modulations, génère un sentiment d'angoisse contre lequel chaque personne doit se protéger. L'expérience vécue du rituel religieux favorise une saine gestion du temps qui passe et de la limite ultime. Le rituel, dans sa fonction première, harmonise, dans une fragile tension, les expériences vécues qui se rapportent à la vie et à la mort. Lorsque les émotions liées à la mort sont détachées de leur ancrage dans les émotions qui favorisent la vie, la mort devient menaçante. Par le rituel, les forces destructrices du temps et de la mort entrent dans un ordre structurant. La répétition du rituel est certes un moyen efficace pour négocier l'effervescence vécue dans la proximité de la mort et pour apaiser l'angoisse du devenir.

La menace de mort prend une acuité particulière, souligne Jean Baudrillard[1], lorsque la mort ne se partage plus. Il y a alors désintégration de l'échange symbolique entre la vie et la mort : « Toute notre culture n'est qu'un immense effort pour dissocier la vie de la mort, conjurer l'ambivalence de la mort au seul profit de la reproduction de la vie comme valeur, et du temps comme équivalent général. Abolir la mort, c'est notre phantasme qui se ramifie dans toutes les directions : celui de survie et d'éternité pour les religions, celui de vérité pour la science, celui de productivité et d'accumulation pour l'économie. »[2] Ainsi, la mort survient comme une menace et un risque pour les vivants lorsqu'elle ne participe plus de la vie, lorsqu'elle en est séparée. Elle devient alors ce contre quoi chacun doit apprendre à se protéger.

L'un des plus précieux indicateurs de la menace de mort est l'excès. La menace de mort renvoie à l'actualisation

---

1. Jean Baudrillard, *L'échange symbolique et la mort*, Paris, Gallimard, 1976, p. 221-226.

2. *Ibid.*

des différentes figures de l'excès : démesure, dépassement, passion débridée, violence, excroissance, hypersécurisation, abus sexuel, épidémie, famine, guerre, vengeance, risque, imprévisible, rareté, accident, catastrophe, terrorisme, obscénité, hygiénisation, fascisme, maladie mortelle, etc. L'Occident baigne actuellement dans une culture de l'extrême. Celle-ci se nourrit de l'outrance qui sécrète et maintient une crise permanente. En tout lieu, pour peu qu'on veuille bien être attentif, apparaît l'excès sous ses deux formes paroxystiques de sécurisation préventive et de risques extrêmes. C'est entre ces deux aboutissants que tout un chacun est bien obligé de se positionner.

Il est inutile de chercher à montrer que l'excès serait plutôt du registre du dionysiaque tandis que la maîtrise de l'excès serait du côté prométhéen ou apollinien. L'expression de la vie, dans sa forme la plus simple, semble générer un tapage exacerbé. L'effervescence de l'excès s'observe tant dans le monde dionysiaque que dans le monde prométhéen. Tant dans l'un que dans l'autre monde l'ordre se transforme en désordre, l'économie en gaspillage, les régularités en irrégularités, le manque en rareté, la revendication politique en terrorisme, la querelle ordinaire en violence, la fête en orgie, etc. Le renversement de l'ordre en désordre n'attend pas Dionysos. En somme, l'excès – qu'on peut définir comme la manifestation d'une crise – est l'horizon de la vie quotidienne dans toutes les sphères des activités humaines.

Georges Bataille a signalé, dans plusieurs de ses livres, que l'excès donne accès au sacré. L'excès, dans la perspective qu'il développe, indique un péril, un risque, une menace dont la forme ultime est la mort. À bien des égards, il n'est pas superflu de montrer que l'excès peut être apprivoisé et maîtrisé par des procédures de ritualisation et de symbolisation religieuses. Il s'agit pour le spécialiste d'apprécier les signes religieux et de rendre manifeste la complexité des conduites et des croyances que l'excès suscite.

L'apprentissage de la vie implique l'épreuve de la mortalité. C'est en assumant sa mortalité, du moins les sentiments et événements qui la désignent, qu'un enfant devient adulte. C'est un apprentissage douloureux et bouleversant. Il n'est pas facile d'ouvrir la porte qui se referme sur la vie. Il est encore moins facile d'admettre l'existence de cette porte. La vision de la porte est médusante. La guerre, la maladie incurable, le virus du sida, la perte d'un être cher, la catastrophe aérienne comme les multiples accidents tragiques obligent à entrevoir la dernière porte. La menace de mort fait chaque fois apparaître la proximité du dernier passage. Plusieurs préfèrent croire que la porte s'apparente à un couloir lumineux conduisant à une nouvelle forme de vie. Il y aurait un autre monde au-delà de ce couloir. Nous n'aborderons pas ici cette question car elle renvoie à un acte de foi. Il est à noter qu'on ne peut réduire le fait de croire à un acte de foi. Il est possible de croire, cependant, en supportant l'incertitude de sa position de croyant. La foi serait la croyance soustraite au doute.

Le doute, à bien des égards, est propice au travail de la pensée. Permettons-nous de postuler que la possibilité du doute ébranle l'aliénante emprise d'un imaginaire fondé sur les modes de prévention et de sécurisation extrêmes, et garantit le cheminement du sujet dans sa liberté. Le doute ressort d'une terreur fascinante qui force la pensée à continuellement se réfléchir, se questionner, se renverser, se cultiver. C'est dire que le doute est une saine ignorance qui fertilise la pensée. Seul le sujet est juge de la résonance de ses croyances sur son existence. Dans l'épreuve du doute, la croyance ne tient pas lieu de salut, elle est plutôt une « tactique » de survie permettant de continuer à jouer les jeux de l'existence.

La menace de la mort est une certitude traumatisante qui accompagne notre vie durant la totalité de sa durée. C'est une menace que chacun doit sans cesse négocier. La religion, telle que la concevaient nos ancêtres, visait explicitement à négocier la mort, à la cerner, à rendre acceptable l'inacceptable. C'est bien parce qu'il pressent sa mortalité que l'être humain est religieux. Dans la société ébranlée par la perte des repères religieux traditionnels, l'être humain continue tout de même à croire, à pratiquer des rituels et à tisser son propre petit mythe pour négocier et signifier la puissance destructrice de la mort. Même si la religion, dans la modernité, devient une affaire privée, elle constitue encore un mode privilégié pour négocier la fin ultime. Nous examinons ici les bénéfices de la croyance, du rituel, du symbole et du mythe pour négocier la menace de mort.

La religion personnelle

Dans la société moderne, les conduites religieuses semblent en manque de mots pour se dire, se confirmer et se faire reconnaître. On peut supposer que cela est dû au fait que les conceptions orthodoxes de la religion ne conviennent plus à l'image que se font nos contemporains d'eux-mêmes. Les attitudes religieuses, en effet, évoquent une époque rétrograde en rupture avec les formes avancées de la science et de la technologie. La méfiance à l'égard de la religion suppose également un reproche adressé aux autorités cléricales. On résiste au pouvoir des Églises qui exigent l'obéissance passive et totale. Au lieu de combattre les structures instituées des Églises ou de participer au débat qui les dynamise, plusieurs se sont retirés dans une religion personnelle qu'ils construisent avec les matériaux religieux qu'ils glanent ici et là au hasard des rencontres et des lectures.

Il est certain qu'on ne peut analyser les contingences de la religion personnelle de bon nombre de nos contemporains avec une conception de la religion qui se veut universelle. La religion personnelle est essentiellement relative aux «expériences du sacré» d'un sujet singulier. En revanche, son expérience retient notre attention dans la mesure où elle indique une posture subjective qui se rapporte à la détermination commune à tous les êtres humains. L'expérience fondamentale sous-jacente à toutes les attitudes religieuses, qu'il est possible de décrire et d'évaluer de façon critique, repose, selon notre hypothèse, sur l'exposition à la mortalité.

La religion traditionnelle subit une mutation profonde. À l'évidence, elle est irréductible aux catégories proposées par les théologies monothéistes. Les *mass media*, les voyages, les déplacements de population vers les villes, l'immigration ont transformé radicalement l'idée que bon nombre de personnes se faisaient de la religion. Dans une grande métropole comme Montréal, il est possible de côtoyer toutes les cultures et sous-cultures religieuses. L'impérialisme d'une religion instituée s'est diffracté en une sorte de « polythéisme postmoderne » qui inspire la sensibilité religieuse de plusieurs personnes. L'importance de l'effritement d'un ensemble constitué de croyances partagées par tous en une multitude de pôles religieux reste encore à analyser. Cependant, on peut, sans trop se tromper, affirmer que la religiosité postmoderne favorise l'émancipation d'un sujet qui recompose son univers religieux d'une façon bien personnelle.

Pour comprendre les mécanismes de construction de la religion personnelle, il faut redéfinir la spécificité et les fonctions du rituel, du mythe, de la croyance et de l'expérience du sacré en retrait des monopoles religieux rigides et dogmatiques. Le problème ainsi posé est simplifié, mais il restitue tout de même l'enjeu des disciplines qui prennent la religion personnelle pour objet.

Nous ne pensons pas, comme l'affirme Franco Ferraroti[3] dans un livre récent, que la religion fait retour, ni par ailleurs

---

3. Franco Ferraroti, *Le retour du sacré. Vers une foi sans dogmes*, Paris, Méridien/ Klincksieck, 1994.

que la modernité est areligieuse. Nous estimons plutôt que la religion ne peut disparaître, et qu'elle prend des formes bien différentes d'une société à l'autre et d'une époque à l'autre. Ces formes relèvent de la sensibilité ou de l'air du temps d'une époque. Selon l'expression de Michel Maffesoli, « rien n'échappe à l'ambiance d'une époque, pas même ce ou ceux qui croient en être totalement indépendants »[4]. Ainsi, la religion n'est pas une sorte de phénix qui renaîtrait chaque fois de ses propres cendres, mais une dimension des relations de l'humain qui se déplace, se diffuse ou se superpose à d'autres dimensions de l'humain. Si la religion concerne avant tout l'épreuve de la mortalité vécue par une personne ou une collectivité, c'est parce que celle-ci signale la friabilité des multiples relations – à soi, à autrui, au milieu de vie – qui entretiennent la vie. Tous les autres caractères de la religion, malgré leur grande importance, sont secondaires. Ainsi, le fait de savoir si dieu existe, s'il est juste ou miséricordieux, s'il faut faire son carême et porter le deuil restitue pleinement le sens premier de la religion lorsque nous reconnaissons que la mortalité introduit l'humain à sa fragilité, son inachèvement et son imperfection.

L'épreuve de la mortalité, traditionnellement, est administrée par une institution religieuse, lors notamment de rites de baptême, de passage et d'extrême-onction. L'abandon des rituels d'autrefois n'a pas pour effet de faire disparaître l'épreuve de la mortalité. Or, il devient évident que cette épreuve fondamentale qui initie à la condition mortelle des humains n'est plus encadré par un maître de cérémonie, un prêtre, un guru, un ancien ou une personne ayant cette responsabilité.

De nos jours, le sujet est livré à lui-même, à son propre drame. Son expérience relève du jeu mouvant de ses désirs lorsqu'ils sont confrontés au manque fondamental l'initiant

---

4. Michel Maffesoli, *La transfiguration du politique. La tribalisation du monde*, Paris, Grasset, 1994, p. 139.

à la loi du langage qui structure son humanité. Angèle Kremer-Marietti résume le point de vue lacanien à ce sujet : « [...] un lent processus de symbolisation se déroule au cours duquel a lieu d'abord un phénomène d'identification, dit primaire, c'est-à-dire d'identification de soi par soi avec la reconnaissance de l'autre simplement comme différence de soi. C'est le « stade du miroir » décrit par Lacan [...]. Vient ensuite l'identification secondaire qui implique l'aventure œdipienne déjà commencée avec la naissance. C'est alors seulement que peut se constituer le sujet. »[5] Le processus d'identification fait ressortir la nécessité d'une distance tensionnelle permettant les rapports de soi à soi et de soi à autrui. Il ne saurait y avoir distance tensionnelle avec l'état originaire que représente le narcissisme primaire sans possibilité d'identification. L'identification est à la fois la condition et l'aboutissement de la mise en distance du narcissisme primaire.

L'épreuve de la mortalité est l'expression d'un paradoxe qui se formule ainsi : la mortalité est œuvre de séparation mais celle-ci est conditionnelle à l'identification, c'est-à-dire à une sorte de fusion symbolique avec un tiers. Dans sa forme paradigmatique, le tiers rappelle chaque fois la brisure qui introduit à la mortalité, qui force l'individuation et protège en même temps de la mortelle fusion incestueuse. Eugène Enriquez souligne à ce sujet que « la jouissance auto-érotique, la possibilité d'englobement, la jouissance de la mère qui indique avec éclat que le seul inceste inquiétant est [...], pour la fille comme pour le fils, *l'inceste avec la mère*, ne signale pas seulement que le féminin est l'expression privilégiée de la libido, elle signale également que la libido, si elle évite la castration, mène aux portes de la mort »[6]. L'impossibilité d'échapper à la fusion incestueuse renvoie

---

5. Angèle Kremmer-Marietti, *La morale*, Paris, PUF (coll. « Que sais-je ? »), 1982, p. 18-19.

6. Eugène Enriquez, *De la horde à l'État. Essai de psychanalyse du lien social*, Paris, Gallimard, 1983, p. 214, (c'est l'auteur qui souligne).

à l'impossibilité de vivre l'épreuve de la mortalité. L'affrontement de la mortalité, sur un mode symbolique, est la condition de la vie. L'évitement de cet affrontement conduit à la mort. Il convient de souligner qu'affronter la mort par le rituel et son symbolisme revient à lui donner une place, à la rendre manifeste afin de s'en protéger et de s'en féconder.

L'enfant répond à la demande formulée par le « tiers » qui l'initie à un système d'échange et de communication, lequel à la fois rend manifeste sa mortalité et l'abrite de celle-ci. Les rites de puberté prennent le sens de cette rupture obligatoire qui expulse définitivement le jeune homme du monde maternel. L'enfant pubère subit un certain nombre d'épreuves ayant comme but de le séparer de son premier objet d'amour. L'épreuve personnelle tient lieu de maîtrise rituelle de la mort. Après le « passage à tabac » que constitue la période des épreuves, le jeune est initié à la sexualité et aux lois de son village. Le rite pubertaire ne pourrait être complet si le jeune novice était laissé dans l'ignorance de la sexualité. La mort symbolique au monde maternel est suivie d'une résurrection symbolique dans le monde des adultes, dans le monde de ceux qui ont la charge de la filiation. La sexualité adulte qui implique, selon l'expression de Georges Bataille, une multitude de petites morts, délivre le jeune initié de sa sexualité précoce. Celle-ci ne procure aucun outil pour négocier la mort.

Les rituels pubertaires, dans la société actuelle, surviennent même s'ils ne sont plus organisés par l'institution. Les conduites à risques, notamment, constituent des événements à forte charge symbolique qui ont une fonction rituelle de passage. Pour plusieurs adolescents, l'entrée dans la vie adulte oblige de vivre des situations hautement dangereuses lors desquelles la mort est symboliquement approchée. Il est important de considérer l'expérience personnelle de chaque adolescent pour comprendre que les rituels pubertaires ont conservé leur prégnance et leur efficacité symbolique. Même si le rituel de passage à l'adolescence n'est plus sous la gouverne d'officiants, de prêtres ou d'adultes délégués, il demeure toutefois un événement fondamental menant à la vie adulte. C'est un événement religieux qui prend le sens de la négociation de la transformation radicale du statut de l'adolescent. Plus d'un adolescent, de nos jours, prennent l'initiative de se mettent à l'épreuve pour faire le saut dans la vie adulte. Il y a dans cette épreuve l'amorce d'une religiosité personnelle[7].

On doit reconnaître qu'il n'est pas aisé pour un adolescent d'entrer dans la loi sans l'aide d'un officiant, c'est-à-dire de délaisser le monde maternel pour accéder aux désirs des institutions. Ce passage, vécu par l'adolescent comme une mise à mort de l'enfance et la naissance de nouvelles identifications, devient le moment de multiples découvertes. Plus précisément, ce passage est une étape primordiale dans l'appropriation de sa subjectivité. L'expérience de ce passage est structurante car elle oblige l'adolescent à se positionner devant la loi.

L'adolescent adopte une position par laquelle il se tient dans le lieu de la loi tout en entretenant une distance subjective par rapport à celle-ci. Cette distance est propice à ses multiples identifications. La religion est ce dynamisme qui maintient le sujet dans la loi tout en lui assurant la possibilité de conquérir sa place dans le système d'échange et de communication. En ce sens, la religion est un processus dynamique qui actualise la distance tensionnelle entre la position du sujet et la loi. Dans cet écart naissent et meurent les relations qui enfantent le sujet de la loi.

Le sujet est la somme des relations et interrelations tensionnelles qu'il entretient avec lui-même, autrui et son milieu de vie. La faiblesse des relations ou, ultimement, leur

---

7. Denis Jeffrey, «Approches symboliques de la mort et ritualité», *Frontière*(«Les conduites extrêmes»), vol. 6, n⁰ 3/hiver 1994.

absence, conduit inévitablement à l'affrontement de la mortalité. L'ensemble des relations et interrelations constitue la loi. La loi n'est pas une structure préétablie mais une composition modifiable, flexible et complexe de relations qui forme le Langage. Dans cette perspective, la loi est une production historique qui à la fois assujettit le sujet en lui procurant un cadre d'existence, et rend possible sa naissance. On peut comparer, sur un mode métaphorique, les rapports du sujet à la loi à un puzzle numérique formé de huit chiffres et d'une case vide. La loi représente les limites des déplacements possibles des chiffres dans l'espace délimité par le puzzle. La case vide est la position du sujet.

Prenons l'exemple selon lequel les chiffres du puzzle sont mélangés. Il est demandé au sujet de mettre en ordre les chiffres du puzzle. On peut considérer qu'il existe une somme incroyable de combinaisons pour déplacer les chiffres et les assembler dans une forme cohérente. Certains vont élaborer un ordre plutôt commun tel que : 1-2-3/4-5-6/7-8, alors que d'autres vont complexifier l'ordre pour former des combinaisons originales et compliquées telles que 1-3-7/2-5-8/4-6, qui équivaut à une équation particulière. Les systèmes de mise en ordre sont multiples et diversifiés à l'intérieur de la loi. Il appartient au sujet de disposer des chiffres, selon sa capacité de jouer, de créer et de recréer, à l'intérieur des limites imposées par le cadre du puzzle, un ordre personnel. Par ailleurs, il est possible d'ajouter de nouvelles cases au puzzle en réaménageant la loi. Dans une certaine mesure, la loi est une structure paraissant plutôt stable mais pouvant toutefois être modifiée. Le sujet dépend du cadre de la loi dans lequel il exerce sa liberté, c'est-à-dire sa puissance créatrice.

La liberté ne se réduit pas à cette puissance créatrice. Le sujet devra faire reconnaître aux yeux d'autrui son cheminement personnel de mise en ordre. Pour se constituer dans sa liberté, le sujet doit advenir à sa propre parole. C'est le défi et la limite de la liberté de prendre la parole pour rendre signifiant devant autrui son propre cheminement. Les rituels religieux assurent l'équilibre tensionnel conditionnel au cheminement du sujet. Les fonctions religieuses dynamisent le cheminement du sujet par le fait qu'elles entretiennent la possibilité des déplacements des chiffres dans le puzzle.

L'épreuve de la mortalité correspond à la « dé-couverte » de la case vide. La mortalité instaure le manque ou le vide. Le jeu créatif du sujet est d'ailleurs l'une des formes de ritualisation de la mortalité. Il est à noter qu'il ne peut y avoir, dans la disposition des chiffres du puzzle, un ordre parfait et indestructible. Chaque mise en ordre correspond à des situations existentielles singulières. De plus, l'ordre est susceptible de dépérir, de s'effriter. L'ordre est instable et temporaire. Le rituel religieux suppose la temporalité cyclique et implique la complémentarité de l'ordre et du désordre. À ce sujet, Georges Balandier rappelle que « l'ordre et le désordre sont comme l'avers et le revers d'un monnaie : indissociables. […] Les sociétés laissent toutes une place au désordre, tout en le redoutant ; à défaut d'avoir la capacité de l'éliminer – ce qui conduirait à tuer le mouvement en leur sein et à se dégrader jusqu'à l'état de formes mortes –, il faut en quelque sorte composer. […] Désamorcer le désordre, c'est d'abord le traiter par le jeu, le soumettre à l'épreuve de la dérision et du rire, l'introduire dans une fiction narrée ou dramatisée qui produise ses effets »[8]. On comprendra que la dimension ludique du rituel assure l'équilibre tensionnel entre l'ordre et le désordre. C'est une tension dynamique qui conduit tous et chacun à perpétuellement se déplacer, se positionner dans le cadre limité du puzzle.

Il se peut que la case vide soit occultée par un pouvoir dominant et narcissique qui s'approprie la place du sujet. À ce moment, le sujet s'évanouit dans le pouvoir de l'Autre.

---

8. Georges Balandier, *Le désordre*. Éloge du mouvement, Paris, Fayard, 1988, p. 118.

D'autre part, le sujet de la case vide peut s'investir lui-même d'une puissance telle qu'il se permet de chambouler les multiples jeux du puzzle sans respecter le cadre du jeu. On parlera alors d'une manifestation de la toute-puissance narcissique du sujet. Dans cette perspective, le sujet s'évanouit dans sa jouissance. Sur le front, la bataille se joue entre la puissance narcissique du sujet et le pouvoir de l'institution. Le pouvoir formalise et institutionalise les règles du puzzle. On rencontre donc deux formes d'absolutisation de la position du sujet : premièrement lorsqu'il est dominé par un pouvoir qui ne lui laisse aucun espace de jeu, et deuxièmement lorsque son jeu est aveuglé par sa toute-puissance. Ce sont deux positions qui tendent à nier la menace de mort.

La découverte de la case vide est reconduite dans les situations de menace de mort. Celle-ci, bien souvent vécue dans la terreur comme dans la fascination, correspond à une expérience du sacré. En somme, n'est pas sacrée une chose en soi qui serait un ordre hypostasié ou un désordre orgiaque. Le sacré est un type d'expérience de la mortalité, une expérience lors de laquelle un sujet est amené : 1) à chercher à entretenir l'ordre établi, 2) à se repositionner par rapport à un désordre survenu dans son puzzle, 3) à introduire du désordre afin de recomposer son puzzle. Ces trois positions renvoient à trois fonctions du rituel religieux que nous avons nommées, dans un autre texte, fonction de respect, fonction de transition et fonction de transgression[9].

On a toujours pu, statistiquement, parler des chrétiens comme de l'ensemble des individus partageant des croyances communes. Mais c'était abstraire le sujet de son vécu le plus intime. La mesure des écarts dans les conduites nous est dictée dans les autobiographies. C'est dans les histoires de vie que le spécialiste de la religion prend conscience des

---

9. Denis Jeffrey, «Prolégomènes à une religiologie du quotidien», *Religiologiques*, («Construction de l'objet religieux»), Montréal, n° 9, printemps 1994,

doutes, des incertitudes, des interprétations et des positions personnelles du sujet. C'est à la lecture d'une histoire personnelle que nous constatons l'importance des rituels religieux dans la culture des relations qui tissent son monde. Toute relation est précieuse et demande des soins appropriés. Un bris de relation, par exemple la perte ou le décès, comme une modification dans une relation, notamment la modification du statut du sujet ou la baisse de l'intensité amoureuse, trouvent leur rétablissement par une procédure rituelle. Une relation irrigue d'une puissance de vie un sujet perpétuellement taraudé par sa mortalité.

Rares sont ceux qui, de tout temps, ont obéi aux autorités religieuses sans conserver un quant à soi. Il devient bien difficile, dans un contexte où les histoires de vie sont prises en compte par les spécialistes des sciences humaines, de parler au nom de personnes à qui on n'a pas donné la parole. À partir du moment où plusieurs personnes prennent la parole, on s'aperçoit qu'elles ne se bornent pas à accepter le déluge sans y mettre leur grain de sel. D'aucuns soulignent que les « conquis » et les « soumis » n'ont pas d'histoire. Mais en creusant un peu dans la vie des sujets de la conquête et de la soumission, on se rend compte qu'ils résistent et contestent les pouvoirs établis, quelquefois doucement, quelquefois vigoureusement, afin de conserver leur position de sujet.

Pour entrer dans la religion personnelle, on doit s'intéresser aux histoires de vie. Cela ne signifie pas que le sujet a délaissé ce qui le constitue dans son humanité. Il faut plutôt chercher à recueillir les traces de vie, que sont souvent les moments forts d'une existence, pouvant être traduites à l'aide d'une conception pragmatique de la religion. Il s'agit de choisir une conception de la religion qui ne soit pas exclusive, mais qui puisse rendre manifestes les préoccupations religieuses actuelles d'un sujet qui souffre d'une grande pudeur pour discuter de la mort et de ses propres expériences religieuses.

La menace de mort

Dans ce texte, nous nous attachons à comprendre l'intervention religieuse pour négocier la menace de la mort. La pertinence de ce choix fait écho à un article de Freud intitulé « Notre attitude à l'égard de la mort »[10]. Cet article fut l'objet d'une analyse détaillée de la part d'Eugène Enriquez[11], que nous suivons ici. La mort, écrit Freud, est rarement acceptée comme l'issue nécessaire de la vie. Les individus tentent d'écarter la mort de leur vie et se comportent comme s'ils ne croyaient pas en leur propre mort. Freud note le fait qu'il « est absolument impossible de nous représenter notre propre mort, et toutes les fois que nous l'essayons, nous nous apercevons que nous y assistons en spectateurs. Comme l'homme primitif, notre inconscient ne croit pas à la possibilité de sa mort et se considère comme immortel »[12]. Pourtant, éviter de vivre avec la conscience de la mort appauvrit la vie. La vie « perd son intérêt dès l'instant où, dans les jeux de la vie, il n'est plus possible de risquer la mise suprême, c'est-à-dire la vie elle-même »[13].

Pour Freud, mentionne Enriquez, ce n'est que lorsque l'homme accepte le risque, et le risque fondamental de la mort, qu'il peut donner un sens à sa vie. Comme si donner un sens à sa vie ne suffisait pas, l'homme désire également sentir la vie couler en lui. C'est dans le vertige de la perte totale qu'il peut se sentir vraiment vivre. Deux idées importantes sont à retenir : d'une part, l'homme cherche à écarter la mort, et, d'autre part, la vie s'appauvrit si elle n'est pas risquée. En quelque sorte, la mort apparaît comme une menace si impressionnante qu'elle ne peut être acceptée,

---

10. Sigmund Freud, *Essais de psychanalyse*, Paris, Gallimard, 1977, p. 253-267.

11. Eugène Enriquez, *op.cit.*

12. S. Freud, *op.cit.*, p. 253 et p. 263.

13. S. Leclaire, cité par E. Enriquez, *op.cit.*, p. 170.

même par l'inconscient. Mais tout de même, cette menace enrichit la vie. La menace de mort est la menace fondamentale, originaire et paradigmatique ; c'est pourquoi elle est régulée par des interdits.

L'interdit se présente comme un régulateur qui à la fois protège de la menace de la mort tout en procurant l'occasion d'affronter le menaçant. La ritualisation de l'interdit offre un cadre dans lequel la menace peut être vécue et vaincue. Il va sans dire que l'effet traumatique de la menace est amoindri lorsque celle-ci est soumise à des pratiques qui préparent le sujet. Ainsi, dans plusieurs rituels pubertaires notamment, Eliade souligne l'effet bénéfique du choc de la mort. Ce choc, souligne-t-il, est immanquablement suivi d'une résurrection symbolique : « La mort initiatique est interprétée soit comme un *descendus ad inferos* soit comme un *regressus ad uterum*, et la "résurrection" est comprise parfois comme une "reconnaissance". Dans nombre de cas, les novices sont symboliquement enterrés, ou ils sont censés avoir oublié leur vie passée, leurs relations familiales, leur nom, leur langue, et doivent tout apprendre de nouveau. Parfois, les épreuves initiatiques deviennent de véritables tortures. »[14]

L'épreuve de la mortalité, dans les rituels initiatiques traditionnels, s'élabore comme la rencontre originaire avec la mort. Cette rencontre encode une sorte de mémoire qui, au point de vue symbolique, constitue le modèle paradigmatique de la négociation avec la menace de mort. Tobie Nathan souligne que « les traces mnésiques fixées et destinées à se répéter inexorablement [...] sont toujours des traces traumatiques. La notion de « choc » occupe de ce fait, dans la théorie psychanalytique, une place paradoxale : elle est à la fois la condition de possibilité de la mémoire, mais elle en est également sa négation par la déstructuration et la paralysie qu'elle impose à l'appareil psychique. En effet, le traumatisme *fixe* le sujet et le contraint à y revenir

---

14. Mircea Eliade, *La nostalgie des origines*, Paris, Gallimard, 1971, p. 188.

perpétuellement; il empêche de ce fait l'établissement des liaisons, véritable travail de l'appareil psychique »[15]. L'épreuve de la mortalité suffit à modifier l'identité d'une personne, comme l'affirment Eliade et Nathan. Cependant, il y a une nécessité de répéter cette épreuve chaque fois que le sujet est initié à un nouveau statut identitaire.

Il est certes plus facile de vivre l'épreuve de la mortalité lorsqu'elle est régulée dans des formes rituelles. Or, cela n'efface pas pour autant l'imprévisible de la menace de mort. Il est pertinent de s'interroger sur l'effet de la fonction de transition du rituel pour sortir de l'effroi. La remémoration de l'épreuve traumatique de l'initiation pubertaire offre sans aucun doute des bénéfices à long terme. Le traumatisme devient alors un gisement qui renferme une énergie de vie considérable. La transition implique que le sujet veuille bien accepter que la vie ne sera plus jamais comme avant, mais qu'un nouveau jour se lève sur son existence. Le fait de croire à une « reconnaissance symbolique », assumée par le sujet et par les siens, va assurément favoriser la transition. Le traumatisme originaire, même refoulé, tient lieu de source vitale dans laquelle le sujet puise pour négocier toute autre menace. En côtoyant la mort contre son gré ou de manière délibérée, le sujet se ressource au gisement de l'événement traumatique. Cette expérience de ressourcement est une expérience du sacré. Malgré tout, le sujet peut s'y perdre; c'est une expérience qui sera vivifiante dans la mesure où le sujet pourra la ritualiser et la symboliser.

L'expérience vécue lors d'une transgression implique un frôlement désiré avec le traumatisme de la mort. Alors que la fonction de respect du rituel s'accorde avec la croyance et les représentations symboliques afin de négocier l'angoisse de la mortalité, la fonction transgressive force la

---

15. Tobie Nathan, « Trauma et mémoire, *in Nouvelle Revue d'ethnopsychiatrie* (« Initiations et secte, tome 1, Métamorphose de l'identité »), Paris, La pensée sauvage, 1986, p. 8-9.

mort à se montrer afin de régénérer la vie. Ce qui est fondamentalement sacré pour une société, comme pour chaque individu par ailleurs, ce sont les expériences vécues dans la proximité des interdits. Tous les interdits entretiennent des liens étroits avec l'épreuve de la mortalité. L'organisation de la vie sociale et individuelle suppose que les interdits doivent être à la fois respectés et transgressés. Même les sociétés prométhéennes, orientées vers le progrès des techno-sciences et vers le pouvoir de la rationalité instrumentale, n'ont pas vu se dissiper les interdits, ni par ailleurs la menace de mort.

Chaque société tente de gérer de la meilleure façon possible, à partir de la conception qu'elle se fait de l'humain et du pouvoir, les interdits se rapportant à la mort. Les interdits de l'inceste, du cannibalisme et du meurtre se constituent autour du fait de la mortalité humaine. La sexualité, l'érotisme, l'étrangeté, l'alimentation, l'hygiène, les relations interpersonnelles, les forces surnaturelles entretiennent avec la menace de la mort un lien particulier. La mort est éveillée chaque fois que le sujet investit et contre-investit dans une relation. On peut supposer qu'une société qui tente d'éliminer la menace de mort verra se tarir le gisement de vie que représente le traumatisme originaire de l'épreuve de la mortalité.

Les expressions du vécu religieux individuel et collectif sont multiples et polysémiques. Il se peut qu'un chrétien et un musulman aient des conduites identiques à l'égard des interdits, mais que l'expression de ces conduites diffère. Chacun se réfère aux signifiants religieux proposés par sa culture pour assigner un sens à son expérience du sacré. Or, la rencontre des cultures enrichit le sens qu'une personne confère à son expérience. Cette personne découvre que ce qui était connoté par des signifiants religieux dans sa culture n'a pas la même connotation dans une culture exogène. Elle pourra alors emprunter de nouveaux signifiants pour rendre compte de ce qu'elle vit dans l'orbe des interdits.

313

Il n'est pas si aisé, pour le spécialiste du religieux, de reconnaître ce qu'il y a de commun à toutes les cultures en ce qui concerne l'expérience de la mort. Cependant, les efforts déployés depuis le début du siècle par les historiens, les sociologues et les anthropologues de la religion ont permis de dégager un ensemble d'éléments communs à cette expérience. En effet, nous ne pouvons plus explorer l'univers religieux sans tenir compte des mythes, des croyances, des interdits, des rituels et de l'expérience du sacré. Dans chacune des religions, soit-elle ancienne ou nouvelle, personnelle ou collective, nous devons examiner l'organisation de chacun de ces éléments afin de bien saisir la pertinence du religieux pour négocier la menace de la mort.

La croyance

Dans une société propice à l'émancipation du sujet religieux, il est certain que les dogmes religieux sont remis en question. Les dogmes immortels sont traités avec une certaine réserve, comme toutes les formes de productions mythiques et discursives. La religiologie du quotidien nous apprend que la mosaïque des interprétations individuelles du monde a mis en péril les orthodoxies religieuses propres à une collectivité donnée. On assiste, dans la société actuelle, à une fragmentation de la religion officielle. En colligeant les histoires de vie de tous et chacun, on voit que les croyances religieuses sont intimement intriquées à l'expérience personnelle du sujet. Dès lors, la religion du sujet n'est plus une image hollographique de la représentation collective unitaire transmise de génération en génération. Les rites et les croyances vécus au jour le jour sont de plus en plus détachés de l'ensemble des obligations et des sanctions régies par l'autorité d'une tradition confessionnelle.

Ne devrions-nous pas être heureux de cet écart dans l'attitude de nos contemporains et croire, avec le philosophe italien Gianni Vattimo[16], que la distance prise par rapport aux certitudes d'autrefois est favorable au cheminement du sujet dans sa liberté ? Cependant, cela ne signifie en rien que le sujet a cessé de croire et qu'il a brusquement délaissé toute pratique religieuse. À l'évidence, les conduites à l'égard des interdits ne sont plus nécessairement administrées par un clergé, mais supposent tout de même des mécanismes de régulation religieuse. Il est bien difficile de concevoir une société sans organisation cléricale ayant pour mandat de contrôler les dogmes et les pratiques religieuses. Pourtant, il est justifié de supposer que l'ensemble des croyances et des pratiques religieuses échappent de plus en plus à un clergé qui les encadre et les régule. Dans la société légaliste, aucun clergé ne peut obliger une personne à croire et à exercer des pratiques cultuelles. Ceci dit, nous observons actuellement une extraordinaire animation dans l'univers des croyances et des pratiques religieuses de nos contemporains.

Plusieurs organisations cléricales se donnant le mandat d'administrer les pratiques et les croyances religieuses vont assurément continuer de fleurir. Les traditionalismes, les fondamentalismes et les intégrismes offrent encore l'image d'une religion unitaire et universelle, et tentent d'imposer à tous des vérités apodictiques qu'il est impossible de discuter. À côté de ces formes dogmatiques de la religion, apparaissent des mouvements, des chapelles et des sectes de tous genres. Les religions orientales et les thérapies initiatiques sont en vogue. Alain Bouchard propose que les « croyances exotiques actuelles reflètent la mode qui s'est développée dans certains milieux des années soixante. Les thèmes de la contre-culture américaine ont pris racines dans la population en général, et on constate maintenant l'ampleur du phéno-mène. »[17] Transversalement, apparaissent des croyances

---

16. Gianni Vattimo, *La société transparente*, Paris, Desclée de Brouwer, 1990.

17. *Les croyances au Québec. Esquisses pour une approche empirique*, volume publié sous la direction de Raymond Lemieux et Micheline Milot, *in Les cahiers de recherche en sciences de la religion*, vol. 11, 1992, p. 306.

religieuses individuelles et collectives sans encadrement clérical institué que nous devons apprendre à examiner et à comprendre. Celles-ci pourront se développer dans le cadre de l'émergence de jeunes sectes ou de mouvements spirituels. D'autres croyances religieuses ponctuelles, qui prennent naissance dans une situation particulière, s'épuiseront dans leur actualisation; elles ne survivront pas à l'événement de leur naissance.

La discussion sur les croyances et les rituels religieux spontanés et labiles occupe une place considérable dans la recherche actuelle en sciences religieuses. Un tel type de recherche implique notamment que nous accordions une importance appréciable à l'expérience du sacré vécue par chaque personne. Cette notion d'expérience apparaît féconde dans le sens où elle renvoie à un sujet qui construit son « système identitaire » (relations et communications) en apprenant à gérer son propre devenir.

Raymond Lemieux souligne à cet égard que l'effritement des grands récits « laisse l'individu seul avec lui-même, sans repère dans une culture qui ne lui offre pas de signifiants communs incontestables. »[18] Le sujet doit s'impliquer lui-même dans un travail de recomposition de ses croyances. Pour cela, il fait appel, selon les termes de Danièle Hervieu-Léger, aux traditions constituées des « religions historiques ». « Celles-ci fonctionnent comme capital de symboles, mobilisables notamment lorsque les projections séculières de l'accomplissement de l'histoire (les idéologies modernistes du progrès, dans leurs différentes variantes) sont mises en question. »[19] Ainsi le paysage des croyances devient-il très complexe à saisir. C'est que le religieux institué tendrait à migrer du côté de l'expérience personnelle. Dès lors, il

---

18. *Ibid.*, p. 24.

19. Danièle Hervieu-Léger, *La religion comme mémoire*, Paris, Cerf, 1993, p. 10.

devient opportun de s'interroger sur la possibilité de traduire l'expérience personnelle en termes religieux.

Pour Lemieux, la croyance renvoie « à un *espace imaginaire* qui dépasse nos rationalités et nos logiques »[20]. La mise en situation du sujet dans la trame de sa vie est telle qu'il fait constamment l'expérience du manque de sens, du *manque métaphysique*, et qu'il cherche naturellement à combler ce manque en se donnant des représentations qui rendent acceptable cette expérience du manque. Ce qui manque à l'être humain pour être complet, c'est l'immortalité. Le manque que constitue la mort borde l'horizon dans lequel l'être humain inscrit ses expériences de vie. Éric Volant note que l'être humain « est marqué par la finitude et l'inachèvement. Comme tous les vivants, les humains sont des êtres qui naissent et meurent inachevés »[21]. C'est le propre du tiers de dévoiler l'écart entre l'immortalité et la mortalité humaines. Le tiers introduit la division, la loi qui conduit l'humain à l'épreuve de sa mortalité.

La mortalité amène la réalité humaine à la béance essentielle, au manque radical de sa condition de nomade devant l'éternité. La certitude de ce manque soulève un sentiment de terreur et de fascination mêlées. Nul être humain ne peut éviter cette expérience percutante qui l'initie à l'épreuve de la mortalité. En revanche, il lui est au moins permis de chercher à maîtriser ce qu'il vit lors de l'épreuve. La croyance serait une représentation non démontrable qui atténue les sentiments intenses vécus dans la proximité de la mort en fondant un ordre signifiant. La croyance injecte du sens dans la béance de la mortalité. Le mouvement de croire rassure contre l'absurdité, l'incohérence, l'incertitude, l'erreur, la méprise et la perte amoureuse, tout ce qui renvoie

---

20. *Les croyances au Québec*, p. 41.

21. Éric Volant, « "Éthos", demeure pour la vie mortelle » *Religiologiques*, nᵒ 4, automne 1991, p. 164.

à l'imperfection humaine. Même l'incroyable se nourrit de la croyance en l'existence d'un monde raisonnablement organisé. Le fait de croire fixe un certain nombre de vérités. Toute connaissance nécessite la croyance pour se constituer comme savoir. La croyance est une donnée originaire et autofondative. La croyance n'a pas à être vérifiée. Il s'agit d'en faire l'affirmation pour qu'elle soit vraie. Elle est un énoncé qui se produit dans un procès d'énonciation. L'étonnement ou l'angoisse de l'interlocuteur lui donne un destin.

La croyance accompagne le sujet au cours de son histoire afin de prévenir ou d'apaiser les insoutenables sentiments provoqués par la menace de la mort. Elle résorbe par anticipation l'inquiétude surgissant dans les événements qui rendent manifeste la mortalité humaine. La peur de rencontrer la mort dans un bouleversement existentiel est la menace par excellence.

Hervieu-Léger distingue le croire de la croyance : « le "croire", c'est la croyance en acte. »[22] Le croire implique une démarche mobilisante de la part du sujet, alors que la croyance évoque un ensemble de convictions reposant sur des certitudes. La croyance est un laisser-aller dans l'inconscience lorsqu'elle ne veut pas ou ne peut pas se questionner. Le croire arrime le sujet à sa manière d'éprouver son propre devenir. On peut dire, en quelque sorte, que le croire contient explicitement une marge de jeu permettant au sujet de questionner ses choix de croyance et de les raconter. Le besoin de se raconter pourrait se traduire comme une expérience de subjectivation. L'idéal émancipateur du sujet religieux repose sur sa possibilité de savoir et d'accepter que la croyance est rassurante tout en continuant de croire.

L'assurance de la croyance est conditionnelle au cheminement du sujet dans la mesure où elle n'écarte pas le

---

22. D. Hervieu-Léger, *op. cit.*, p. 105.

dépaysement fécondant du croire. C'est une liberté problématique pour le sujet religieux qui oscille continuellement « entre appartenance et dépaysement »[23]. L'expérience du croire est en effet vécue dans un certain vertige qui se traduit par une « oscillation » entre la multiplicité des croyances. Ainsi, les croyances concernent l'histoire de vie d'un individu à tout jamais interpellé par la menace de sa mortalité.

Les rituels

Fières de s'identifier à l'esprit d'un temps marqué par le règne de la pensée scientifique, plus d'une personnes défont le gros tricot religieux qui les habillait depuis la tendre enfance. Le sort réservé à la religion témoigne de l'essor d'une logique du prévisible qui a horreur des régulations religieuses pour gérer le mystérieux, l'inconnu, l'étranger, l'excès, le risque, la violence et le désordre. Pourtant, même un esprit scientifique ne se débarrasse pas si facilement des régulations religieuses pour braver ce qui lui échappe. De tout temps, les êtres humains ont tiré profit des rituels religieux pour négocier ce qui les expose aux plus grands risques. Les fonctions religieuses du rituel contribuent à réguler l'échange symbolique avec les sentiments qui excèdent les limites de l'acceptable, et aident à adoucir les sentiments vécus intensément dans ces situations.

Les rituels sont des pratiques individuelles ou collectives extraordinairement efficaces pour gérer l'excès de rage, de colère, de frustration, ou pour apaiser l'esprit de vengeance et l'impuissance devant les limites. L'épreuve inattendue, l'accident, la déception, la frustration, de même que la confrontation soudaine à la mort, à la maladie grave, à l'invalidité, à la séparation, au deuil peuvent provoquer l'anéantissement moral d'une personne. L'épreuve existentielle, la crise, la hantise d'une menace ou d'un danger, la

---

23. Gianni Vattimo, *op. cit.*, p. 20.

peur, l'incertitude nécessitent une procédure rituelle. Grâce à la teneur symbolique qu'il implique, le rituel procure à une personne vivant des situations troublantes et bouleversantes un soutien symbolique bien réel.

Lorsque le sens de la vie disparaît dans l'obscurité de la défaite, ou lorsque les valeurs véhiculées par la culture dominante de la société ne correspondent plus à ce qui est vécu, il devient opportun de faire appel à un rituel approprié. Le rituel reconstitue une trame rompue et resolidifie la précarité de l'existence. De plus, le rituel fournit des marques qui délimitent et différencient. Durant la ritualisation, une personne confirme les relations qu'elle entretient avec elle-même, autrui (je/tu-nous/eux) et son milieu de vie. Elle irrigue le temps qui passe, qui s'écoule irréversiblement vers la mort, d'une forte charge d'enchantement. On ne peut passer sous silence que la ritualité supporte l'expression symbolique du refoulé ou de l'impossible à dire, dont la mortalité associée à la sexualité, cristallisées dans l'érotisme, demeurent les formes paradigmatiques originaires. Les investigations de Freud l'ont amené à découvrir la charge sexuelle des refoulés. Il y a lieu, aujourd'hui, de faire ressortir la prépondérance de la mortalité qui accompagne la charge sexuelle.

L'érotisme est certes l'une des figures les plus explosive de l'excès. Éros n'est pas seulement un dieu bouillant qui incarne les pulsions de vie, il importe de souligner qu'on ne saurait taire sa violence. Georges Bataille[24] nous a légué un examen approfondi de la violence d'Éros dans ses multiples manifestations. La puissance érotique, disait-il, enlace la vie jusque dans la mort. Curieux paradoxe qui lie la vie, dans son paroxysme, à la mort. L'exquis marquis de Sade, qui, dans sa prison, pousse le délire sexuel des personnages de sa littérature jusque dans les bras de Thanatos, est l'ultime illustrateur de ce paradoxe. Les délices sadiens ne se

---

24. Georges Bataille, *L'érotisme*, Paris, Éditions de Minuit, 1957.

mesurent-ils pas à l'aune du plaisir érotique le plus intense ? L'activité érotique met en scène une exubérance de vie incroyable qui demande à être ritualisée.

La structure identitaire fondamentale de tout être humain organise et rend manifestes les échanges symboliques avec la mort et la sexualité. S'engager dans la vie, c'est donner des formes d'expression à la puissance érotique qui lie la mort et la sexualité. C'est bien parce que nous sommes mortels que nous entrevoyons la possibilité de perpétuer ce que nous sommes. Mais que serait l'activité reproductrice sans l'érotisme, c'est-à-dire sans le désir de la fusion symbiotique totale ? En revanche, l'érotisme sans médiation symbolique appropriée fait dévier la fonction reproductrice de son but. On sait que les conduites érotiques sont souvent excessives et violentes, et, par conséquent, qu'elles peuvent entraîner la mort. Tenir compte de la puissance érotique dans l'étude de la religion, c'est prendre en compte la manière dont chaque personne et chaque communauté identitaire gèrent les moments forts de la vie à l'aide de rituels afin d'assurer leur perdurance. Toutes les sociétés se structurent à partir d'interdits qui ont comme communes fonctions de favoriser l'émergence de la vie tout en protégeant de la mort.

Les régulations religieuses administrent les interdits en les maintenant dans des formes communicables et acceptables, afin qu'ils soient à la fois objet de respect et de transgression. Il n'est pas contradictoire d'affirmer que l'interdit doit être respecté et transgressé. La fonction transgressive du rituel demeure aussi importante que la fonction de respect. Ces deux fonctions sont les deux pôles du dynamisme religieux. Elles forment une sorte d'équilibre tensionnel qui assure le devenir humain dans un minimum de risque.

Un interdit ne peut être respecté qu'à la condition qu'il acquière une forme symbolique qui le rend manifeste. La fonction transgressive détient le rôle d'appuyer la fonction de respect en cherchant à rendre manifeste l'interdit. Ainsi, les multiples formes de transgression, notamment la fête, les conduites à risque, le sacrifice, le jeu avec les limites, la démesure, l'excès, poussent l'interdit à se manifester. Les interdits rappellent la condition mortelle de l'être humain et son obligation de créer pour se perpétuer. Si la religion concerne les interdits, c'est parce qu'elle a pour rôle de fournir un mode d'emploi pour négocier l'excès devant les limites de la vie et de la mort, ce qui oblige l'humanité à se dépasser pour assurer la perpétuation de ses traditions, et à ainsi se renouveler.

Il n'est pas rare que des personnes entreprennent des procédures légales pour gérer une injustice, une frustration, une défaite ou une perte. Or, les principes abstraits du droit laissent une personne démunie devant l'épreuve person-nelle. Durant une crise, celle d'un divorce notamment, les procédures légales ne lui permettent pas de symboliser ce qu'elle vit. Les conventions légales semblent détachées des médiations symboliques propices à la résolution de la crise. Entreprendre un long procès afin de sceller un divorce ne peut être détaché de cette autre entreprise visant à cicatriser des sentiments meurtris. Un événement si turbulent demande une ritualisation afin de recomposer un ordre dégénéré et d'apaiser des sentiments mutilés. Nul ne peut se dérober au processus du rituel pour conjurer des sentiments vécus intensément et pour reprendre sa vie en main, c'est-à-dire poursuivre l'exercice de sa liberté. La ritualisation assure la continuité de l'existence en suturant une blessure existentielle. C'est pourquoi les procédures juridiques ne peuvent faire disparaître les procédures rituelles.

Plusieurs personnes se sentent totalement démunies devant les difficultés de la crise. Non seulement elles ne savent plus à quel saint se vouer, mais il semble qu'elles ne trouvent plus d'énergie pour continuer leur chemin. Pour restaurer un ordre symbolique fragilisé par une crise, quelques-unes chercheront secours et conseils auprès d'un ami ou d'un spécialiste. D'autres trouveront suffisamment de ressources en elles-mêmes pour prendre l'initiative de conduites rituelles revitalisantes et rassurantes.

Pour donner une signification et une valeur à ce qui déstabilise, à une crise ou à un conflit intérieur, il sera possible de recourir à des rituels administrés par des institutions religieuses reconnues. Il ne faut pourtant pas s'étonner que plusieurs aménagent leurs propres rituels selon la situation, les circonstances et la disponibilité des personnes ressources. Le rituel n'est pas la simple répétition des gestes et paroles des ancêtres. Il ne nécessite pas non plus, obligatoirement, une organisation extrêmement soignée et encadrée. Une grande diversité d'activités quotidiennes impliquent les fonctions du rituel. Par exemple, la consommation devient consumation rituelle dans certaines situations. Lorsqu'une personne se sent dépossédée de ses moyens, diminuée dans son pouvoir d'action, l'acte de consommer compense la perte subie. La fonction symbolique de la dépense contrebalance le sentiment d'impuissance et de frustration.

Par ailleurs, la folie passagère d'une fête entre amis procure un moment de relâchement propice au ressourcement des énergies de vie. La fête atténue la sévérité de l'existence. La fête ou la célébration entre amis a aussi pour rôle de souligner le courage de ceux et celles qui assument de lourdes responsabilités. Lorsqu'une personne éprouve des difficultés imprévues, on lui organise ce moment de grâce que constitue la fête. La fête resserre les liens de solidarité. Comme l'avaient bien montré Roger Caillois[25] et Jean Duvignaud[26], la fête implique un principe de dépense, de perte, de destruction et de délestage. L'enjeu de ce gaspillage

---

25. Roger Caillois, *L'homme et le sacré*, Paris, Gallimard, 1987.

26. Jean Duvignaud, *Le don du rien. Essai d'anthropologie de la fête*, Paris, Stock/Monde ouvert, 1977.

intentionnel consiste à combler un malaise existentiel en rejouant, sous un mode contrôlé, un processus de perte. Pour reprendre en main une situation de perte subie, il s'agit de rejouer la situation afin, cette fois-ci, de la maîtriser. L'efficacité de cette maîtrise relèverait de l'échange symbolique d'une perte volontaire contre un gain de sens et de vitalité.

Plusieurs initiatives individuelles dynamisent les fonctions du rituel. En l'absence de rituels religieux institués, comme ceux qui abondent dans les sociétés traditionnelles, chaque personne trouve ses propres rituels qu'elle entretient et renouvelle selon les situations qu'elle rencontre. Ainsi, les rituels religieux n'ont peut-être pas disparu. Ils prennent plutôt des formes nouvelles tout en conservant leurs fonctions primordiales qui renvoient essentiellement à négocier les diverses menaces de mort symboliques et réelles.

La fonction symbolique du rituel

La fonction symbolique du rituel vise à exprimer ce qui est vécu durant l'épreuve des limites. Les symboles ou représentations symboliques sont utilisés pour exprimer ce qui échappe à la maîtrise individuelle et collective. Le symbole est un produit de l'imagination visant à représenter une charge émotive très forte qui ne trouve pas de mots pour se dire. La mort, l'incompréhensible, l'inconnu, l'obscène, le destin, l'étrangeté, le monstrueux, l'aléa, le refoulé sont des figures paradigmatiques du symbole. Il n'est pas rare qu'une personne ne puisse traduire dans une langue familière des sentiments très intenses de terreur ou de fascination. C'est que ces sentiments l'exposent au danger de la mort. La symbolisation sert à communiquer ce qui se vit dans les parages de l'interdit et implique une maîtrise par la représentation.

La représentation symbolique se substitue à des sentiments intenses tels que la peur, la vengeance, la terreur, la panique, la rage, la colère, la fascination, l'éblouissement, etc. En fait, la représentation symbolique diminue le choc des impressions fortes et en permet l'expression. La maîtrise de soi dépend du jeu paradoxal des symboles. On peut s'imaginer, en l'absence d'un système symbolique adéquat et signifiant, qu'une personne soit saisi de panique, qu'elle puisse perdre la maîtrise d'elle-même.

La situation menaçante rappelle chaque fois l'imminence de la mort. Le sentiment de sa propre mort, chacun en conviendra, peut faire basculer une personne dans une crise létale si elle ne trouve pas de support symbolique pour l'exprimer et s'en libérer. René Kaës évoque à ce sujet la similitude entre la crise et la mise à mort : « Que la mise en crise soit vécue comme une mise à mort marque la connotation toujours menaçante des dérèglements qui surviennent dans un système vivant. »[27]

Il est opportun de souligner les rapports multiples que les représentations symboliques entretiennent avec la mort. L'agencement et les combinaisons de symboles forment la trame du mythe. Ce sont des productions de l'imaginaire qui révèlent autre chose que ce qu'elles montrent. C'est principalement par le mythe que l'être humain accède au sentiment de sa propre mort. Le mythe permet d'accéder à ce qui, en chaque être humain, resterait muet. D'où le sens grec du mot mythe (*mutus*) signifiant muet et silencieux[28]. Il ne faut surtout pas croire que le mythe s'oppose à la pensée logique et rationnelle. Selon une idée largement partagée par les anthropologues et les religiologues, le mythe raconte « l'impossible à dire » ou le « manque-à-être ». Il

27. René Kaës et *al. Crise, rupture et dépassement. Analyse transitionnelle en psychanalyse individuelle et groupale*, Paris, Dunod, 1979, p. 4.

28. Annick Barrau, *Mort à jouer, mort à déjouer. Socio-anthropologie du mal de mort*, Paris, PUF, 1994, p. 24.

résout les problèmes liés à l'origine de l'existence, aux contradictions (oppositions ou paradoxes), à l'ordonnancement du monde, et à la souffrance provoquée par la mortalité humaine. Eu égard à cette souffrance, le mythe permet de dépasser la mort, c'est-à-dire de l'inclure dans la vie afin de l'enchanter. C'est l'apprentissage de toute une vie que d'apprendre à vivre et à mourir. L'efficacité du symbole ne repose-t-elle pas sur l'assomption de ce qui détourne la vie de son pouls régulier ?

Lorsqu'une personne entreprend, seule ou en petit groupe, de ritualiser un événement existentiel important, il y a danger qu'elle se perde, qu'elle dérape, qu'elle soit transie, possédée par des sentiments qu'elle ne maîtrise pas. C'est pourquoi, dans les sociétés traditionnelles, le ritualisant est guidé par un officiant. L'officiant rappelle, par la récitation du mythe notamment, des modes de faire et des « matrices de sens » afin d'apaiser les troubles personnels et collectifs. On se souviendra, à cet égard, des récits que l'on raconte aux enfants avant qu'ils entrent dans l'obscurité de la nuit, de nos propres lectures nocturnes, ou de la lecture des journaux le matin.

La lecture matinale des journaux nous rassure quant à l'existence du monde, tout en conjurant l'angoisse de l'événement fortuit. On espère ainsi que le malheur des autres ne nous atteigne pas : puisque c'est arrivé à autrui, on devrait être épargné. Ce rituel exorcise l'angoisse d'un désordre toujours menaçant. Précisons que la symbolisation n'est pas qu'une image qui occulte ce qu'on ne saurait affronter. La fonction symbolique du rituel crée l'occasion d'une initiation à soi, à autrui et à des univers encore inconnus et étrangers. Pour éviter qu'une personne soit prisonnière d'un sentiment étrangement pénétrant de terreur fascinante – sentiment paralysant la raison –, ou pour la sortir de ce sentiment, il ne reste qu'à le ritualiser.

Le symbole pacifie un monde séparé en un côté positif et en un côté négatif. Cette dichotomie renvoie à des couples de notions bien connus. Soulignons, à titre d'exemple, le pur et l'impur, le bien et le mal, la violence et la non-violence, l'acceptable et le non-acceptable, le bénéfique et le maléfique, le propre et le malpropre, l'exclu et l'inclus, le déterminé et l'indéterminé, le connu et l'inconnu, l'étranger et le familier, l'ordre et le désordre, le signifiant et l'absurde, l'ombre et la lumière, l'inconscient et le conscient, le connu et l'inconnu, le présentable et l'obscène. Dans la mesure où l'un des pôles n'est pas pris en compte, il devient menaçant et est facteur de risque létal.

On sait que ce qui se manifeste du côté négatif, dans certaines cultures, sera positif dans d'autres cultures. Par exemple, le feu, le sang, le cadavre ou les restes du corps humain (excréments, crachats, poils, larmes, matières fœtales, placentas, fœtus avortés, etc.) seront purs ou impurs, selon les différentes traditions culturelles. La forme paradigmatique de l'impur est le cadavre. Parce que la mort est éminemment menaçante, elle représente l'impureté. « L'impureté, souligne Laura Levi Makarius, est phénomène de danger : être pollué équivaut à être en danger. »[29] Selon Annick Barrau[30], la mutation qualitative de l'impureté de la mort en pureté, ainsi que la transformation du sentiment d'horreur devant un cadavre en un sentiment d'acceptation du décès, sont assurées par des démarches de type religieux. Les rites funéraires, qui impliquent l'obligation du deuil, conjurent l'horreur et la violence provoquées par l'impureté de la mort. Ces rites sont foncièrement thérapeutiques pour le ritualisant car ils assurent, d'une part, une protection contre le défunt (du fait qu'il est purifié) et, d'autre part, le passage du défunt dans un nouvel état ontologique.

---

29. Laura Levi Makarius, « Transgression et pouvoir », *in Violence et transgression*, sous la direction de M. Maffesoli et A. Bruston, Paris, Éditions Anthropos, 1979, p. 115.

30. Annick Barrau, *op. cit.*, p. 55.

Ainsi, toutes les polarités sont équivoques et interchangeables. Ce qui est connoté négativement est souvent investi d'une force mystérieuse redoutable. Plusieurs rituels visent à capter cette force dans le but d'en tirer profit. En violant délibérément le tabou associé à un objet impur, une personne acquiert des qualités exceptionnelles : « Ce sera l'acte risqué, dangereux, exceptionnel, qui est pratiqué en tant que grand moyen interdit d'obtenir ce que l'on désire : le succès à la chasse, à la guerre, en amour, la réussite des entreprises artisanales, la venue de la pluie, la guérison des malades, etc. [...] Par exemple, les chiffons menstruels mis autour du cou des enfants malades viennent à être considérés comme des porte-bonheur. »[31] La puissance de l'impureté se renverse en puissance de protection contre l'impureté ou en puissance bénéfique. Dans plusieurs sociétés, on considère que seulement certaines personnes, notamment le pontife, le prêtre, le chaman ou le sorcier, peuvent manipuler et maîtriser cette force sacralisée sans trop de risques. Une personne non consacrée manipule la puissance sacrée à ses risques et périls.

Même si la polarité négative, de nos jours, n'est plus investie d'une force mystérieuse redoutable, il se trouve que tout ce qui échappe au contrôle humain soulève des conduites régies par la peur, l'angoisse et la terreur. Les processus rituels et leur symbolisme présentent des procédés privilégiés pour négocier ces sentiments intenses. On se doit de remarquer l'accent mis actuellement sur les diverses prises de risques : expériences sexuelles non protégées, voyages-aventures, exploits, conduites héroïques, toxicomanies, etc. Comment ne pas y voir, notamment, des conduites rituelles visant à la fois à rendre manifeste la menace de la mort tout en cherchant à apprivoiser celle-ci.

Devant ce qui menace l'univers ordonné d'une personne, apparaît cette double réaction : celle de maîtriser

---

31. Laura Levi Makarius, *op. cit.*, p. 116.

l'objet menaçant et celle de maîtriser la réaction, souvent excessive, vécue devant la menace. On retrouve dans les sagesses religieuses ces deux formes de maîtrise. Par exemple, devant la peur provoquée par une personne étrangère, par un homosexuel ou par une personne porteuse du virus du sida, certains chercheront à être protégés et sécurisés en demandant, notamment, l'exclusion. D'autres accepteront de négocier leur propre peur afin de retrouver la quiétude familière. Ces deux démarches, à bien des égards, sont au cœur de plusieurs formes de ritualité.

Une jeune musulmane voilée ou un *skin head* vêtu de ses signes distinctifs demeurent étrangers tant que les fonctions rituelles ne sont pas enclenchées afin d'apprêter les restes qu'ils incarnent. Le «reste» représente chaque fois le côté négatif du symbole. La figure de reste est bien souvent accolée à l'exclu. Ces personnes, avec leur identité propre, seront invitées à entrer dans un système d'échange et de communication lorsqu'on pourra donner sens et valeur aux symboles qui les représentent. On ne peut oublier le fait qu'une personne est souvent réduite aux symboles qui la représentent. Une femme portant le *hijab*, par exemple, n'est plus qu'une musulmane. Nathalie Petrowski souligne qu'«on ne remarque plus le visage des femmes en *hijab*, ni la couleur de leurs yeux. Elles sont éclipsées, écrasées par la force du symbole. Elles sont ombres. Pas des êtres de chair ni des femmes à part entière»[32].

La mise en scène du rituel implique une structuration symbolique permettant de maintenir les opposés, c'est-à-dire de trouver un équilibre tensionnel entre le pôle positif et le pôle négatif. Cette structuration vise en effet à tenir ensemble deux forces qui s'opposent.

---

32. Nathalie Petrowski, «Derrière le *hijab*», *in La Presse* du 25 mars 1995, cahier A-2.

L'efficacité des procédures religieuses tient précisément à la capacité de structurer adéquatement des pôles opposés. Le symbole unit les opposés, même si certains rituels ont aussi comme fonction de diviser le symbole à l'occasion. La fonction transgressive du rituel, en certaines occasions, vise à séparer ce qui est uni. Par exemple, les rites de puberté visent entre autres à séparer le futur adulte du lieu maternant. D'autres rituels contemporains, comme l'enterrement de vie de garçon ou le « *shower* » – célébration de la future mariée –, contribuent à faciliter le passage du célibat à la vie matrimoniale. La fonction transgressive du rituel crée, dans ces derniers cas, une ouverture, une séparation qui sera nécessairement féconde. Dans les rites de puberté, le symbole se referme lors de l'entrée de l'adolescent dans le monde adulte ; dans le cas des rites précédant la vie matrimoniale, le symbole du mariage réunit ce qui avait été préalablement séparé. La fonction mystique du rituel vise à unir ce qui est séparé tandis que la fonction transgressive vise à séparer ce qui est uni. Ces deux fonctions sont irrémédiablement complémentaires.

Les pratiques rituelles pour apprêter ce qui menace sont nombreuses et doivent être perpétuellement répétées. Une personne, comme une communauté identitaire, n'a jamais fini de gérer le menaçant et le risque. La vie n'est pas un long fleuve tranquille, ni une rivière de bonheur permettant de se la couler douce. Chaque fois que survient une situation qui comporte un risque, il y a lieu de voir comment une procédure rituelle pourra répondre à celle-ci.

Le mythe

Mircea Eliade a proposé une définition du mythe qui retiendra notre attention. Pour ce grand historien des religions, le mythe est un récit des origines, d'une histoire avant l'histoire, *in illo tempore*, qui a pour fonction d'instaurer l'ordonnancement du monde. Le mythe raconte l'événement fondateur et l'ordre qui en découle. Dans toutes les sociétés traditionnelles, les mythes sont intimement liés aux rites. En fait, selon une définition bien établie en sciences religieuses, le rite met en action un mythe. En d'autres mots, le rite est la mise en scène d'un mythe. C'est un truisme d'affirmer que le mythe parle des interdits que les rituels rendent manifestes dans certaines circonstances.

L'histoire des mortels découle, selon la logique mythique, d'une transgression originaire. La plupart des mythes racontent, en effet, qu'une transgression a éloigné l'être humain d'un lieu par la suite devenu interdit. À la suite de ce premier acte de violence, il est interdit à l'homme de revenir en arrière *in illo tempore*. Son sort se résout en un difficile éloignement de l'âge d'or primordial.

Toutefois, le rituel réconforte l'être humain par une mise en scène des interdits le séparant de ce pays lointain dans lequel les dieux et déesses ont élu domicile. L'acte originaire de la transgression est répété symboliquement lors de certains moments privilégiés. Grâce à des pratiques rituelles appropriées, le mortel retrouve, pour un laps de temps déterminé et sur un mode symbolique, le souvenir heureux de son immortalité.

L'homme ne pourrait uniquement vivre dans un monde où lui est interdit l'accès à l'immortalité ; il doit croire qu'il peut transgresser les interdits et ainsi accéder, du moins symboliquement, à l'immortalité. C'est la gageure conditionnelle à la vie humaine. Or, cette transgression menace l'ordonnancement du monde ; c'est pourquoi elle doit être soumise à des procédures rituelles très strictes.

C'est dans un perpétuel décalage entre le présent et le rêve de retrouver l'origine, la souffrance de la mortalité et l'extase paroxystique ouvrant sur l'immortalité, l'incompréhensible dont la mort est le paradigme et le mythe vécu, que se constitue la ritualité. La ritualité protège de la souffrance de la mortalité car elle permet un accès symbolique à l'immortalité.

Il est facile de concevoir que l'interdit qui délimite le monde divin du monde humain doit être transgressé, et que un rôle primordial de toute religion de veiller à cette transgression. Or, rappelons que la transgression n'abolit pas l'interdit mais le confirme. Par la transgression, l'être humain éprouve ses limites, constitue sa structure identitaire et conjure l'angoisse de sa mortalité.

On comprend maintenant pourquoi l'extase rituelle procure une énergie de vie pleine de satisfactions. Cependant, la perte de l'accès à l'immortalité est mortifère. Ainsi, l'accès à l'immortalité – par l'intermédiaire de la croyance en l'utopie du mythe ou en celle d'une idéologie faisant la promotion de lendemains qui chantent, par l'acceptation tragique du présent ou par l'assomption de la filiation – est conditionnel à la jouissance du sujet religieux.

La vérité du mythe n'a pas, comme celle de la science positive, à être démontrée et vérifiée. C'est une vérité rassurante dans la mesure où elle est crue. La vérité du mythe est donc une vérité de croyance, une vérité qui ne résiste pas à la souffrance de la confusion. Le mythe a sa réalité propre, comme la réalité du rêve. Il y a cependant une distinction fondamentale entre le rêve et le mythe. Le récit mythique est intersubjectif et autofondatif; il exprime sans aucun doute la réalité et le sens de l'existence. De plus, il met l'être humain en contact avec ses interdits. Le récit du rêve peut déborder la réalité convenue; il ne s'agit pas de le dire pour qu'il soit vrai. Le rêveur devrait encore donner à croire sa production onirique et recevoir sa reconnaissance. L'enjeu du croyable demeure le fondement de toute attitude religieuse envers le mythe, même si ce mythe devait découler d'un rêve.

Il faut comprendre la ritualisation des interdits comme une maîtrise du temps qui passe et de l'angoisse suscitée par la mort. Annick Barrau, à la suite de Louis-Vincent Thomas, souligne que «de toutes les violences, la mort est sans conteste la plus puissante car la plus destructrice, la plus désorganisatrice mais aussi la plus fécondante, la plus fondatrice»[33]. Il n'y a pas de retour apaisant vers la source originaire d'où provient l'être humain. Les sagesses religieuses nous ont appris qu'il n'est ni facile d'apprendre à faire le deuil du paradis perdu, ni facile de se préparer pour le grand saut dans l'au-delà inconnu. En termes religieux, les passages de l'immortalité à la mortalité, puis à la mort, constituent les frontières les plus éprouvantes à traverser. C'est la raison pour laquelle chaque grande religion articule son récit mythique (théogonie et cosmogonie) autour de ces thèmes fondamentaux.

Le petit récit

Il n'est certes pas possible d'aborder la notion d'interdit sans retourner aux traditions religieuses qui l'ont mythifiée. Cependant, l'incrédulité à l'égard des grands récits religieux oblige à poser autrement la question de la régulation des interdits. Même si les interdits sont libérés de leur mise en scène traditionnelle par un rituel institué, d'autres mises en scène assurent les fonctions rituelles. On peut supposer que les grands récits religieux sont remplacés par de petits récits personnels ou collectifs se proposant d'exprimer l'événement instaurateur de leur organisation. Plusieurs moments forts de la vie tels la maladie, la perte d'un être cher, un accident, la crise amoureuse se constituent comme une rupture instauratrice d'un nouvel ordre personnel, et tiennent lieu d'événements fondateurs. Sur cette rupture, plusieurs construisent leur propre église en pigeant ici et là, dans

---

33. Annick Barrau, *op. cit.*, p. 39.

les grands récits religieux anciens et nouveaux, certaines croyances, certains symboles, certains mythèmes, qui sont porteurs d'interdit et vont motiver différents types de ritualisation.

Le mythe personnel est l'histoire qu'on raconte à ses proches, une histoire qui prend corps, qui incorpore une personne en marquant ses caractéristiques identitaires. En somme, une personne (ou une communauté de personnes), en se racontant, en racontant les événements marquants de son chemin de vie, constitue son petit récit religieux, c'est-à-dire ses propres frontières identitaires que bordent les interdits. Le seul fait de raconter son histoire personnelle initie à soi, à sa propre subjectivité.

Ce qu'une personne raconte, en fait, ce sont les moments vécus intensément qui l'ont troublée, bouleversée, angoissée, exaltée, fascinée, fragilisée. Elle raconte comment elle a négocié une épreuve existentielle, une expérience difficile, un imprévu, la rencontre de l'inconnu, un malaise, une souffrance. En se racontant, elle fait advenir sa propre position de sujet de son récit, de sa parole, à la condition nécessaire qu'on veuille bien reconnaître cette parole. Une personne naît, en se racontant à travers autrui qui lui restitue sa parole, à sa propre vérité qui devient mythe. Devient mythe ce qui est croyable, ce qui est cru. Ce mythe bien réel fonde la structure identitaire sur laquelle se construit le sujet.

Plus d'une personne construit son petit récit religieux en puisant dans les diverses traditions des croyances, des symboles et des mythèmes. Son univers symbolique se compose de ce qu'elle considère comme étant signifiant et cohérent pour elle. Elle ose interpréter de son propre chef ce qu'on lui donne à croire en le reformulant avec des mots et des images personnels.

Les rituels religieux que cette personne pratique, individuellement et collectivement, sont intimement associés à ses composantes identitaires. Si elle ne se reconnaît plus comme chrétienne, musulmane ou bouddhiste, il n'en demeure pas moins que la dimension religieuse reste prépondérante dans la définition de son système identitaire. Elle ne sait plus nommer cette part de son système identitaire. À la question : « Êtes-vous chrétien ? », elle répond « oui et non », « peut-être », « je ne suis pas sûr », « pas complètement », « non si vous pensez que je crois en ceci ou en cela », « oui si vous me permettez de me situer par rapport à la position du pape en ce qui concerne... »

Certains revendiqueront l'appellation « Nouvel Âge » pour dire une appartenance religieuse qui ne correspond pourtant pas tout à fait à ce qui est vécu. C'est une appellation par défaut. Comment nommer ce qui est le plus souvent éprouvé dans la solitude de la conscience ? Quels sont les mots qui décrivent le vécu religieux d'une personne du XXe siècle ? Comment une personne peut-elle assumer le statut de chrétien, par exemple, alors qu'elle ne supporte plus le clergé et les positions doctrinales de l'Église ? Pourra-t-elle être en partie chrétienne, en partie raëllienne, en partie bouddhiste, en partie musulmane ? Ce syncrétisme des croyances trouve difficilement des mots pour se dire.

Le petit récit du sujet n'a pas à être véridique, ce n'est pas un récit « scientifique ». Cependant, il doit être reconnu pour devenir la vérité du sujet. Ce dernier n'arrive pas en une seule fois à se dire, à formuler son histoire de vie, à dire sa vérité. Il recommence chaque fois qu'il se rencontre au détour d'une écoute attentive. Le sujet se raconte, s'écoute, écoute autrui se raconter pour enrichir son histoire. La vérité n'est jamais facile à dire ni à voir, les médiations sont nombreuses qui rendent propice l'advenu de cette vérité. Chaque expérience de vie comme chaque rencontre permet au sujet de continuer son cheminement dans sa vérité. Vérité, en fin de compte, qui est son cheminement.

Faire l'expérience de sa vie, c'est quelquefois s'essayer autrement, s'exercer à être libre, chercher l'occasion d'une situation inédite pour s'expérimenter. Le sujet qui se raconte jouit d'une distance, d'une brisure critique et émancipatrice, mais parfois également angoissante. Cette distance à soi, cet espace de jeu est une fenêtre ouverte sur soi-même, autrui et son milieu de vie.

*

L'émancipation du sujet oblige à analyser la menace de mort en tenant compte des différents modes de régulation religieux. On ne saurait poursuivre une recherche sur la menace de mort sans essayer de saisir comment le sujet constitue son univers religieux. La religion n'est ni un opium ni une névrose obsessionnelle, mais une sagesse bien utile pour négocier la mortalité humaine et enchanter la vie. Le texte que nous terminons ne se veut aucunement une apologie de la religion. Nous avons essayé de faire ressortir un certain nombre de procédures religieuses bien utiles pour négocier la menace de mort. Celles-ci ne constituent en aucune façon un mode d'emploi, mais une sorte de mémoire qui restitue pleinement la complexité de l'être humain.

Le risque dans la tradition bouddhique

Mathieu Boisvert

Notre hypothèse de départ repose sur le fait que, dans la tradition bouddhique, le risque est perçu de façon radicalement différente de ce qu'on entend en Occident. Pour clarifier cette prémisse, nous proposons d'abord de cerner la signification courante de ce concept en Occident. Ceci nous permettra par la suite d'offrir certains exemples, tirés de la littérature bouddhique, de situations qui sembleraient normalement «à risque». Nous verrons aussi que ces situations «extrêmes» sont interprétées par les bouddhistes comme étant soit des actes méritoires, soit des parcelles importantes du processus sotériologique. Nous exposerons alors sommairement certains éléments cruciaux de la philosophie bouddhique de manière à préciser la conception du risque selon cette tradition.

Le Petit Robert offre trois définitions du terme : le risque y est associé à un «danger éventuel plus ou moins prévisible»; il correspond à «l'éventualité d'un événement ne dépendant pas exclusivement de la volonté des parties et pouvant causer la perte d'un objet ou tout autre dommage»; et finalement, il est défini par «le fait de s'exposer à un danger»[1]. Cette triple définition comporte certains éléments qui caractérisent essentiellement le risque, peu importe le contexte où le terme est utilisé. D'une part, l'utilisation du mot implique l'incertitude. À titre d'exemple, mentionnons les informations diffusées pour prévenir le sida. Cette maladie, on le sait, peut être contractée à la suite de relations

---

1. A. Rey et J. Rey-Debove. *Le Petit Robert 1*, Paris : Les Dictionnaires Le Robert, 1986 ; pages 1720-1.

sexuelles dites «à risque». Si celles-ci engendraient inéluctablement la maladie, elles ne pourraient être qualifiées de risquées, mais plutôt de mortelles (ce qui n'est pas toujours le cas). Le risque implique donc nécessairement une incertitude quant aux conséquences de l'action. D'autre part, une activité est dite *risquée* lorsque certaines conséquences pouvant porter préjudice à l'intégrité de l'individu au sens large peuvent en découler. L'image que l'on se forme de nous-même provient non seulement de la notion de *je* et de *moi*, mais aussi de ce qui contribue directement ou indirectement à la formation de l'identité. Ainsi, les images que l'on se forme de notre conjoint, de nos parents et amis ont une incidence directe sur celle de notre propre personne. Lorsque les facteurs contribuant à la formation de cette image sont sujets à une menace potentielle, une situation risquée est alors présente.

L'opinion que se forgera le lecteur de ce chapitre aura un impact sur l'image que l'on se fera de son auteur. Ainsi, l'activité de rédaction est donc, jusqu'à un certain point, un processus risqué. Pour cette raison, nous pourrions donc nous interroger sur la valeur de nous soumettre à ce danger potentiel. Quelles seraient les conséquences si le directeur du collectif décidait que ce texte n'était pas digne de publication ? Ou pire, qu'arriverait-il si l'évaluation de ce collectif, bien que très positive, avait tout de même des réserves quant à la qualité du présent article ? Considérant l'objectif que nous nous sommes fixé, il n'est certes pas opportun de s'attarder à ces questions pour l'instant. Nous y reviendrons cependant en conclusion : aussi futiles qu'elles puissent paraître, elles pourront illustrer sous un autre angle la position bouddhiste sur le risque.

Avant d'entamer notre discussion, nous devons au préalable clarifier la notion bouddhique de karma. La conception commune de la théorie du karma consiste en une relation entre actions et effets. Le bouddhisme, néanmoins, nuance cette interprétation en mettant l'accent sur l'importance de l'intention, car c'est à partir de celle-ci que les actions sont engendrées. Puisque l'intention est principalement responsable de l'action, le karma doit être perçu non pas comme une relation causale entre action et effet, mais plutôt entre intention et effet. Ainsi, la conséquence karmique résultera de la qualité de l'intention, peu importe l'action qui semble avoir généré l'effet[2].

Selon l'hagiographie bouddhique, peu de temps après que Siddhartha Gautama eut atteint le nirvāna, celui-ci s'interrogea sur l'utilité de propager son enseignement. Puisque d'après lui très peu d'individus arriveraient à comprendre sa doctrine, une telle tentative aurait pu être interprétée comme étant risquée, car, d'une part, l'objectif principal ne serait pas atteint et, d'autre part, l'image que la population se ferait de l'ascète pourrait aussi être compromise si le message n'était pas compris. Néanmoins, Gautama, mû par sa motivation d'alléger la souffrance humaine, décida d'entreprendre sa carrière de prêcheur itinérant. D'après la description traditionnelle de la doctrine du karma, le succès que connût Gautama auprès de la population ne peut être considéré comme étant la conséquence directe de ses actions, mais plutôt de son intention. Poussée à l'extrême, cette interprétation nous amène à modifier les critères pour évaluer les actions (prédicatives ou autres) du Bouddha ; par ailleurs, elle élimine le risque inhérent à sa décision puisque la conséquence en tant que telle n'a plus d'importance : c'est l'intention qui prédomine.

Puisque nous sommes dans l'hagiographie, permettons-nous d'évoquer l'histoire décrite dans le *Suvarṇaprabhāsa sūtra*. Le personnage principal est un « bouddha en devenir » (*bodhisattva*), soit un individu qui, ayant fait le vœu de devenir bouddha, doit développer à travers de multiples existences les qualités requises pour parvenir à cet état. Le bodhisattva auquel nous faisons référence deviendra, dans une vie subséquente, Gautama le Bouddha. D'après ce

---

2. *Manopubbaṅgamā dhammā manoseṭṭhā manomayā. Dhammapada* I.1.

texte, donc, ce bodhisattva se serait offert à une tigresse affamée pour que celle-ci puisse nourrir ses petits. Se trancher les veines et s'étendre devant une tigresse affamée pourrait facilement être perçu comme une entreprise risquée, aux conséquences prévisibles. Cependant, le bouddhisme l'interprète comme un acte de bienveillance et d'altruisme qui contribue au développement des qualités requises pour atteindre l'état de bouddha. Les canons bouddhiques pāli, sanskrit et chinois sont remplis de tels exemples. Le *Śaśa Jātaka* et le *Mahākapi Jātaka* relatent des histoires semblables. Toutes deux présentent, par exemple, le suicide comme le sacrifice de soi par excellence, un acte d'abnégation permettant au bodhisattva de progresser vers son but.

Il ne serait pas approprié à l'intérieur de cet article de développer la perspective bouddhique par rapport au suicide. Néanmoins, mentionnons que le suicide est, à une exception près, catégoriquement condamné par la tradition. Dans la tradition theravāda, un *arahant* (individu qui, par définition, s'est libéré de tous ses karmas grossiers et, par le fait même, a atteint le nirvāna) pourrait sans risque s'enlever la vie, car seulement l'*arahant* peut accomplir une telle action de façon détachée et, par conséquent, éviter de générer de nouveaux karmas. Dans la tradition *mahāyāna*, cependant, l'idéal d'*arahant* a été remplacé par celui de bodhisattva. Celui-ci peut aussi accomplir ce que nous appellerions un suicide, car, d'une part, sa motivation principale, à un premier niveau, est le bien de tous les êtres. De plus, à un niveau plus subtil, le bodhisattva aurait éliminé toutes conceptualisations ainsi que les dichotomies résultant de celles-ci (dont les notions de soi et de l'autre, et de vie et de mort). Les articles de Martin Wiltshire[3], Jean Filliozat[4] et Jacques Gernet[5] offrent plus de détails sur ce sujet.

---

3. Martin Wiltshire, «Suicide in the Buddhist Tradition», *Journal of the International Association of Buddhist Studies*, Madison, 1979.

4. Jean Filliozat, «La Mort volontaire par le feu et la tradition bouddhique indienne», *Journal Asiatique*, CCLI, Paris, 1963, p. 21-51

Un autre exemple, celui-ci tiré du *Therīgāthā*, décrit une mutilation partielle dans le but de venir en aide à un brigand. Une moniale au nom de Sūbhā (Beauté) est assaillie par un brigand voulant la séduire. Une discussion prend place entre les deux, à l'intérieur de laquelle l'homme décrit la beauté physique de la moniale. Celle-ci tente alors de lui expliquer le caractère éphémère et relatif de ce que l'on nomme beau. Lorsque l'homme essaie à nouveau de la séduire trouvant la beauté de ses yeux exaltante, Sūbhā en retire un et l'offre à son adversaire. À prime abord, ceci constitue une action risquée, car on y retrouve une atteinte à l'intégrité physique de la personne, d'autant plus qu'il y a incertitude quant à l'effet qu'aura ce geste sur le brigand. Le texte ne nous fait pas languir très longtemps, car dans les versets suivants l'homme réalise finalement que la beauté de l'œil n'est qu'arbitraire, celui-ci n'étant source de passion que lorsqu'intégré à la personne. L'homme se repent et, bien entendu, se convertit au bouddhisme. Sūbhā, elle, retrouve par la suite son œil grâce aux pouvoirs miraculeux du Bouddha. La signification de ce texte ne peut être perçue que lorsqu'interprétée à l'intérieur d'un contexte bouddhique global. Puisque, dans le bouddhisme, la vision (racine sanskrite √*dṛś*) est intimement associée à la réalisation spirituelle[6], nous pouvons interpréter ce texte métaphoriquement. Le don de l'organe visuel symbolise la transmission de la compréhension. Bien qu'il nous soit impossible de déceler de façon définitive si l'auteur de ce texte a voulu créer une métaphore ou non, il semble, d'après la discussion rapportée dans le *Therīgāthā*, que l'objectif principal de la moniale n'était point d'éviter d'être subjuguée, mais plutôt d'induire, chez son adversaire, une autre vision de la réalité – ou,

---

5. Jacques Grenet, « Les suicides par le feu chez les bouddhistes chinois du Ve au Xe siècle », *Mélanges publiés par l'Institut des Hautes Études chinoises*, t. II, p. 527-558, Paris, 1963.

6. À titre d'exemple, un des types de méditations bouddhiques est appelé *vipassanā* (*vipaśyanā* en sanskrit) ; ce terme est formé du préfixe *vi* et du suffixe *passanā*, signifiant voir, et dérivé également de la racine √*dṛś*.

pour le bouddhisme, la seule vision correcte de la réalité, soit comme étant transitoire, insatisfaisante et dénuée de substance.

Cette histoire, tout comme les précédentes, accentue l'importance de l'intention plutôt que celle de la conséquence. La motivation première de Sūbhā n'était point, en effet, de s'enlever un œil, mais plutôt de convertir son interlocuteur à une vision plus juste de la réalité. De même, l'action du bodhisattva offrant son corps à la tigresse affamée n'avait pas pour motivation principale de se soustraire au processus vital, mais bien de venir en aide à un être dénué de tous recours. Ces actions, d'après la tradition bouddhique, émergent de la compassion et de l'empathie des héros. Ceci nous amène à un autre concept crucial du bouddhisme : l'altruisme, que nous ne pouvons écarter de cette discussion et que nous aborderons sous l'angle de l'individualité.

Le bouddhisme soutient que l'individu est constitué exclusivement de cinq agrégats[7]. Puisque chacune de ces composantes est assujettie à l'inévitable changement, le bouddhisme ne peut soutenir l'existence d'une entité substantielle et permanente. Ce que nous nommons personne ou individu n'est qu'un concept conventionnel nous permettant de fonctionner à l'intérieur d'un système social donné. Les sages bouddhistes[8], ayant compris que l'individualité n'a pas de substance propre, ne peuvent donc pas percevoir le risque comme un danger potentiel à leur propre personne, celle-ci

---

7. Ces cinq agrégats sont la matière (*rūpa*), la conscience (*viññāṇa*), la reconnaissance (*saññā*), la sensation (*vedanā*) et l'activité karmique (*saṅkhāra*). Pour une discussion détaillée du fonctionnement de chacun de ces cinq agrégats, voir *The Five Aggregates* (Mathieu Boisvert, Ontario : Wilfrid Laurier University Press, 1995).

8. Nous faisons référence ici non seulement aux bouddhas, mais aussi aux bodhisattvas et aux *arahants* (ceux qui ont réalisé le nirvāna), ainsi qu'aux *sotapanna*, *sakadāgāmī*, et *anāgāmī* (ceux qui ont franchi un état leur assurant l'atteinte de l'illumination d'ici peu).

n'étant qu'une manière conventionnelle de voir les choses ou, même, comme nous le verrons plus loin, une illusion totale. Les exemples mentionnés ci-haut du bodhisattva offrant sa vie, ou de Subhā offrant son œil, ne peuvent donc pas être perçus comme des exemples de «risque», car «il n'y a pas» de personne, ou même d'œil.

De plus, pour le bouddhisme *theravāda*, la mort est indissociable du processus vital, non parce qu'elle constitue l'inéluctable finalité, mais plutôt par son immanence. La doctrine bouddhiste est fondée sur les trois caractéristiques de l'existence: tout ce qui existe souffre (*dukkha*), est éphémère (*anicca*) et est dénué de soi (*anatta*). Ces deux derniers éléments apportent une tout autre perspective sur la mort. D'abord, une personne ne meurt tout simplement pas à la fin de sa vie, car, à un niveau plus subtil, elle n'a jamais existé en tant qu'entité permanente. Comme nous l'avons mentionné plus tôt, les cinq agrégats constituant l'individu sont perpétuellement assujettis au changement. À chaque instant, chacune de ces composantes émerge et se dissout. L'individu est donc un amalgame de cinq agrégats psychophysiques en changement perpétuel (*anicca*, deuxième caractéristique). À tout moment, chacun d'eux naît et disparaît (*upajjhitvā nirujjhanti*). La mort, d'après le bouddhisme, n'est rien d'autre qu'une culmination de morts successives auxquelles l'individu est confronté au cours de son existence. Dans cette perspective, donc, la mort ne peut être perçue comme un risque, mais plutôt comme l'inévitable et immanente réalité; c'est ce que les textes *pālis* nomment le *khaṇikamaraṇaṃ*, une mort momentanée se répétant constamment au cours de la vie.

Les exemples cités de bodhisattvas ou de sages *bouddhistes* se sacrifiant pour venir en aide à un autre être sont tous tirés de l'hagiographie bouddhique et décrivent le comportement de personnes ayant atteint le nirvāna ou allant l'atteindre sous peu. Ayant pris conscience du caractère non substantiel de tous les phénomènes et de l'omniprésence de la mort, ces individus ne peuvent donc pas percevoir une situation comme étant « risquée ». Mais qu'en est-il pour ceux qui n'ont pas atteint ce niveau de compréhension, les gens ordinaires (*puthujjana*), qui n'ont pas point intériorisé ce caractère éphémère et non substantiel des choses, selon le bouddhisme ? Nous pourrions, bien entendu, imposer notre propre conception de la mort et avancer l'hypothèse que le risque place l'individu face à un danger potentiel qui, au pire, entraîne la mort au sens ultime du terme. Pour les bouddhistes (ainsi que pour la majorité des adeptes des traditions religieuses et philosophiques indiennes), néanmoins, la mort n'a pas la connotation de « fin ultime » qu'elle a en Occident. D'une part, comme nous l'avons souligné, elle est indissociable du processus vital (en tant que *khaṇikamaraṇam*) et, d'autre part, elle s'inscrit à l'intérieur d'un processus beaucoup plus large.

La conception bouddhique du *samsāra* (le cycle des naissances, des morts et des renaissances) pourrait en fait être perçue comme le prolongement logique du processus vital. À l'intérieur d'une même vie, les agrégats naissent et meurent constamment, soumis à la loi d'interdépendance et d'interrelation. Lorsque ces cinq agrégats se dissolvent, une autre série émerge, conditionnée par la précédente, assurant ainsi une notion de continuité d'un moment à l'autre. Cette même continuité est aussi applicable à la dissolution des agrégats au moment où la faculté vitale s'éteint. En d'autre mots, lorsque la mort finale survient, celle-ci est suivie inéluctablement par une autre émergence des cinq agrégats qui entament le même processus à l'intérieur d'une autre vie. La majorité des traditions religieuses et philosophiques de l'Inde ont pour but ultime d'échapper à cette chaîne causale presque infinie, de se libérer de ce cycle de naissances et de renaissances. La mort en soi, en tant qu'arrêt définitif du processus vital, n'est donc pas perçue par les bouddhistes comme une finalité, mais plutôt comme une autre étape du processus vital, une autre dissolution qui sera suivie presqu'assurément par une nouvelle émergence des cinq agrégats, une renaissance.

Puisque, dans le bouddhisme *theravāda*, seuls les moines et les moniales peuvent parvenir au nirvāna[9], les laïcs espèrent une renaissance à l'intérieur de laquelle ils et elles pourront appartenir à la communauté monastique (*saṅgha*). Bien que le nirvāna demeure l'objectif ultime pour les laïcs, ceux-ci doivent, en attendant, s'assurer une renaissance favorable à l'atteinte du but, soit à l'intérieur d'un contexte leur permettant de participer à la vie monacale. Il est donc erroné de postuler, comme le fait Spiro[10], qu'il y a deux formes distinctes de bouddhisme à l'intérieur même de la tradition *theravāda* : 1) le bouddhisme karmique consistant à accomplir des actes méritoires (karma) dans le but de s'assurer une meilleure renaissance et 2) le bouddhisme nirvānique, dont l'objectif serait d'éliminer toute forme de karma pour pouvoir ainsi se libérer du cycle du *samsāra* et atteindre le nirvāna. Ces deux orientations, en fait, ne sont que deux étapes successives et nécessaires pour atteindre le but. Puisque seuls les membres de la communauté monastique peuvent accéder à la réalisation totale, l'attention des laïcs est essentiellement axée vers l'obtention de mérites (*kusala-puñña*) qui leur assureront une renaissance plus favorable, soit en tant que moines ou moniales. Bien que l'entraînement acquis dans les vies antérieures joue aussi un rôle prépondérant (rappelons-nous les qualités perfectionnées au cours des maintes existences du bodhisattva avant que celui-ci puisse avoir accès au nirvāna), c'est seulement lors de cette renaissance qu'ils/elles pourront éventuellement atteindre le nirvāna.

---

9. Les textes *pālis* offrent quelques exemples de laïcs ayant atteint l'illumination, mais ceux-ci sont soit devenus membres de la communauté monastique, soit décédés immédiatement après l'expérience du nirvāna.

10. Melford E. Spiro, *Buddhism and Society: A Great Tradition and its Burmese Vicissitudes*, Berkeley, University of California Press, 1982.

Le risque ultime pour les bouddhistes laïcs serait plutôt défini par rapport au type de renaissance qui s'ensuivra. Puisque la tradition bouddhiste *theravāda* établit une corrélation directe entre moralité (*sīla*) et mérites, il s'ensuit que toute infraction à la conduite morale dictée par la tradition devient karmiquement risquée. L'adhésion aux cinq préceptes de base[11] ainsi que la pratique de la générosité (*dāna*)[12] constituent les principaux éléments responsables d'une renaissance favorable qui permettra à l'individu de développer plus à fond l'éthique et la sotériologie bouddhique. À titre d'exemple, mentionnons qu'une villageoise singhalaise soutenait que son interlocuteur, d'origine britannique, pourrait renaître dans un pays bouddhique (idéalement le Sri Lanka) s'il accomplissait de bonnes actions[13]. Donc, toute activité pouvant contribuer à l'émergence d'un contexte à l'intérieur duquel l'individu serait moins porté à pratiquer les fondements du bouddhisme est considérée comme étant à risque. Autrement, l'individu ne fait que perpétuer le cycle du *samsāra* et risque d'y être prisonnier jusqu'à ce qu'il soit établi dans la générosité et la moralité – ce qui lui permettrait de renaître dans un contexte favorisant son entrée dans la tradition monastique et, potentiellement, son atteinte du nirvāna. Ce n'est qu'alors qu'il aura définitivement éliminé tous les karmas (bons et mauvais) et qu'il ne sera plus sous l'emprise du *samsāra*.

Dans une perspective purement *theravāda*, donc, le risque est constitué par tout ce qui peut entraver le processus de libération. À un autre niveau, bien sûr, toute activité pouvant engendrer la mort ou menacer l'intégrité physique est aussi

---

11. Les cinq préceptes (*pañcasīla*) sont : ne pas tuer, ne pas voler, abstinence sexuelle [ou monogamie dans le cas des gens mariés], ne pas prendre de drogues ou d'alcool et ne pas mentir.

12. L'aumône envers les moines est considérée comme l'exercice le plus méritoire pour les laïcs.

13. *Le Bouddhisme*, documentaire produit par le B.B.C., Londres.

considérée comme étant risquée. Mais puisque tous les bouddhistes des pays de tradition *theravāda* sont persuadés que la mort n'est qu'une phase du processus naturel des naissances et renaissances, celle-ci ne peut être perçue comme étant finale. La mort est plutôt une partie intégrante du processus vital et elle ne peut se dissocier de l'instant présent. De plus, puisque le bouddhisme *theravāda* fait du nirvāna l'ultime but, un objectif où l'individualité est totalement dissoute, le risque ne peut pas être défini comme une atteinte à l'intégrité de la personne. La conception *theravāda* du risque se rapprocherait plutôt de ce qui pourrait entraver la réalisation de cet état ultime, où aucun des cinq agrégats n'est présent.

Par ailleurs, nous retrouvons une tout autre perception de la notion de risque dans la tradition *mahāyāna*[14]. Pour éclaircir cet aspect, nous utiliserons les passages de deux textes, le vingt-troisième chapitre du *Samādhirāja* (intitulé *Kṣemadattaparivarta*) et le *Vimalakīrtinirdeśa*. Dans le premier, on rapporte qu'un bodhisattva nommé Kṣemadatta se mit le feu au bras :

> Voici, en vérité, que l'Être à Éveil, le Grand Être Kṣemadatta qui pensait ainsi, plein d'allégresse et d'euphorie, sachant réuni le grand corps de la population d'auditeurs de l'Ordre, dans la nuit tombée, se tenant face au monument du Tathāgatha, ayant enveloppé de sa robe son bras droit, l'ayant baigné d'huile, y mit le feu. Voici, en vérité, que l'Être à Éveil, le Grand Être Kṣemadatta tendant avec détermination au parfait et complet Éveil sans rien au-dessus tandis que sa main

---

14. Il importe de noter que le terme *mahāyāna* réfère à un vaste ensemble d'écoles, très distinctes les unes des autres. À part le fait que celles-ci acceptent des discours (*sūtras*) qui ne sont pas reconnus par la tradition *theravāda* (ou les différentes écoles *sthaviravāda*), il est impossible de cerner une caractéristique qui unifie le mouvement *mahāyāna*. À l'intérieur de cet article nous approfondirons plus particulièrement la perspective élaborée par Nāgārjuna et présentée par l'école *madhyamaka* (plus précisément celle du mouvement *prāsaṅgika*).

droite brûlait ainsi, n'eut pas un changement de pensée ou de couleur du visage. Voici, en vérité, jeune homme, que, tandis qu'aussitôt enflammée la main de l'Être à Éveil, du Grand Être Kṣemadatta, toute flambante, toute devenue lumière, ne faisait qu'une flamme, voici en vérité, qu'à ce moment un grand tremblement de terre se produisit[15].

Il est fort improbable que Kṣemadatta, eût-il été un personnage historique, ait bel et bien enflammé son bras et qu'un grand tremblement de terre se soit produit. Cependant, ce mythe est fondé sur un des dogmes cruciaux de la tradition *mahāyāna*, soit celui de la vacuité (*śūnyatā*). Comme l'explique Kṣemadatta au roi qui se lamente en raison de la crémation du bras du bodhisattva :

Il ne peut être ainsi mutilé celui qui n'a pas de bras. Mail il est mutilé, ô roi, celui pour qui l'observance [le *dharma* ; la compréhension de l'enseignement bouddhique] n'existe pas. [...] En vertu de la vérité par laquelle vérité cette chose appelée bras n'existe pas, mon bras va [re]devenir comme auparavant. En vertu de la vérité par laquelle vérité cette chose qu'est Kṣemadatta n'existe pas : du fait de la vacuité, ceux qui scrutent les dix directions ne l'aperçoivent pas[16].

Selon le bouddhisme *mahāyāna*, tous les phénomènes de l'existence (*dharma*) sont dépourvus d'essence propre (*svabhāva*). Pour qu'une chose puisse réellement exister, elle doit posséder une nature qui lui soit propre, une nature dont l'existence est indépendante de tout autre phénomène. Or, pour le bouddhisme, cette indépendance n'est pas possible. Nous ne pouvons, par exemple, concevoir une table indépendamment d'une plate-forme horizontale munie de pattes. Notre conception de l'essence de la table repose nécessairement sur d'autres concepts. La même logique est

---

15. Traduction du tibétain tirée de l'article de Jean Filliozat, «La Mort volontaire par le feu et la tradition bouddhique indienne», *Journal Asiatique*, CCLI, Paris, 1963, p. 23.

16. *Op. cit.*, p. 25.

appliquée aux conceptions plus abstraites, comme le mouvement. Pour qu'il y ait mouvement, il doit nécessairement y avoir un objet qui se déplace ; sans lui, aucun mouvement ne serait possible. Cet objet, néanmoins, n'est pas suffisant pour qu'il y ait mouvement. Il doit également exister un point A, duquel l'objet s'éloigne, et un point B, dont il s'approche. De plus, on doit compter un certain laps de temps pour qu'il y ait un mouvement. L'existence du mouvement dépend donc, d'une part, d'un objet et, d'autre part, de l'espace spatio-temporel (les points A et B). Cette dépendance inhérente à toutes conceptions mène à la conclusion qu'une chose, qu'un concept ne peut avoir de nature qui lui soit propre, d'où la notion omniprésente de vacuité.

Certaines traditions *mahāyāna* poussent même cette interprétation à un extrême qui contredit catégoriquement les enseignements des traditions bouddhiques antérieures. Le *Vimalakīrtinirdeśa* clarifie cette position en décrivant un dialogue entre deux personnages : Devī, une déesse, et *Śāriputra*, un disciple du bouddha parvenu à l'illumination et considéré par la tradition *theravāda* comme le commandant en chef de la loi (*dhammasenāpatti*). Au cours de cette discussion, Devī représente le point de vue *mahāyāna* alors que Śāriputra, celui du *theravāda* :

Ś. : Devī, lorsque tu quitteras ce monde, où renaîtras-tu ?

D. : Je renaîtrai là où renaissent les créations magiques du Tathāgatha.

Ś. : Mais les créations magiques du Tathāgatha ne meurent pas et ne renaissent pas.

D. : Il en est de même pour tous les dharma et pour tous les êtres (*sattva*) : ils ne meurent pas et ne renaissent pas.

Ś. : Devī, dans combien de temps arriveras-tu à la suprême et parfaite illumination ?

351

D. : Lorsque toi-même, ô Sthavira [ancien], tu redeviendras un profane avec tous les attributs d'un profane, alors moi-même j'arriverai à la suprême et parfaite illumination.

Ś. : Devī, il est impossible et cela ne peut arriver que je redevienne un profane avec tous les attributs d'un profane.

D. : De même, révérend Śāripūtra, il est impossible et cela ne peut arriver que j'atteigne jamais la suprême et parfaite illumination. Pourquoi? Parce que la suprême illumination repose sur une non-base. En conséquence, en l'absence de toute base, qui arriverait à la suprême et parfaite illumination ?[17]

D'après ce dialogue, même l'illumination (nirvāna ou *abhisambodhi*) est un concept caractérisé par la vacuité, car celui-ci ne détient pas de nature propre : il repose sur une non-base (*apratiṣṭhānapratiṣṭhita*). Puisque le nirvāna est défini par rapport à ce qu'il n'est pas, soit le *samsāra*, il ne peut exister sans son opposé. Son existence est donc dépendante et, conséquemment, relative.

De quelle façon cette notion de vacuité influence-t-elle la conception que les bouddhistes *mahāyāna* se font du risque? Comme nous disions au départ, une activité est dite *risquée* lorsque certaines conséquences pouvant porter préjudice à l'intégrité de l'individu au sens large peuvent en découler. Selon la perspective *mahāyāna*, nous nous devons d'examiner les différents éléments inhérents à notre définition de risque, soit l'intégrité, l'individu et le préjudice. L'intégrité de l'individu n'existe pas. Puisque les différentes composantes de l'individu sont en mouvement perpétuel, comme le souligne la tradition *theravāda*, nous ne pouvons parler d'intégrité. De plus, la notion même d'individu ou

---

17. *L'Enseignement de Vimalakīrti (Vimalakīrtinirdeśa)*, traduit et annoté par Étienne Lamotte, Louvain, Publications universitaires, 1962, p. 283.

d'individualité repose sur d'autres éléments qui ne sont pas nécessairement propres au concept; celui-ci est alors dénué de substance propre. Enfin, la notion de préjudice est tout aussi ambiguë car celle-ci dépend de la conception que l'on se fait du bien et du mal. Bien que nous ayons tous une conception commune et relativement semblable de ces deux principes, il n'en reste pas moins que la notion de préjudice demeure interdépendante et socialement conditionnée. Le risque détient sa définition d'autres concepts tous aussi relatifs les uns que les autres. Peter Harvey le résume ainsi : « En "elle-même", une chose n'est rien. Elle est ce qu'elle est seulement par sa relation avec d'autres choses, qui sont ce qu'elles sont par leur relation avec elle et d'autres choses encore. »[18]

Néanmoins, nous ne pouvons affirmer que le risque est totalement oblitéré de la tradition *mahāyāna*. Celle-ci maintient, tout comme l'école *theravāda* plusieurs niveaux de réalité, dont les niveaux intramondain (*samvṛti*) et supramondain (*paramārtha*)[19]. Ultimement, le risque n'existe pas, car ce concept n'a pas d'essence qui lui soit propre; son existence dépend d'une multitude de facteurs extérieurs. Au niveau mondain, cependant, le bouddhisme ne nie aucunement l'existence d'activités ou de situations pouvant mettre en péril l'individu ou certaines entreprises. Le risque, par ailleurs, ne peut être admis qu'au niveau d'une convention intramondaine, car l'existence des individus (ou de tout phénomène) n'est reconnue qu'à ce niveau. Il importe de préciser que la grande majorité des populations

---

18. Peter Harvey, *Le Bouddhisme; enseignement, histoire, pratiques*, Paris, Seuil, 1993, p. 126.

19. *Mūla-madhyamaka-kārakā* de Nāgārjuna, chap. 24, v. 8-9; traduction incluse dans F. J. Streng, *Emptiness: A Study in Religious Meaning*, Nashville, Abingdon Press, 1969. Pour une discussion de ces différents niveaux de réalité dans la tradition theravāda, voir l'ouvrage de Louis Gabaude: *Une herméneutique bouddhique contemporaine de Thaïlande: Buddhadasa Bhikkhu*, Paris, Publications de l'École Française d'Extrême-Orient, 1988.

bouddhistes font abstraction de ces débats purement religiophilosophiques. Pour elles, la réalité convenue et, par extension le risque au sens où le définit le dictionnaire, sont bel et bien réels!

Nous sommes maintenant plus en mesure de répondre à notre question de départ qui s'énonçait comme suit : selon une perspective bouddhique, la rédaction de cet article constitue-t-elle? Sans craindre de nous contredire, nous pouvons répondre oui et non, selon la perspective adoptée. Si, d'après le bouddhisme *theravāda*, toute action devait permettre à l'individu de progresser ou à d'autres de cheminer vers le nirvāna, cet article est en effet fortement risqué : car nous doutons qu'il puisse contribuer à atteindre cet objectif. De plus, nous pourrions également affirmer qu'à un autre niveau, notre entreprise est d'autant plus risquée, car nous nous soumettons à la critique de nos pairs et de nos lecteurs. Néanmoins, comme insiste la tradition *mahā yāna*, ce risque n'est possible que d'une certaine façon, car ultimement, ni l'auteur ni ses éventuels critiques n'ont bien sûr de substance propre! Enfin, puisque la formulation d'une critique repose sur des concepts dépendant des conventions du langage utilisé, celle-ci ne possède, elle non plus, aucune substance qui lui soit propre, devenant ainsi dépourvue de réalité, au sens ultime, bien entendu. Nous n'osons point appliquer ce même argument au présent article...

Le risque et la prudence

Éric Volant

Est modus in rebus, sunt certi denique fines,
quos ultra citraque nequit consistere rectum.

*Il y a en toute chose une mesure, bref, des limites
déterminées au-delà et en deçà desquelles ne peut
avoir lieu ce qui est droit.*

Horace, (I, 1-106)

Les médias nous inondent de leur flot quotidien de débordements humains qui sèment la mort. Les guerres et les meurtres, le terrorisme et la torture, les suicides et la toxicomanie, les incendies criminels et les agressions sexuelles, l'excès de vitesse et la violence dans les sports, la pollution de l'environnement et les affaires dans les milieux politiques révèlent la propension des humains à la démesure. Des catastrophes naturelles et des dysfonctionnements sociaux viennent grossir ce bilan déjà fort accablant. Que l'on pense à des méfaits aussi troublants que les tremblements de terre et les feux de forêt, la récession et le chômage, la pauvreté et la famine, le sida. Certaines situations extrêmes échappent au moins pour une part à la responsabilité humaine tandis que d'autres auraient pu être prévenues par une gestion plus rationnelle des ressources humaines, technologiques et matérielles, ou par des habitudes de vie plus pondérées.

Et puis, il y a déjà le simple fait d'exister qui comporte inévitablement sa part de risque, car la nature et la société ne sont pas des sinécures. Elles obligent les humains à frôler les dangers ou à vivre dangereusement, ce qui manifestemment ne leur répugne pas toujours. En effet, bien qu'effrayés, ils sont fascinés par le danger et s'y jettent parfois volontairement. Ils prennent des risques tantôt bien éclairés tantôt peu réfléchis. Parfois ils sont mus par des tendances obscures et innommées, parfois ils exposent leur vie dans un élan de dévouement ou de bravoure.

La littérature est souvent le reflet de ces conduites et de ces destins extrêmes. Ainsi les frères Karamazov sont des figures exemplaires des excès non seulement de la mère Russie, mais de l'humanité tout entière. Aliocha, dévot et pudique, souffre peut-être encore d'indécision béate, mais il incarne déjà le retour aux valeurs nationales. Par contre, Dimitri, le fanatique, est rongé par une passion dévorante, et Yvan, le rationaliste, est étouffé par une pensée sclérosante[1]. Ces deux frères représentent ce que les êtres humains ont de surabondance de vie et de violence. Projetés «aux sommets du bien et aux abîmes du mal», ils personnifient «la démesure de la discorde, le perpétuel écartèlement de l'être, le paroxysme de la convulsion »[2].

La réaction spontanée face aux menaces des extravagances naturelles ou sociales, individuelles ou collectives est sans doute un appel pathétique à la modération. On a le goût de servir aux humains, exposés aux périls multiples de l'existence, la sagesse de la Grèce antique :

La mesure est la meilleure des choses ;
maîtrise le plaisir ;
adresse des prières à la Fortune ;
rien de trop ;

---

1. Georges Philippenko, «Commentaires», *in* Dostoïevski, *Les Frères Karamazov*, tome II, Paris, Le Livre de poche, 1972, p. 496.

2. Raymond Abellio, «Préface» de Dostoïevski, *L'Adolescent*, tome I, Paris, Le Livre de poche, 1966, p. 7-15.

connais-toi toi-même ;
connais le moment opportun ;
aime la prudence. (Stobée, III,1)

Il y a lieu pourtant de se méfier d'une interprétation réductrice de cette formule séduisante. Loin de prôner la précaution et le ménagement, son auteur Démétrios de Phalère invite à la juste estimation des choses et à la juste répartition des forces : mesure et maîtrise, sans pour autant exclure le risque et sans craindre de faire appel à la chance. Le nœud de l'oracle est contenu dans le verset central : « rien de trop ». Le poète redoute toute conduite excessive dans un sens ou dans l'autre. Trop, c'est trop. Trop peu, c'est trop aussi. Trop de raisonnement, c'est trop. Trop peu de sensibilité, c'est trop. Par conséquent, toute conduite extrême, que ce soit par présomption ou par hésitation, par témérité ou par timidité, est une forme d'immodération qui expose les êtres humains aux malheurs. Et même, paradoxalement, trop peu d'excès dans l'ensemble d'une vie, d'un projet, d'une collectivité est aussi dangereux pour la survie qu'une surabondance d'excès. Par exemple, la célébration des fêtes réclame de l'abondance, voire même du gaspillage, sinon celles-ci sombrent dans l'ennui et privent une collectivité de son pouvoir de s'affirmer ou de se reconstruire.

C'est pourquoi le poète intègre dans ses vers l'oracle de Delphes : « Connais-toi toi-même », ce qui signifie : « Connais ta portée, qui est limitée ; sache que tu es un mortel et non un dieu. »[3] En d'autres termes : reconnais la finitude de ton pouvoir et de ton savoir ; sans sous-estimer ni surévaluer tes capacités, développe une saine idée de tes forces et, en fonction de celles-ci, aménage-toi un éthos, un lieu de séjour favorable où tu puisses abriter ton être mortel ; évite les risques trop coûteux de survoltage ou d'inertie, sans pour autant éteindre l'ardeur et la passion avec lesquelles tu

---

3. Pierre Aubenque, *La prudence chez Aristote*, Paris, PUF, 1963, p. 166.

mènes tes entreprises; bien au contraire, fais-les entrer en jeu au « moment opportun »; maîtrise habilement le hasard (la Fortune) et retourne en ta faveur les situations périlleuses. C'est alors seulement que tu pourras te dire « j'aime la prudence », cette habileté dont l'intelligence humaine dispose pour risquer des choix sans se détruire. Selon les dictons populaires « Qui ne risque rien n'a rien » ou encore « De deux maux il faut choisir le moindre », le risque est une ruse inventée par les humains pour échapper au danger ou pour le contourner, le danger étant à la fois du côté de l'inaction et de la précipitation dans l'action.

La démarche prudentielle entretient avec la mort un double rapport. D'une part, parce que les humains sont exposés à des périls multiples, il faut qu'ils usent de toutes les ressources de leur intelligence pour protéger leur être mortel. D'autre part, la pratique prudentielle est loin d'être exempte de risque, même mortel. Prise dans des circonstances incertaines, elle engage un avenir incertain, incapable qu'elle est de prévoir tous les effets, bons ou mauvais, d'une action projetée. La prudence est donc l'habileté avec laquelle les humains gèrent les dangers de la vie sans pour autant les effacer, et composent avec les aléas de l'existence pour en tirer le meilleur bénéfice possible. De ce fait, la prudence a le pouvoir périlleux de se tromper et parfois même d'engendrer la mort qu'elle cherche pourtant à conjurer.

La prudence n'est donc pas cette « sotte vertu » que Voltaire, dans sa lettre à La Harpe (1775), avouait pratiquer malgré lui, à cause des malaises de son vieil âge. Elle est « vertu » au sens d'une disposition particulière de l'esprit et c'est pourquoi elle ne peut être appelée « sotte » au sens voltairien du terme, qui signifie un manque d'esprit. Elle est pourtant « sotte » au sens que la pratique prudentielle exige parfois un grain de folie et beaucoup d'audace. Parce qu'elle n'est pas de tout repos, elle peut être dérangeante pour le prudent lui-même autant que pour son entourage. Elle n'est donc pas du tout « cette mauvaise prudence qui se croit intelligente parce qu'elle a compris que l'attente est plus confortable que la décision, [car] il n'y a pas de pire faute contre la prudence que de vouloir être trop prudent »[4]. Orientée vers l'action, la prudence est un savoir ponctuel et actuel, inachevé et perfectible, né de la délibération. Elle ne propose pas de saut dans le vide, car celui-ci est calculé, mais un saut quand même dans l'inconnu. Elle représente donc à la fois « la chance et le risque de l'action humaine »[5].

Notre propos est de présenter, dans un premier temps, la nature et les traits distinctifs de la prudence ainsi que les étapes importantes de la démarche prudentielle; dans un deuxième temps, de reconnaître que les énoncés de la prudence sont de nature locale et singulière et ne valent que pour une situation particulière, le juste milieu qu'ils envisagent n'étant pas du tout un séjour dans la médiocrité; dans un troisième temps, de montrer que l'éthique prudentielle est à la fois une pratique de soi et une pratique historique modifiant le parcours du sujet aussi bien que le cours de l'histoire.

Nature et traits distinctifs de la prudence

Dans notre souci de définir la prudence et la démarche des prudents, nous ne pouvons pas être mieux servi que par Aristote. En effet, dans son *Éthique de Nicomaque*[6], celui-ci considère que la meilleure façon d'identifier la prudence, c'est d'observer les prudents (VI,5). Suivons donc d'abord le philosophe dans son analyse des traits du prudent et

---

4. Marcelo Perine, *Philosophie et violence. Sens et intention de la philosophie d'Éric Weil*, Paris, Beauchesne, 1991, p. 264.

5. Pierre Aubenque, *op. cit.*, p. 177.

6. Aristote, *Éhique de Nicomaque*, traduction, préface et notes par Jean Voilquin, Paris, Garnier-Flammarion, 1965.

voyons, par la suite, comment il en déduit son concept de la prudence.

Le prudent

Aristote observe d'abord les faits et gestes des hommes reconnus comme prudents ainsi que les opinions courantes sur ceux que l'on estime prudents pour en dégager un modèle du prudent. Il commence en bas de l'échelle en notifiant le langage utilisé à propos de certains animaux : «On va même jusqu'à qualifier de prudentes certaines bêtes, dit-il, parce qu'elles paraissent posséder la capacité de prévoir ce qui sera avantageux pour leur existence» (VI,7). Ce qui caractérise les bêtes prudentes, c'est le pouvoir d'anticiper leurs intérêts existentiels et un savoir orienté vers le futur.

À l'autre extrême de la pyramide se trouvent Périclès ou des gens de sa ressemblance, «capables de déterminer ce qui est avantageux pour eux-mêmes et pour les hommes», capables de diriger une famille ou une cité, réputés être des gens de «bon sens» (VI,5). Dans l'opinion publique, «passe» pour prudent «l'homme connaissant ce qui le concerne et y consacrant son temps» (VI,8) ou ayant «le pouvoir de décider convenablement ce qui est bon et utile pour lui-même» (VI,5). Mais Aristote se demande s'il est possible «de rechercher son bien propre sans se préoccuper du sort de sa famille et de la cité» (VI,8). En outre, il considère la capacité de décider de ce qui est bon et utile pour soi en lien direct avec la recherche du bonheur : «bon et utile... en ce qui concerne le bonheur» (VI,5). Or, les conceptions du bonheur sont multiples. Pour certains, le bonheur, c'est la santé et la prospérité, pour d'autres le plaisir, pour d'autres encore la vérité, la pensée pure ou la sagesse (I,8). Suivant le Maître-penseur, ce sont les «actions excellentes, ou une seule d'entre elles, la meilleure» que l'on devrait appeler «bonheur» (I,8). Dans cette optique de l'accomplissement de l'action optimale,

« le bonheur se confond avec la vertu en général ou avec quelque vertu particulière, car le bonheur est [...] l'activité de l'âme dirigée par la vertu » (I,8). Et la vertu est plus qu'« une disposition susceptible d'en faire un honnête homme capable de réaliser la fonction qui lui est propre » (II,6), plus que la probité du fonctionnaire, lorsqu'on se rend compte comment Aristote la définit à l'intérieur de sa théorie du juste milieu : « une disposition acquise volontaire, consistant par rapport à nous, dans la mesure, définie par la raison, conformément à la conduite d'un homme réfléchi. Elle tient la juste moyenne entre deux extrémités fâcheuses, l'une par excès, l'autre par défaut » (II,6).

Le prudent est « de bon conseil » (VI,7), « de bon sens » (VI,ll), ou « un homme bien, doué d'intelligence » (VI,5) qui pèse et mesure le bien-fondé de ses interventions. Il s'impose surtout par la rectitude de son jugement, apte à se fixer des buts honorables et à choisir les moyens appropriés pour les atteindre (VI,9). S'il n'hésite pas à exécuter promptement ses décisions, il a tendance à délibérer longtemps et lentement. Non sans une certaine méticulosité opiniâtre, il est à la recherche de la solution la plus appropriée aux circonstances. Ses propositions, étant de l'ordre de la pratique et du possible, n'énoncent pas de grands principes immuables, mais se prononcent sur des cas particuliers. C'est pourquoi l'on trouve tant de prudents parmi les gens dits d'expérience, par exemple, les vieillards et les gens réfléchis dont l'œil exercé porte un regard juste et rigoureux sur les choses (VI,11).

Les traits communs à tous les gens prudents se manifestent avec plus de netteté dans leurs relations avec les autres humains. Homme de discernement, le prudent sait être bon et juste, il sait éviter les jugements trop sévères à l'égard d'autrui et il sait dans quelles circonstances accorder le pardon. Il « se montre à la fois perspicace, doué de bon sens et susceptible de faire preuve d'indulgence » (VI,11).

Aubenque dessine un portrait saisissant du prudent selon Aristote : « À la fois homme de pensée et d'action, héritier en cela des héros de la tradition, le *phronimos* (le prudent) unit en lui la lenteur de la réflexion et l'immédiateté du coup d'œil [...] ; il unit la minutie et l'inspiration, l'esprit de prévision et l'esprit de décision. »[7]

C'est dans la tragédie grecque, qui sait merveilleusement rendre justice à la pensée populaire, qu'Aristote puise abondammment pour présenter son image du prudent. Le savoir prudentiel des héros, laborieusement acquis au prix de diverses épreuves, n'est ni despotique ni exclusif. À ce titre, la figure de Hémon est d'une modestie émouvante, exprimant la conscience vive de la présence du mal et de la précarité des choix pour y faire face : « À la présomption du savoir, Hémon oppose la patience et le sérieux de l'expérience ; à la violence des discours "scientifiques", il oppose les lentes médiations de la délibération, qui ne tire pas de conclusions hâtives, mais balance entre les discours vraisemblables, avant de choisir, dans la conscience de l'incertitude et du risque, le moindre mal. »[8]

La prudence

Du profil du prudent, passons maintenant au concept de la prudence. Dans l'ensemble de l'éthique aristotélicienne, la prudence indique la juste mesure de la raison et trace, au profit de l'action humaine, la voie médiane qui court entre l'excès et le manque. Elle est « une science architectonique » (VI,7), parce qu'elle est la faculté organisatrice et coordinatrice des autres vertus. À l'instar de l'architecte qui rassemble selon les règles de son art les diverses parties d'une construction pour en faire un tout harmonieux,

---

7. Pierre Aubenque, *op. cit.*, p. 148.

8. *Ibid.*, p. 163.

l'intelligence, grâce à la mesure de la prudence, intègre les actes distincts des vertus morales dans la structure globale de l'identité personnelle[9]. La prudence crée un espace habitable entre des positions extrêmes et donne aux vertus le loisir d'occuper « le juste milieu ». Par sa médiation, le courage peut se loger entre la crainte et la témérité, la tempérance entre l'absence de plaisir et la débauche, la générosité entre la prodigalité et l'avarice, et ainsi de suite (II,7).

Aristote semble avoir emprunté sa théorie du juste milieu au monde de la médecine et de la diététique, notamment aux modes d'alimentation des athlètes. La « bonne », « juste », « sage » et « excellente » moyenne ne doit pas être envisagée à la manière de la proportion arithmétique. En effet, il ne faut pas partir du principe que « dix mines de nourriture constituent une forte ration et deux mines une faible ration », ni en conclure « que le maître de gymnastique en précisera six à tous les athlètes » (II,6). Une semblable portion pourrait être excessive pour un débutant et insuffisante pour un athlète à l'apogée de sa forme. Une bonne alimentation est adaptée aux besoins des personnes singulières. De même en médecine, au lieu de recourir à des ordonnances générales et intemporelles, on doit prescrire à chacun la bonne dose des remèdes selon ses besoins. Il en va de même en éthique où l'on doit trouver la juste mesure entre des principes généraux, la capacité du sujet et la singularité de la situation. Tandis que les animaux prennent la bonne voie par instinct et que les dieux prévoient tout grâce à leur providence, les humains doivent emprunter la voie située entre ces deux extrêmes, qui est celle du raisonnement et de la délibération afin de déterminer ce qui est le juste-à-faire en tenant compte des enjeux de la situation, des principes en cause et des limites de chacun.

---

9. Frère Jean de Jésus Marie de Calahorra (1564-1615), *Le culte de la prudence*, Bruxelles, Éditions Soumillon, 1992.

Dans l'organigramme aristotélicien des vertus, la prudence se classe parmi les vertus intellectuelles qui appartiennent à la partie raisonnante de l'âme. La partie connaissante de l'âme envisage les choses qui sont de nature immuable et nécesssaire. La sagesse (*sophìa*) ou connaissance des principes y occupe le premier rang (VI,7). La partie raisonnante de l'âme, par contre, traîte des choses qui sont susceptibles d'être autrement. Dans cette catégorie, l'art (*techné*) porte sur la détermination des moyens et s'oriente vers la création (VI,4), tandis que la prudence a pour objet la détermination des fins et se tourne vers l'action (VI,5).

Maintenant que nous avons pu mieux cerner la place de la prudence dans la classification aristotélicienne des vertus, définissons sa nature : « Une disposition pratique, accompagnée de raison juste concernant ce qui est bon et mauvais pour l'homme » (VI,5). La prudence est une aptitude de l'intelligence qui habilite les humains à discerner, à l'aide des critères offerts par la raison, l'action la plus appropriée à la situation.

Une disposition pratique

Comme nous l'avons vu ci-dessus, la prudence n'appartient pas à la raison connaissante. Elle ne produit pas de connaissance abstraite ou scientifique, mais elle « vise à l'action et l'action porte sur les cas individuels » (VI,7). Elle est une faculté particulière de l'esprit capable de décréter « ce qu'on doit faire ou ne pas faire » (VI,10) dans les circonstances. Elle est impérative, car, au bout de sa démarche, elle impose un devoir, celui d'entreprendre une intervention ou de s'en abstenir, de l'interrrompre ou de la poursuivre, ce qui lui donne le pouvoir de modifier le cours des choses contingentes et muables.

Cette habileté peut être favorisée par un don naturel, mais il faut avoir fréquenté, pendant un bon laps de temps, un nombre considérable de cas particuliers, forcément différents les uns des autres, avant d'être en mesure de déterminer une action future en bonne connaissance de cause. Par exemple, un jeune a beau être instruit en sciences ou en mathématiques, jouir d'une excellente perspicacité dans l'observation des données et avoir un bon sens critique dans ses raisonnements, la prudence ne deviendra pour lui une seconde nature que par un exercice constant de la délibération.

Guidée par la raison pratique, la prudence est cette flexibilité active qui permet aux prudents, d'élaborer un jugement, de prendre une décision et d'accomplir une action ajustée à la fortuité des événements et à la mobilité des situations, ce que Garver appelle l'*appropriateness to circonstances*[10]. Agir prudemment, c'est choisir le moyen, le temps et le lieu le plus à propos pour intervenir, c'est agir « quand il faut, dans les cas où et à l'égard de qui il faut, en vue de la fin qu'il faut et de la manière qu'il faut »[11]. C'est l'opportunité du geste qui compte et qui ne peut relever ni du heureux hasard ni de la science (VI,9), mais de la sage délibération.

Accompagnée de raison juste

La pratique prudentielle s'accomplit sous l'enseigne de la raison. Mais de quelle raison ? De la raison raisonnante et délibérante cherchant à émettre des jugements droits sans tomber pour autant dans la froide rationalité comptable qui fait fi de la sensibilité et de l'expérience. L'intuition et l'imagination sont intimement associées à la démarche de la raison prudentielle. La personne humaine habitée par

---

10. Eugene Garver, *Machiavelli and the History of Prudence*, Madison, University of Wisconsin Press, 1987.

11. Pierre Aubenque, *op. cit.*, p. 96

la prudence, loin d'être un monstre de connaissances théoriques ou instrumentales, est un homme de jugement et d'entendement «qui pense selon la raison, se conduit avec bon sens et mesure, d'une manière réfléchie». C'est ce qu'en pense, en tout cas, le *Petit Robert*.

Toutefois, les actions d'une personne, reconnue pour être prudentes ne sont pas toutes prudentes. Il peut lui arriver, comme à tous les mortels, d'agir d'une façon irréfléchie, contrairement à ses habitudes. Il n'est pas rare non plus qu'une action puisse s'avérer, après coup, fort opportunément choisie, car elle a obtenu de bons résultats, alors qu'elle a été accomplie sans beaucoup de réflexion préalable. Cela veut dire que le hasard fait parfois bien les choses et que ce ne sont pas tant les personnes ni les actions que l'on doive qualifier de prudentes, mais plutôt la raison qui inspire la décision.

La raison, qui accompagne la démarche prudentielle, est nommée aussi «la raison droite». En plus d'assurer le respect des lois et des personnes, elle se distingue par la rectitude de ses raisonnements. On délibère toujours par rapport à quelque fin. Aristote estime qu'il y a rectitude de jugement lorsqu'il y a conformité avec la fin visée et avec les critères établis par le délibérant en fonction du but qu'il poursuit. La bonne délibération est finalement celle qui «consiste dans l'accord exact, en ce qui concerne nos intérêts, entre le but, les moyens et les circonstances» (VI,9). La prudence n'est pas tant la capacité d'appliquer l'universel au particulier que celle de choisir judicieusement les moyens et d'induire les règles d'action à partir de situations particulières. Le choix délibéré est «la saisie simultanée de la fin et des moyens» au bout d'une lente maturation de la pensée. À travers des médiations laborieuses et risquées, la prudence tente de combler la distance qui existe entre des principes trop généraux et des buts trop lointains, d'une part, et la réalité singulière, si contingente et si proche, d'autre part.

Aristote attache une importance capitale à la «sage délibération», qu'il considère comme «un acte de l'intelligence qui réfléchit, sans qu'elle soit encore une affirmation» (VI,9). L'éthique n'est pas du domaine de l'assertion de vérités, mais de celui de l'interrogation et de l'examen critique. L'accent est mis sur la recherche: «Délibérer, c'est rechercher quelque chose»; «Quiconque délibère cherche et raisonne»; «L'homme qui délibère est encore à la recherche de quelque chose et calcule». Il faut du temps et de la lenteur pour se livrer à cette longue quête du meilleur choix (VI,9). On ne peut pas avoir de repos tant que, parmi les possibilités offertes, on n'a pas trouvé la bonne solution. Toute la tension de la raison est portée vers l'action qui risque de changer les choses pour le mieux.

On ne délibère, dit Aristote, ni sur ce qui possède un caractère de nécessité, ni sur ce qui appartient au passé. Sur l'un et l'autre nous n'avons aucun pouvoir de décision ou de transformation. Mais on délibère sur «l'avenir et le possible» (VI,2). Aubenque parle très justement de la prudence comme étant «le discernement de la possibilité», la saisie d'une ouverture, d'une réponse incertaine et inachevée à une conjoncture locale et évolutive. D'où le caractère approximatif et conjectural du savoir prudentiel qui se situe à mi-chemin entre la science et la divination. Nous disposons de données fragmentaires du présent pour faire nos choix et ceux-ci cachent des conséquences imprévisibles pour le futur. Au point stratégique d'une situation tragique, la prudence est contrainte de choisir entre des possibilités souvent contraires et aussi valables les unes que les autres. Et on pourra discuter longtemps pour savoir laquelle aura, à court et à long terme, l'impact le plus bénéfique sur le cours des choses. Ce qui fait dire à Aubenque: «La délibération représente la voie humaine, c'est-à-dire moyenne, celle d'un homme qui n'est ni tout à fait savant ni tout à fait ignorant, dans un monde qui n'est ni tout à fait rationnel ni tout à fait absurde, et qu'il convient pourtant d'ordonner en usant des médiations boiteuses qu'il nous offre. »[12]

Concernant ce qui est bon et mauvais pour l'homme

Le fait de bien agir est, en effet, le but même de toute action (VI,5). En d'autres mots, le bien est la fin vers laquelle les humains tendent en toutes circonstances (I,1). Si quelqu'un veut le mal, c'est que subjectivement il le considère comme un bien. On peut aussi vouloir mal le bien en choisissant des moyens inadéquats pour l'atteindre. Par conséquent, la capacité éthique d'une personne se mesure à son habileté de choisir les moyens appropriés pour atteindre le bien qu'elle poursuit. Ce bien peut être multiple, selon les personnes. Le prudent délibère toujours par rapport à quelque fin, mais la délibération sage est celle qui parvient à atteindre la fin générale de la vie humaine (VI,9). Pour les uns, c'est la vérité qui est le souverain bien; pour d'autres, la pensée pure; pour d'autres encore une certaine sagesse; pour d'autres, ce sont tous ces avantages ou une partie d'entre eux, accompagnés de plaisir; d'autres enfin y ajoutent l'abondance des biens extérieurs (I,8).

Parmi les critères d'une sage délibération se trouve « ce qui est juste, beau et utile pour l'homme » (VI,12). Cependant, il n'en demeure pas moins que le souverain bien réside dans la contemplation de la vérité. Le prudent, qui délibère et choisit ses actes en fonction de ce critère, cherche ce qui est vraiment propre à l'homme, à savoir la vie de l'esprit. Une telle vie, susceptible de franchir les frontières de la mort, constitue le bonheur parfait (X,9). C'est donc sur l'évocation de la vie immortelle qu'Aristote clôt ses considérations éthiques. Le savoir inachevé de l'éthique s'achève ainsi dans la participation immortelle au savoir sans faille des dieux.

---

12. *Ibid.*, p. 112.

Dans l'élaboration de son concept de la prudence, Aristote a su, avec beaucoup de bonheur, interroger le bon sens du peuple, l'expérience des vieillards et des sages autant que la conduite des héros de la tragédie. Le modèle anthropologique qui inspire ce concept est celui de l'homme de la Grèce antique, valorisant notamment la poursuite du bonheur personnel et du bien-être de la cité, la raison et la liberté, l'unité de l'esprit et du corps, l'équilibre et la paix, l'activité sublime de la contemplation. Le monde à l'aube du troisième millénaire est manifestement plus complexe que le monde méditéranéen du quatrième siècle avant notre ère. Les enjeux éthiques liés à l'avènement de l'économie des technologies, des autoroutes de l'information, du génie génétique, aux formes contemporaines de la violence ou de l'exclusion, posent à la prudence des défis autrement plus graves que ceux du temps de Périclès. Il n'en demeure pas moins que le cadre conceptuel d'Aristote peut aider à comprendre comment la prudence contemporaine s'inscrit dans une éthique de la précarité qui œuvre dans la singularité et l'incertitude, dans la douleur et l'inconfort de l'ici et du maintenant et dans une éthique de l'événement, constitutive autant de l'histoire humaine en général que du moi des individus en particulier.

La singularité précaire de la prudence

Devant les avancées gigantesques de la science, par exemple dans les domaines du génie génétique ou des autoroutes de l'information, les êtres humains éprouvent un sentiment de fragilité et d'impuissance. Ils ressentent un profond besoin de prudence afin d'éviter des débordements de la science et de la technologie qui menaceraient la multiple diversité de l'humanité ou la capacité éthique des sujets. Au despotisme potentiel de la rationalité scientifique et à ses tentations de totalisation ou de globalisation, 1) l'éthique doit opposer la localité et la singularité d'une raison prudentielle ; 2) Sa recherche du juste milieu n'est pas celle d'un équilibre facile ni d'une lâche médiocrité, mais un arbitrage laborieux entre des perceptions ou des valeurs contraires; 3) participant à l'incertitude de la science devant l'imprévisiblité du futur, les décisions, les moratoires ou les autorisations, sa position sera précaire et ne pourra s'assumer sans risque.

La localité de la raison

Michel Serres se pose la question: «Doit-on courir le risque de la raison et de la science?» Il répond «non», pas de toute science et de toute raison, car il craint le despotisme de la rationalité scientifique qui procède par des discours unitaires, «qui attire ou suit, sur les chemins de totalisation, la force, la maîtrise et l'empire» et «qui est demanderesse de violence». Faudrait-il pour autant renoncer à l'odyssée de la science, entraînant son lot de conquêtes, d'épidémies et de cadavres, et retourner chez soi pour se mettre à l'abri, se retirer dans son jardin et se fermer à la turbulence des découvertes et des inventions? Nous ne le croyons pas, mais nous estimons opportun de prêter attention au plaidoyer de Serres pour une éthique locale: «il n'y a pas de solutions, de raison et de science, que locales.»[13] Cette affirmation est sans doute susceptible de provoquer des controverses, mais elle nous paraît fort pertinente si on la comprend comme l'expression d'une conscience vive de la nécessité de reviser régulièrement la qualité scientifique des investigations et des expériementations, de soumettre périodiquement la recherche et les projets à des évaluations sociales, d'imposer à l'utilisation de certaines découvertes scientifiqiques des interdictions ou des moratoires, de faire évoluer les critères éthiques en fonction de l'examen du bien-fondé et des conséquences prévisibles des applications des connaissances scientifiques.

---

13. Serres, Michel, *La naissance de la physique dans le texte de Lucrèce. Fleuves et turbulences*. Paris, Éditions de Minuit, 1977, p. 236.

Une éthique prudentielle s'impose non pas pour instituer un retour à l'ère préscientifique ou prétechnologique, mais pour mesurer les limites de la science et de la technologie. Elle ne vise pas l'application de grands principes, mais elle cherche la saisie du juste rapport entre les tendances de l'histoire, par exemple du progrès scientifique, et l'inquiétude des hommes et des femmes d'ici et maintenant, pour le demain de leur liberté et de leur subjectivité. On a beau être citoyen du monde, penser planétairement et se gaver d'universaux, il faut absolument éviter que la science ne devienne une « continuation de la barbarie par d'autres moyens »[14]. Il y a des consensus scientifiques et des choix de société à faire, mais il demeure toujours une marge considérable d'incertitude et de risque. Camille Limoges vise juste, lorsqu'il dit à Gérald Leblanc dans une interview parue dans le journal montréalais *La Presse* daté du 15 janvier 1995 : « À mesure que la science avance, croît aussi notre conscience de l'incertain, de l'inconnu et de l'ignorance. La science peut nous dire comment faire, mais elle ne peut nous dire quoi faire. » C'est dans ce lieu précis du « quoi faire » qu'intervient la conscience éthique afin de faire des choix adéquats tenant compte à la fois des projets collectifs et de la subjectivité des individus.

Il demeure étrange que les intellectuels, après avoir été aveuglés et médusés par l'illusion totalitaire du nazisme (une localité à prétention globalisante et excluante) ou du communisme (la globalité de la raison universelle qui se choisit un lieu définitif dans l'histoire), s'attachent si facilement à une rationalité scientifique tentaculaire. Une des missions de l'éthique est de veiller à ce que le totalitarisme de la raison scientifique n'envahisse pas tout l'espace de l'activité et de la création humaines, de la médecine et du corps humain. Afin que la science et la technologie reconnaissent leurs propres limites et celles de l'humanité mortelle, les comités nationaux d'éthique ou les comités

---

14. Michel Serres, *op. cit.*, p. 235.

d'éthique de recherche doivent refuser d'être à la remorque des industries ou des gouvernements, mais, par contre, refléter le bon sens du citoyen. D'où l'importance de la représentation équilibrée des divers milieux sociaux dans la composition de ces comités. En outre, les soi-disant experts qui se réclament aujourd'hui de l'éthique, car l'éthique est à la mode, doivent être vigilants afin que ses principes et ses méthodes ne manifestent pas trop d'appétence vers l'universel. On peut fort bien proposer des critères pour un jugement prudentiel, des techniques d'observation et d'analyse ou des modèles de prises de décision (decision-making). Mais ces procédures n'ont pas de valeur universelle et impérative ; ce ne sont que des supports utiles à la délibération pour l'ici et maintenant de situations concrètes.

La science a tendance à « devenir inhumaine, lorsque, rigoureuse, elle prétend imposer ses déterminations à un monde qui n'est peut-être pas fait pour les recevoir »[15]. À la rigueur d'une froide rationalité, l'éthique doit opposer « l'indulgence du jugement ». « Vivant dans un monde imprécis », avoir du jugement, c'est de « ne pas lui imposer la justice trop radicale des nombres ; mortel, ne pas juger les choses mortelles à l'aune de l'immortel »[16]. Éviter les positions absolues qui écrasent les consciences au lieu de les relever, n'est-ce pas le secret de l'équité qui consiste à considérer les humains comme également différents les uns des autres ? L'équité est la capacité de discerner et de respecter la différence, de ne pas traiter toutes les personnes de la même manière selon une conception faussement démocratique de l'égalité.

Une éthique équitable n'envisage pas la différence comme une séparation, prélude à l'exclusion, mais comme une conjonction et un lieu d'affirmation des originalités

---

15. Pierre Aubenque, *op. cit.*, p. 151.

16. *Ibid.*, *op. cit.*, p. 152.

constituantes de l'être. L'équité est donc une attention particulière à la subjectivité; elle propose des traitements différents qui ne s'inspirent ni de la complaisance ni du mépris, mais qui trouvent leur justification dans la singularité du sujet. Cependant, de crainte que le global n'efface le local, il ne faudrait pas verser dans le contraire. La reconnaissance des droits et libertés de l'individu ne doit pas rendre inefficaces des projets collectifs ou scientifiques estimés bénéfiques pour l'humanité entière et pour l'humanité dans les sujets humains. Il appartient à la prudence de frayer son chemin entre des positions extrêmes sans céder ni au totalitarisme ni à l'individualisme, en gardant un équilibre toujours précaire et plein de tensions.

La position fragile du juste milieu

Afin de mieux saisir les diverses perceptions qui ont cours au sujet du «juste milieu», il nous paraît opportun de consulter l'histoire de la pensée. André Neher présente un bilan de la philosophie juive médiévale qui révèle précisément l'antinomie des deux présentations contraires du *émtsa* ou juste milieu dans la pensée juive. «Qu'est-ce que le milieu? Une sécurité confortable ou un coup d'audace? Une possession sûre ou le champ d'un devoir? Un abri définitivement repéré ou une route sans bornes et sans limites? Est-il le refuge des faibles, en panique devant les extrêmes, la détente des lâches, l'alibi des passivistes, ou bien est-il la dimension de l'homme fort et courageux, soucieux d'avancer sans reculer devant les obstacles, désireux de dominer les contraires et de les maîtriser?»[17]

Selon une première tradition, la voie médiane est une ligne droite entre deux points extrêmes, un habile virage entre la droite et la gauche pour se nicher dans le centre,

---

17. André Neher, *Le puits de l'exil. Tradition et modernité: la pensée du Maharal de Prague, 1952-1609*. Paris, Éditions du Cerf, 1991, p. 133.

endroit par définition neutre et sécuritaire. Or, cette notion de milieu a été mise en cause et interrogée par une autre tradition où le juste milieu n'offre pas cette même certitude, mais implique, au contraire, un risque non négligeable.

Maimonide appartiendrait au premier courant, lorsqu'il définit son éthique de la sagesse, en l'opposant à la morale de l'extrême, et « trace la majestueuse perspective de ce (juste) milieu accumulant les synonymes pour la désigner afin, sans doute, que l'on ne s'y trompe point, "route droite, attitude d'équilibre, mesure moyenne, chemin du milieu"... »[18] Pour sa part, rabbi Moïse Cordovero, interprète de la mystique juive, attribue au « milieu » une fonction d'arbitrage : « Le milieu est l'arbitre des extrêmes : il en attenue et en apaise l'antagonisme en absorbant leurs essences contradictoires. La rigueur et la grâce sont ainsi arbitrées par la miséricorde... » De la sorte, le milieu se présente comme « une dimension perpétuellement ouverte par où les extrêmes passent »[19]. Cependant, s'il est exact d'observer que l'arbitrage ne va pas sans quelque tiraillement interne, une telle perception du milieu risque de diluer la contradiction et de se prêter à de dangereux compromis. C'est du moins ce qu'en pense Neher qui lui préfère la conception du milieu selon le Maharal de Prague, laquelle « repose sur la paradoxale simultanéité des contraires » dont Caïn et Abel sont les figures emblématiques. Le *émtsa* est « le point de jonction intermédiaire entre les êtres rivaux qui s'affrontent, en se portant l'un *vers* l'autre, l'un *contre* l'autre »[20]. Le véritable apaisement de la concurrence existentielle entre les deux frères antagonistes se trouve dans une relation d'alliance : « Le milieu pacificateur dans la vie des hommes, ce n'est pas la neutralité d'un vide qui ne serait ni-l'un-ni-l'autre, mais la plénitude d'une alliance englobant l'un et l'autre, dans

18. *Ibid.*, p. 135.

19. *Ibid.*, p. 139.

20. *Ibid.*, p. 147.

le respect de l'un-et-de-l'autre, par le parachèvement de l'un-par-l'autre. »[21]

De cette façon nous quittons la rive de l'éthique et nous baignons dans le fleuve de la religion, même si les deux ne sont pas incompatibles, car la religion peut mener l'éthique à des sommets de réconciliation ou de pardon, inaccessibles à la simple raison, comme elle peut aussi aliéner le sujet et le conduire aux plus terribles méfaits de la haine et du meurtre. En théorie, la « *coincidentia oppositorum* », si chère à la mystique, n'est pas opposée à une éthique prudentielle. Elle peut en être la visée ultime, mais, en pratique, dans la réalité cruelle des luttes fratricides, c'est toujours le plus fort ou le plus rusé qui gagne et qui s'attribue le brevet de la justice et de l'amour. La réconciliation n'est souvent qu'un écran pour occulter le pouvoir que l'on exerce subtilement sur l'autre pour le dominer.

Choisissant feu et lieu dans la singularité des événements et dans la subjectivité des personnes en cause, la démarche prudentielle est davantage une opération d'arbitrage qu'une requête de l'amour trop problématique pour être vrai et crédible. Une éthique de la responsabilité, qui ressemble étrangement à l'éthique prudentielle, nous paraît plus appropriée à la prégnance des situations locales qu'une éthique de la conviction qui tiendrait mordicus à la valeur absolue des principes. D'ailleurs les conflits inévitables entre ces principes rendraient obligatoire leur hiérarchisation et révéleraient leur relativité les uns par rapport aux autres. La négociation entre les options contraires ne devrait pas pour autant se faire à la baisse, selon les standards de la médiocrité, ouvrant ainsi la porte à toutes sortes de lâchetés intolérables.

Michel Serres nous convie à un autre rendez-vous dans l'histoire de la pensée en identifiant, dans la physique

---

21. *Ibid.*, p. 150.

de Lucrèce, des composantes d'une éthique du Jardin. À première vue, l'équilibre que l'on y prône – et qui se dégage aussi des commentaires de l'écrivain français – peut relever d'un minimalisme des plus réducteurs : « En ce lieu, il n'y a que du peu. Vivre de peu, désirer peu, ce peu jamais ne manque »[22], « Faire son nid au voisinage de l'inchoatif, petit jardin où naissent les figues »[23], ou encore : « L'âme est tranquille... elle court le moins de risque possible. »[24] Et pourtant, dans la manière d'insister sur la précarité de la situation et sur la rareté des ressources, le lecteur devine la vulnérabilité des lieux et la fragilité du sage qui, réfugié sur une île, sur un sommet ou dans un abri, tente de se soustraire à la dérive.

Pour mieux comprendre cet « écart » occupé par le sage, sachons que la nature, aux yeux de Lucrèce, est dirigée par deux principes dont le premier est celui de l'isonomie ou le retour des choses vers l'équilibre : « La mort d'un monde est compensée par la naissance d'un autre, et telle destruction par une autre croissance. »[25] Le second principe est celui du *talweg* ou de la dérive des systèmes : « Tout va toujours plus mal que jadis et naguère ». Le premier principe vise la globalité de la nature et de l'histoire où les espèces et les civilisations se succèdent, tandis que le second concerne la localité des événements où « la nature court vers la dissolution et la mort »[26] et l'histoire sème la panique des abîmes ou des déclinaisons sans fin.

L'habileté du sage consiste précisément à ne pas s'aventurer trop loin sur la pente de la dérive, à se cramponner au plus près de l'angle de l'ouverture, là où la nature est au

---

22. Michel Serres, *op. cit.*, p. 226.

23. *Ibid.*, p. 227.

24. *Ibid.*, p. 228.

25. *Ibid.*, p. 214.

26. *Ibid.*, p. 215.

stade de sa naissance et où la distance entre le «peu et le zéro» de la descente est à peine perceptible. «La balance est à peine penchée, tout près de l'équilibre; cela se décrit par le petit angle de la déclinaison; cela se calcule comme une limite.»[27] La fonction de l'éthique est de penser les bornes à l'intérieur desquelles les humains évitent de basculer dans la mort. Son mandat est de «penser la mort par un calcul à la limite», comme «un lieu ponctuel et fermé dont le voisinage est nul», comme un «trou noir»[28] où il n'y a ni droite ni gauche, d'où toute déclinaison a disparu, où les contraires sont abolis. Le défi de l'éthique est de s'abriter dans des creux proches de la naissance.

L'«écart», le creux, la précarité et l'exposition à la blessure ne sont pas sans évoquer l'«*open road*», la voie ouverte que Kenneth White emprunte à Whitman et qu'il appelle la voie des commencements et des inachèvements[29]. Mais ces termes lourdement chargés font penser plus encore à l'éthique de la «marge» ou de la «faille» chez Michel Foucault. Même si Foucault, à l'opposé de Serres, ne parle pas du milieu, nous sommes autorisés à faire des rapprochements entre l'écart et la marge, car ces images spatiales ont en commun une position de fragilité et de risque. Aussi étrange que cela puisse paraître, le juste milieu ne s'identifie pas au centre, mais à la limite ou au sommet: «Le lieu du sujet (éthique) est bien la marge, une limite: un lieu qui n'occupe plus à proprement parler un espace, mais qui, aux extrémités d'un espace, définit sa singularité.»[30]

C'est dans la marge que le sujet affirme son identité et sa différence, qu'il se singularise par sa façon originale de

---

27. *Ibid.*, p. 228.

28. *Ibid.*, p. 228.

29. Kenneth White, *La figure du dehors*, Paris, Grasset, 1978.

30. Pierre Macherey, «Foucault: Éthique et subjectivité», *À quoi pensent les philosophes?*, Paris, Autrement, n° 102, novembre 1988, p. 92-103.

se positionner par rapport à un événement, une norme, une mode, un modèle de comportement, une loi, un groupe d'appartenance ou une institution, qu'il se singularise par la façon particulière de résoudre un problème, de régler une situation, d'appartenir à un groupe ou de s'en retirer, de s'inscrire dans la tradition ou de s'en éloigner, de se comporter à l'égard de l'opinion publique ou de l'autorité. L'éthique de l'écart ou de la marge est une entreprise risquée et dangereuse, non seulement pour le sujet qui la pratique, mais aussi pour les valeurs courantes de l'ordre existant. Elle est menaçante et dérangeante en raison des dissonances de ses intentions par rapport à la globalité des modèles sociaux produits. Ses adeptes s'introduisent discrètement dans les failles du système et, à la fois en toute liberté d'esprit et avec mesure, ils y provoquent des effets bienfaisants de rupture : « En découvrant les failles du système dans lequel il s'inscrit et se produit comme sujet, le sujet s'ouvre du même coup un domaine d'intervention, à l'intérieur du système. »[31]

L'ignorance du futur

Une autre forme de fragilité qui est le lot de l'éthique prudentielle, c'est l'incapacité humaine à produire un savoir clair et précis sur l'avenir d'une action. Malgré tous les calculs et raisonnements, argumentations et comparaisons, l'incertitude est maîtresse des lieux. La prudence ne fonctionne pas à la manière des autres sciences qui ont la prétention de dire ou de prédire le futur.

L'utopie a le pouvoir d'évoquer des images d'un futur indédit, mais elle le fait à partir de figures disponibles aujourd'hui. Elle est donc plus une critique d'un présent proche que l'annonce d'un futur lointain dont la configuration lui échappe. Si elle était capable de présenter adéquatement le futur, celui-ci ne serait pas une création

---

31. *Ibid.*, p. 96.

nouvelle, mais une réédition corrigée du présent ou, au mieux, une figure contraire du présent. L'utopie est une forme de connaissance négative et une espérance *e contrario*. Face à la société présente, elle propose l'alternative à la manière du jour qui expulse la nuit. À son tour, la science futurologique se montre fort adroite à tracer des tableaux du futur avec un nombre saisissant de particularités. Sa capacité de prédiction et sa force de persuasion réussissent ainsi à influencer des choix politiques, mais, en fait, les futurologues ne procèdent que par des extrapolations à partir du présent. Le futur apparaît alors comme un simple prolongement de ce qui a déjà lieu ici ou ailleurs. Et souvent il ne s'accomplira pas du tout tel qu'annoncé par les futurologues. Les sondages peuvent, eux aussi, prédire les résultats du vote populaire ou les comportements des consommateurs, mais ils peuvent également exercer leur impact sur les conduites futures de la masse interrogée. Leur puissance résiderait alors dans le fait qu'ils orientent ou forgent l'opinion publique.

La prudence n'a pas ce panache. Elle n'a pas le pouvoir de dire et de faire la vérité future à la manière d'une science prospective ou numérique. Elle n'explore pas non plus le temps, à partir de la carte du ciel selon les règles de l'astrologie. Elle n'a pas le statut d'un acte heuristique. Son ambition est plus modeste. Le prudent qui, après mûre réflexion, a arrêté son choix sur une action ou une conduite ne sait pas de façon précise ce qui va se produire. Il a calculé ses chances et il a mesuré ses limites, il se fie à son expérience, mais il ne peut prévoir toutes les retombées de ses choix. Il se révèle un « être frontalier »[32], extrêmement vulnérable et exposé de toutes parts, car il se meut à la fois au-dedans et au-dehors de son territoire, coïncé qu'il est entre l'inachèvement du présent et l'indétermination du futur. Or, il est bien obligé de franchir la frontière, s'il ne veut pas mourir d'inertie. Heureusement pour lui, la frontière n'est pas un mur devant lequel son intelligence

---

32. Pierre Macherey, *op. cit.*, p. 18.

s'arrête ou s'aveugle, elle est une invitation au voyage et à la découverte de la nouveauté, pour le meilleur et pour le pire.

L'absence de la connaissance des futurs possibles ou la connaissance d'une pluralité de scénarios éventuels de futurs possibles rend aujourd'hui les choix rationnels extrêmement difficiles[33]. Et pourtant, le souci de l'avenir est un considérant éthique important, car qu'advient-il de nos choix si nous ignorons leurs conséquences ? Or, nos décisions incertaines risquent de se retourner contre nos intentions, car nous sommes souvent dépassés par les événements. Tout se passe comme si un pouvoir invisible décidait à notre place et à notre insu, dit Gabriel Gosselin[34], et créait le désordre. Nous nous demandons alors : qui décide de qui ou de quoi ? Qui a décidé de la guerre de 1914, se demande malicieusement l'auteur ? Qui a décidé de la première Constitution canadienne ? Qui a décidé du statut actuel des autochtones au Canada ? Quelles sont les causes des récentes inondations en Europe du Nord ? Sont-elles, avant tout et seulement, des catastrophes naturelles ? Ou sont-elles, aussi et surtout, les conséquences perverses d'une agriculture agressive ou d'une urbanisation galopante qui ont fait disparaître l'écologie des marais ? La démesure des conduites humaines, le manque de calcul et d'anticipation seraient alors à l'origine des débordements excessifs du Rhin et de la Meuse. Malgré tout, il faut plonger et se mettre à l'eau afin de ne pas périr. À chaque heure, il faut que les humains décident et, en plus, prennent les meilleures décisions au mieux de leurs connaissances, sur les lieux mêmes où se joue leur histoire. S'ils se trompent, ils doivent se ressaisir et se réorganiser à travers le désordre créé par les événements, lesquels ont,

---

33. Hans Jonas, *Le principe responsabilité. Une éthique pour une civilisation technologique*, Paris, Cerf, 1990, (1979).

34. Gabriel Gosselin, *Une éthique des sciences sociales. La limite et l'urgence*, Paris, L'Harmattan, 1992.

selon Edgar Morin, un vilain plaisir à agir « en francs-tireurs et en gitans »[35]. La prudence est la ruse pour échapper à la dérive et au désordre en apportant des correctifs aux enfermements excessifs ou aux déferlements intempestifs de la nature et de l'histoire.

« Ne savions-nous pas, depuis longtemps, que si les hommes font leur propre histoire, ils ne savent pas quelle histoire ils font, ni même qu'ils la font ?... Dans des situations de complexité croissante, nous sommes amenés à utiliser l'aléa de l'événement pour produire l'aléa de la décision, et à prendre des décisions pour pouvoir donner sens à la prévision : seul moyen, on l'a vu, de trouver un oracle qui nous fasse signe. »[36]

Tout au long de ce chapître, nous avons suivi l'éthique prudentielle dans ses enracinements et ses investissements locaux, dans son occupation d'un espace plus proche de l'écart, de la marge et de la faille que du centre, dans sa marche conjecturale à travers les données éparses de la situation présente et future, et nous sommes frappés autant par la fragile précarité que par la libre détermination de ses positions. Tantôt elle se contentera d'une politique « des petits pas » ou même « des petites phrases » provocatrices, lancées impudiquement dans de longs discours insignifiants. Tantôt elle s'engagera résolument dans des réformes qui auront le mérite de renverser l'ordre ou le désordre des choses. Tantôt elle opérera des replis ou des reculs pour prendre de la distance afin de voir et d'attaquer avec plus de justesse. Mais jamais elle ne pourra être blâmée d'immobilisme ou de non-événement, sinon elle n'est et ne sera plus qu'un autre mot pour signifier la dérive et la mort. Dès lors, on peut regretter que la prudence quitte de plus en plus le

---

35. Edgar Morin, *Science avec conscience*, Paris, Fayard, 1982.

36. Gabriel Gosselin, *op. cit.*, p. 138.

domaine de la politique, car celui-ci n'est plus le lieu des décisions. Par soumission aux diktats des grands manitous de la haute finance, les gouvernants déposent leur politique fiscale. Et par complaisance envers l'électorat, ils ont tendance à relèguer leur pouvoir de décision à d'interminables Commissions dont les rapports meurent sur les tablettes, ou à la Cour suprême qui doit délibérer à propos de questions controversées pour lesquelles il n'y a pas de consensus social tels l'euthanasie, le suicide assisté ou l'avortement.

L'éthique prudentielle est constructrice de l'histoire, et non de l'Histoire qui couvrirait la globalité des enchaînements et des interruptions, des répétitions et des nouvelles configurations, et qui ne pourrait être qu'une œuvre écrite par des historiens. Ce n'est que lorsqu'une manifestation de la vie commence à vieillir et au début du crépuscule que « la chouette de Minerve prend son vol »[37]. L'éthique prudentielle est génératrice de la petite histoire, celle qui a lieu dans le *hic et nunc* des circonstances. C'est « le jeu des occasions qui tisse l'histoire », comme « c'est l'impossibilité de l'immédiateté qui, transformée en décision éthique, constitue le principe de l'histoire, son origine et sa source »[38]. On regarde et on enregistre, on pense et on s'exprime, on délibère et on décide. Ainsi, la réponse humaine à une situation ne peut être immédiate, elle passe par les médiations laborieuses de la délibération éthique et devient constitutive non seulement de la subjectivité du sujet qui énonce sa règle morale, mais aussi de la société qui oriente son destin.

---

37. Hegel, *Principes de la philosophie du droit* (coll. « Idées »), Paris, Gallimard, 1966.

38. Jean-Paul Resweber, « Apologie de l'oubli pour en-durer l'histoire », *in L'institution de l'histoire, 2. Mythe, mémoire, fondation* (sous la direction de M. Sachot), Paris, Éditions du Cerf, C.E.R.I.T., 1989, p. 194.

L'éthique prudentielle

La fin du deuxième millénaire se présente, selon de nombreux experts, comme un temps de bouleversements profonds tant sur le plan politique et économique que sur le plan scientifique[39]. Or, on observe, dans ce temps de compressions budgétaires et de redressement financier, l'occultation quasi-totale du sujet humain. Ceci est vrai dans le monde de la santé où l'on compte par nombre de lits et l'on escamote l'existence des sujets qui occuperont éventuellement ces lits. Dans le monde du travail, le chômage est ressenti comme une catastrophe non seulement en tant que phénomène social, mais aussi et surtout en tant que souffrance personnelle qui affecte la subjectivité des individus. Les jeunes qui sont les plus affectés par le non-emploi se sentent laissés-pour-compte et lancent un cri de détresse : nous existons !

Marx nous avait habitués à un concept du travail en tant que *praxis* englobant l'homme total, c'est-à-dire la totalité de l'existence humaine. Exprimé en termes heideggériens, le travail est, comme l'a vu Marcuse, un concept ontologique « qui saisit l'être même de l'existence humaine comme tel »[40]. Le travail est l'avènement (*Geschehen*) de l'homme ; par lui, les humains sont en mesure de s'objectiver, de devenir historiques et de faire advenir leur existence en plénitude[41]. Si le travail, dans la mesure où il s'accomplit dans des conditions non aliénantes, permet aux humains de construire leur identité, le chômage est une plaie béante, personnelle autant que sociale, et il devient urgent d'en guérir les humains en créant des conditions leur permettant de se trouver un

---

39. Fernand Daoust, « Nous avons tous une immense responsabilité : l'emploi », *La Presse* du 15 février 1995.

40. Herbert Marcuse, *Culture et société*, Paris, Éditions de Minuit, 1970, p. 24.

41. Éric Volant, *Le jeu des affranchis. Confrontation Marcuse-Moltmann*, Héritage et Projet 18, Montréal, Fides, 1976.

emploi où ils pourront développer leurs potentialités. La survie d'une collectivité ne peut se faire sur le dos des sujets, car l'omission du sujet équivaut à l'autodestruction de la société. Une « science de la personnalité » est à inventer qui mettrait en évidence l'objectivité du subjectif. La démarche prudentielle empruntera la voie étroite du « point de vue de la personne »[42].

Le temps de la décision

C'est dans un contexte de crise, non seulement socio-économique mais historique, que le concept de *kairos* revêt toute son importance. À partir de deux significations majeures de ce concept, déjà présent dans l'œuvre d'Aristote, à savoir comme temps de la décision et comme blessure mortelle, il deviendra possible de situer l'éthique prudentielle dans l'axe de l'objectivité de la construction historique et dans celle de la subjectivité de la constitution du moi.

Le concept de kairos

Dans le dictionnaire nous avons repéré cinq significations du terme *Kairos*[43] : juste mesure, temps précis, lieu favorable, profit, Occasion (notons le O majuscule). Le premier sens est pour ainsi dire synonyme de la prudence ; le quatrième énonce l'effet bénéfique de la prudence et, de ce fait, le but envisagé, à savoir l'intérêt ou l'utilité de l'action à choisir : que gagneras-tu ? qu'est-ce que ça donne ? sur le plan individuel ou collectif ? Le cinquième évoque le temps mythique ou l'événement par excellence, la personnification du moment opportun. Arrêtons-nous plutôt aux deuxième et troisième sens du mot. *Kairos* signifie moment propice :

---

42. Bertrand Ogilvie, *Lacan. La formation du concept de sujet (1932-1949)*, Paris, PUF, 1987.

43. Émile Pessonneaux, *Dictionnaire grec-français*, Paris, Eugène Belin, 1904.

il est temps de…, c'est le moment de… Ainsi, annonce Isocrate, « il ne suffit pas de dire une chose juste, mais il faut la dire à propos ». On nage en pleine éthique de l'opportunité en quête de la coïncidence de l'action et du temps. Cela tombe à point, à pic, pile, cela tombe bien mal. Le verbe *tomber* signifie ici « survenir » et fait donc référence au temps et à l'événement. C'est avant tout l'à propos (*appropriateness*) du discours ou de l'action qui est visé. *Kairos* veut dire endroit favorable, notamment du corps là où une lésion est mortelle : frapper dans un endroit favorable ou plus exactement atteindre d'un coup mortel. Le terme indique donc une correspondance non seulement à un temps concret et à une localisation précise, mais aussi à la blessure et à la mort. Ce qui devient encore plus patent lorsqu'on considère l'adjectif *kairios* qui signifie d'abord opportun, convenable, utile, à propos, de saison, puis mortel, et enfin périssable et ephémère. La menace de la mort plane sur la singularité du temps et du lieu.

Le *kairos* désigne donc un moment critique par excellence, « où le cours du temps, insuffisamment dirigé, semble comme hésiter et vaciller, pour le bien comme pour le mal de l'homme »[44]. Il marque un temps décisif où la ruse et l'audace, la réflexion et l'intuition, la souplesse et la fermeté des prudents sont plus que jamais requises pour infléchir l'histoire dans une direction prometteuse et pour modeler le monde selon une configuration avantageuse, même si le parcours de cette histoire n'est pas tracé d'avance et même si les contours de cette image future du monde demeurent encore flous.

Le socialisme religieux de Paul Tillich[45] a su exploiter à merveille l'intuition subtile qui incitait l'esprit de la langue

44. Pierre Aubenque, *op. cit.*, p. 99.

45. Paul Tillich, *Christianisme et socialisme. Écrits socialistes allemands (1919-1931)*. Paris/Genève/Québec, Cerf/Labor/Fides/Les Presses de l'Université Laval, 1992.

grecque à distinguer entre le temps formel (*chronos*) et le temps favorable (*kairos*), «le moment riche en contenu et en signification», «le temps, chargé de tensions, de possibilités et d'impossibilités», «un événement créateur», «la création en train de se faire», «le temps de la décision», «un moment historique inaugurateur d'une nouvelle époque», «le temps du destin».

Selon Tillich, on peut envisager «la situation spirituelle» du temps présent de deux manières. La première interprète un moment local de l'histoire en le situant dans la globalité de l'histoire universelle: une situation contingente s'élève à un point de vue plus général et s'intègre comme un maillon dans le «processus historique qui traverse les siècles». C'est celle que Serres refuse, comme nous l'avons dit plus haut, en tant que despotisme de la raison en quête d'universalité, et que Tillich qualifie d'irresponsable, car elle n'est faite que de jugements de valeur qui n'engagent que l'observateur. La deuxième interprétation de la situation spirituelle du temps est nettement eschatologique. La forme historique du *kairos* est «un des moments de réalisation dans l'histoire humaine du *kairos* supra-historique». Le *kairos* devient alors «l'irruption de l'éternel dans le temps»[46]. Nous ne suivrons pas Tillich dans ses considérations théologiques, mais, comme lui, nous croyons qu'il existe des temps de «décision inévitable» et de «responsabilité inéluctable» qui sont des lieux de la prudence sans pour autant attribuer à celle-ci un savoir prophétique. L'éthique prudentielle est plus modeste et plus terrestre, parce que l'avenir qu'elle envisage est pour cette terre, un futur conditionné et aléatoire. Elle délibère pour trouver l'action la plus appropriée au *hic et nunc* d'une situation critique tout en mesurant, au mieux de ses connaisances, les effets de cette même action. Il est évident qu'une telle démarche ne se fait pas sans risque ni écorchure.

---

46. Paul Tillich, *op. cit.*, p. 259.

La diagonale du risque

Le risque, impératif majeur dans les domaines des affaires et des sciences, est aussi paradoxalement une des composantes majeures de l'éthique. Pour Simone Weil, le risque traverse en diagonale non seulement l'existence, mais aussi l'éthique: «La protection des hommes contre la peur et la terreur n'implique pas la suppression du risque; elle implique au contraire la présence permanente d'une certaine quantité de risque dans tous les aspects de la vie sociale; car l'absence de risque affaiblit le courage au point de laisser l'âme sans la moindre protection intérieure contre la peur. »[47]

Le risque est donc un besoin existentiel des humains, et lorsque l'urgence ou la détresse nous obligent à y faire face, «il constitue le plus haut stimulant possible»[48]. Il s'impose alors en tant qu'«injonction éthique»[49] qui somme le sujet de réagir en face de circonstances tragiques et inacceptables.

La démarche éthique naît de l'insatisfaction à l'égard de la négativité des situations ou de l'insuffisance des solutions retenues. Le sujet refuse alors de subir passivement une loi injuste ou un pouvoir abusif, une réglementation vétuste ou une répartition inégale des ressources. Il consulte, délibère et se débat afin d'instaurer un retour à l'ordre transgressé, de réaffirmer une promesse trahie, de restaurer un sens perdu ou de reconquérir un droit supprimé. Il se prépare, dans l'intelligence des faits, à innover dans les domaines individuel ou institutionnel, à modifier la trajectoire d'une activité ou d'un projet, à faire changer une structure sociale ou, au minimum, à modifier une stratégie politique.

---

47. Simone Weil, *L'enracinement*, coll. «Idées», Paris, Gallimard, 1977, p. 49.

48. Simone Weil, *op. cit.*, p. 48.

49. Gabriel Gosselin, *op. cit.*, p. 7.

La prudence ne peut s'exercer efficacement si elle ne va pas de pair avec ce que Habermas appelle la « conscience historique » ou la capacité de percevoir avec justesse les exigences particulières d'une époque particulière[50]. Le prudent tire profit des leçons du passé, des messages du présent et des prospectives de l'avenir. L'éthique prudentielle s'appuie autant sur les modèles de la vie quotidienne que sur les exemples des conduites exceptionnelles. Elle prend en considération la sagesse qui « a sédimenté au cours de l'histoire dans les mythes, les religions et les philosophies »[51] et qui s'exprime à travers les codes et les lois, les us et les coutumes. Mais elle voit également poindre la nouveauté à travers la prégnance critique d'une situation. Sensible à toute brèche dans le temps qui, telle une plaie ouverte, réclame la transformation des besoins et la modification de l'ordre existant ou du consensus social, elle peut déterminer pour les années à venir la direction d'une société en proposant pour aujourd'hui de nouvelles modalités de comportement ou d'intervention. Elle se présente donc non pas comme une morale close sur ses propres principes, mais comme une morale ouverte sur l'évolution et la différenciation des perceptions et des sensibilités culturelles et sociales[52].

Les grandes décisions prudentielles ne peuvent se faire avec précipitation. Vivant dans l'âge du tout-médiatique où les modes, à l'instar des images que celui-là produit, se succèdent à une vitesse vertigineuse, il faudrait réapprendre les plaisirs de la lenteur, une des clés du bonheur non seulement dans la vie érotique, mais également dans le domaine des décisions existentielles et politiques. Kundera n'affirme-t-il pas « que le degré de la lenteur est directement

---

50. Jürgen Habermas, *Profils philosophiques et politiques*, Paris, Gallimard, 1974, p. 176.

51. *Ibid.*, p. 175.

52. Henri Bergson, *Les deux sources de la morale et de la religion*, Paris, PUF, 1932.

proportionnel à l'intensité de la mémoire, et le degré de la vitesse directement proportionnel à l'oubli »[53]. Il observe « que, lorsqu'il marche dans la rue et que soudain il veut se rappeler quelque chose dont le souvenir lui échappe, l'homme machinalement va ralentir le pas. Par contre s'il veut oublier un incident pénible qu'il vient de vivre il accélère à son insu l'allure de sa marche »[54]. Trop de réformes dans le domaine de l'éducation ou de la santé ont été effectuées d'une façon hâtive et imprudente, parce qu'on voulait ensevelir le passé ou parce qu'on le méprisait, ou tout simplement par oubli, souverain mépris.

La constitution du moi

Le prudent ne cherche pas à suivre des modes et n'agit pas en fonction de la reconnaissance sociale ou de l'approbation d'autrui. Il peut s'estimer obligé à intervenir à contre-courant des autorités ou de l'opinion publique. Il peut faire fi des valeurs établies et généralement reconnues, se savoir contraint de poser un geste qui transgresse la norme ou de marquer sa dissidence par rapport à des choix de société. Il le fera, en âme et conscience, même s'il se saura exposé à la réprobation de la bonne conscience des bien-pensants, et même s'il s'oppose à l'avis d'une majorité « libre et éclairée » ou aux sondages censés (re)produire l'opinion publique, car il aura réfléchi par lui-même.

L'autorité éthique du citoyen

Où le prudent puise-t-il son autorité sinon dans sa liberté d'esprit ? Selon Aristote, l'esclave ne peut pratiquer la prudence, car, soumis à la loi du pouvoir, il n'a pas la

---

53. Milan Kundera, *La Lenteur*, Paris, Gallimard, 1995.

54. Pierre Cayouette, « La rentrée, côté roman », *Le Devoir*, 5 février 1995.

puissance pour imposer le décret de sa propre intelligence des faits. Le phénomène de l'exclusion empêche beaucoup de citoyens de participer aux projets collectifs et aux décisions qui les concernent directement. Ils ne sont pas en situation pour se fier à leurs seules forces, car l'argent et la parole leur manquent, ils n'ont pas de lieu où se former une pensée locale et où préparer une décision locale. Les exclus ne pourront s'affranchir que par une intelligence collective de leur situation particulière et des moyens appropriés pour sortir de l'intolérable. Des leaders, internes ou parfois externes au groupe, peuvent déclencher, parmi les exclus, un mouvement de prise de conscience et de révolte. Or, même dans la révolution, la prudence s'impose. En effet, un peuple opprimé a toutes les raisons au monde pour ne pas se faire manipuler par des chefs improvisés. L'histoire nous apprend que nombre de révolutions ont trahi leurs promesses et n'ont pas amélioré à long terme la liberté et la prospérité des populations. Les divers lieux de la mémoire éclaireront la prudence qui, si elle veut que ses énoncés soient droits et appropriés, tiendra compte des leçons du passé.

De quoi dépend la rectitude du jugement éthique du sujet, sinon de son intelligence des événements, de ses bons calculs et de son autonomie ? « Je mesure d'abord la profondeur du lac avant d'y lancer mon canot », confia récemment un P.-D.G. à Simon Durivage lors de l'émission « Sans détour » du 30 janvier 1995. Dans son jugement prudentiel, le sujet éthique se trouve ramené à ses seules forces et à ses propres limites. Si Dieu n'existe pas, s'écrie Yvan Karamazov, tout est permis. Mais on pourrait dire avec autant de vérité que, si Dieu n'existe pas, la prudence devient indispensable pour guider les humains. Si les humains ne peuvent ni ne veulent compter sur la Providence divine, sur un plan de salut pour le monde ou sur une communauté de croyants qui lisent les signes des temps et interprètent pour eux ou avec eux les événements, ils sont encore davantage contraints à la vigilance et à la perspicacité dans leurs choix existentiels, quotidiens ou politiques. La capacité prudentielle est une affaire de citoyen; chacun peut la développer dans sa phère d'influence, dans son milieu de vie ou de travail. Elle constitue une forme éminente de la démocratisation du savoir.

Le prudent, qu'il soit croyant ou athée, démocrate ou républicain, ne compte ni sur un Dieu-Providence ni sur un État-Providence, qui sont effectivement trop lointains pour répondre à ses besoins et à ses attentes. Bien au contraire, il se construit, à force de justes estimations, ses propres prévoyances toujours incertaines, mais suffisamment fondées sur le juste rapport entre l'action et la situation. Il est opportuniste au sens qu'il se préoccupe de l'à-propos du geste à poser. Cependant, la recherche du geste approprié n'est pas à confondre avec un conformisme qui s'accommode trop facilement de la réalité telle qu'elle se présente, ou qui se fie aux hasards et à la magie des remèdes miracles. Selon Aubenque, la prudence est « le substitut proprement humain d'une Providence défaillante »[55], « le premier et le dernier mot de cet humanisme tragique qui invite l'homme à vouloir tout le possible, mais seulement le possible et à laisser le reste aux dieux »[56].

L'esprit de liberté dont doit faire preuve tout citoyen dans la science et la politique, dans les affaires et dans la vie privée n'est pas synonyme d'égocentrisme et de revendication de droits inconditionnels. La rhétorique contemporaine sur la reconnaissance des droits individuels frise d'ailleurs le ridicule et empêche les collectivités de fonctionner. Le prudent a tout avantage à demeurer très vigilant par rapport à lui-même. Sa modestie doit l'inciter à une autocritique constante par crainte que ses décisions prétendument libres ne soient inspirées par des préjugés personnels ou des tabous, des interdits ou des modèles de classe ou de groupe

---

55. Pierre Aubenque, *op. cit.*, p. 95.

56. Milan Kundera, *op. cit.*, p. 115.

social, corporatiste ou nationaliste, culturel ou professionnel, par un désir plus ou moins conscient de dominer, de se mettre en évidence, par la vanité de vouloir passer pour un honnête homme.

L'esprit libre se méfiera du sentiment, ce qui ne veut pas dire que ses délibérations et décisions ne doivent pas respirer d'amour et de compassion. Bien au contraire, la sensibilité est une composante ou une bonne partenaire des décisions raisonnables, car une trop grande rationalité trouve souvent sa source et son expression dans de déplorables excès d'intransigeance. Voilà encore une fois le despotisme qui loge près de la porte de la raison, prêt à dévorer la subjectivité singulière des individus. Cependant, le narcissisme de l'amour de soi et de « l'amour de l'amour » peut l'emporter sur l'amour d'autrui. Beaucoup d'injustices sociales et individuelles, beaucoup de meurtres perpétrés par les religions ont été commis au nom de l'amour. Qui n'a pas été témoin dans sa vie de certains pardons qui ressemblent davantage à des vengeances subtiles ou sublimées qu'au respect d'autrui jusque dans ses erreurs ou ses infidélités? Ne soyons pourtant pas excessivement sévères à l'égard des esprits libres, car malheureusement ils ne courent pas les rues. Le Grand Inquisiteur a sans doute raison lorsqu'il met en doute le libre arbitre des humains : « As-tu donc oublié que l'homme préfère la paix et même la mort à la liberté de discerner le bien et le mal ? Il n'y a rien de plus séduisant pour l'homme que le libre arbitre, mais aussi rien de plus douloureux. »[57]

Le désir du moi et l'estime de soi

En éthique, il ne faudrait pas, au nom d'une fausse objectivité, éliminer le désir, car il constitue une donnée

---

57. Fedor Mikhaïlovitch Dostoïevski, *Les Frères Karamazov*, traduction et notes par H. Mongault, Paris, Le Livre de poche, 1968, p. 299.

primordiale dans les délibérations et décisions humaines. Le désir d'être bon, d'aller jusqu'au bout de son moi et de ses possibilités, de donner le meilleur de soi est le plus gros atout dont dispose l'acteur sur les multiples scènes de la vie. « Avez-vous agi conformément au désir qui vous habite ? »[58], telle est la question éthique centrale de la psychanalyse selon Lacan, contrairement à la question de la morale du pouvoir qui décide des biens dont nous avons besoin en ajournant sans cesse nos désirs. Par désir, on entend ici la dynamique de l'être, son orientation originaire. C'est pourquoi Lacan se sent autorisé à se référer à Kant et à revendiquer pour le sujet le droit de s'imposer l'impératif moral : « Tu dois agir selon ton désir. »[59]

La reconnaissance de ses propres désirs est une partie intégrante de l'estime de soi, laquelle comprend entre autres la connaissance la plus précise de sa capacité d'évaluer avec justesse ses potentialités et ses limites, de mesurer ses obligations et ses droits, d'apprécier ses propres actions en termes de bon ou de mauvais. L'estime de soi nous permet de savoir jusqu'où l'on peut aller en outrepassant des normes sans nuire à soi ni à autrui. L'estime de soi rend apte à se reconnaître un excédent d'obligations que les codes moraux ne prévoient pas, à s'abstenir de conduites que pourtant la loi n'interdit pas, à agir au-delà des latitudes que la règle sociale accorde[60]. L'estime de soi va de pair avec l'estime d'autrui qui consiste à attribuer à autrui la même capacité d'estimation de soi et de ses actions. C'est aussi l'avis de Paul Ricœur qui définit l'estime de soi d'une manière fort suggestive : « L'estime de soi est la capacité de se désigner comme les locuteurs de nos énonciations, les

---

58. Jacques Lacan, *Le Séminaire, Livre VII (1959-60)*, Paris, Éditions du Seuil, 1985, cité par G. Gosselin, *op. cit.*, p. 7.

59. G. Gosselin, p. 7.

60. Michelle Ledœuf, « La question de Zazie » in Le respect. *De l'estime à la déférence : une question de limite*, Paris, Autrement, 1993.

agents de nos actions, les héros et les narrateurs des histoires que nous racontons sur nous-mêmes. À ces capacités s'ajoutent celles qui consistent à évaluer nos actions en termes de bon et d'obligatoire. Nous nous considérons nous-mêmes comme capables d'estimation. Nous nous respectons en ce que nous sommes capables de juger impartialement nos propres actions. »[61]

La pratique de soi

Sommes-nous en mesure d'avoir une idée assez claire de l'image que nous reflétons au monde et qui ne semble pas tout à fait correspondre à l'image que nous apercevons de nous-mêmes ? L'être et le paraître se distinguent en s'entremêlant obscurément. Quelle apparence veux-je ou puis-je donner à mon image ? Comment cette image est-elle perçue et reçue par autrui ? Qui suis-je en dehors d'elle ? Est-ce que j'existe en dehors de l'image confectionnée en partie par moi et en partie par les autres ? Comment résoudre cette énigme ? La meilleure façon de nous approcher de l'image de notre moi demeure sans doute le regard critique que nous portons sur nos actes. Dans la mesure où nous sommes capable de les estimer avec justesse, ceux-ci sonneront l'heure juste sur notre personne, car ils nous font. Nous sommes leur produit. N'est-ce pas avant tout à la qualité du fruit que l'on juge de la valeur d'un arbre ?

Le « soi », au sens de l'éthique, n'est pas le sujet autonome préalablement établi qui exprime sa liberté déjà acquise par des actions, mais il est le résultat d'une pratique. Cette observation amène Michel Foucault à considérer « une histoire de l'éthique comme l'élaboration d'une forme de rapport à soi qui permet à l'individu de se constituer comme

---

61. Paul Ricœur, « Le "soi" digne d'estime et de respect » *in Le respect*, Paris, Autrement, 1993, p. 61.

sujet d'une conduite morale »[62]. L'éthique nous montre comment, dans telles ou telles conditions, les individus deviennent sujets. L'affirmation du sujet passe par la pratique des actions. Ainsi la différence d'un sujet par rapport à un autre s'accroit au fur et à mesure des décisions prudentielles que l'on prend au cœur de la contingence des événements et des faits. On se subjectivise et on se singularise, on se distingue et on se relativise grâce à la façon dont on interprète une norme et un interdit, ou dont on construit ses impératifs et ses maximes, grâce à la place que l'on donne à ses désirs et à sa sensibilité dans ses délibérations. La démarche prudentielle accorde à chacun le pouvoir de s'inventer une niche à la limite du dedans et du dehors. Chaque être humain dispose donc de l'étrange pouvoir de lier l'universel au singulier de façon inédite et de s'inscrire dans le système historique et social. À mesure qu'il agit, il écrit son autobiographie. Ainsi, l'éthique permet aux humains de construire leur maison sur la terre et d'y passer entre eux un séjour passionnant entre les risques et la mort.

À la fin de cette réflexion sur la prudence, il nous paraît approprié de faire un rapprochement entre deux termes grecs : *êthos* et *diaita*. Comme nous l'avons démontré ailleurs[63], *êthos*, à distinguer d'*éthos* (habitude), signifie maison, tanière, séjour, tandis que *diaita* veut dire régime, manière de vivre, diète, mais aussi habitation, séjour, demeure et, en plus, arbitrage. Si l'on accepte cette terminologie, l'éthique sera à la fois un abri pour la vie mortelle et une discipline ou un « régime d'intelligence »[64] offrant aux humains la capacité d'être, à l'intérieur des limites de leur pouvoir ou de leur savoir, les libres arbitres de leur destinée

---

62. Michel Foucault, *L'usage des plaisirs*, cité par Pierre Macherey, *op. cit.*, p. 92.

63. Éric Volant, « Éthos, demeure pour la vie mortelle », *Religiologiques*, n° 4, 1991, p. 157-182.

64. Pierre Aubenque, *op. cit.*, p. 161.

et, tout en vivant dans la proximité de la mort, de négocier leur place dans le monde sans « verser dans le pathologique et le monstrueux »[65]. Aujourd'hui plus que jamais nous sommes très éloignés de ce libre discernement. L'intelligence contemporaine, plus multimédiatique que multiméditative, plus habile à calculer les nombres qu'à discerner le sens, s'est malheureusement départie de son pouvoir de libre arbitrage. L'intelligence technologique et quantitative n'est pas l'antenne pour capter les ondes tragiques de la condition humaine, comme elle est incapable aussi de cerner ou d'apprivoiser le sujet humain dans sa densité singulière.

La prudence est une voie offerte à l'intelligence entre l'instinct des bêtes et la providence des dieux. Elle ne se trouve ni à droite ni à gauche ni au centre, mais elle se niche au creux des faits pour y discerner des possibilités de choix appropriés à la situation et accordés à notre être. Et si nous voulons poursuivre dans la ligne des images spatiales, l'éthique prudentielle nous paraît être la quête d'une faille dans le cercle nous permettant de sortir de l'enfermement des répétitions et d'entamer un nouveau mouvement dans la spirale de la double objectivité, celle de l'histoire collective et celle du sujet singulier.

---

65. *Ibid.*, p. 161.

Table des matières

• Cap-Saint-Ignace
• Sainte-Marie (Beauce)
Québec, Canada
1996

ME

302.12

✿ Ville de Montréal

R

Feuillet de circulation

À rendre le		
Z 21 JUIN '96		
Z 24 JUIL '96		
Z 20 AOU '96		
Z 30 AOU '96		
Z 06 SEP '96		
Z 01 OCT '96		
Z 07 NOV '96		
Z 29 NOV 96		
Z 12 NOV '97		
19 OCT '01		
9 NOV-01		
26 AVR. 2002		

06.03.375-8 (05-93)